酒店管理综合实训

谭 丹 周 亚 主编

东南大学出版社
·南京·

内容简介

本书根据高等教育教学及改革的实际需求，基于工作过程的教育理论，以酒店工作岗位所需的知识和实践技能为基础，以提高学生的操作能力和职业素养为目标，突出实用性和实践性，按模块化结构组织教学内容，注重理论与实践的紧密结合。

全书共分三个模块：实训准备、服务技能实训和运营管理实训。每个模块包含若干项目，共十个项目，分别是实训概述、酒店服务理念、酒店服务礼仪、前厅服务实训、客房服务实训、餐饮服务实训、酒水服务实训、康乐服务实训、营销管理实训和活动策划实训。每个项目内容包括基础知识和技能训练，充分体现理论指导实践的特色。

本书可作为应用型本科院校、高等职业技术院校、中等专业学校旅游大类专业的教材，也可作为星级酒店相关工作人员的参考用书。

图书在版编目(CIP)数据

酒店管理综合实训 / 谭丹，周亚主编. －－南京：东南大学出版社，2024.12
ISBN 978-7-5766-1023-9

Ⅰ.①酒… Ⅱ.①谭… ②周… Ⅲ.饭店－商业企业管理－高等学校－教材 Ⅳ.①F719.2

中国国家版本馆 CIP 数据核字(2023)第 236475 号

责任编辑：赵莉娜　　责任校对：子雪莲　　封面设计：顾晓阳　　责任印制：周荣虎

酒店管理综合实训

JIUDIAN GUANLI ZONGHE SHIXUN

| 主　　编：谭　丹　周　亚
| 出版发行：东南大学出版社
| 社　　址：南京市四牌楼2号　邮编：210096　电话：025-83793330
| 出 版 人：白云飞
| 网　　址：http://www.seupress.com
| 经　　销：全国各地新华书店
| 印　　刷：广东虎彩云印刷有限公司
| 开　　本：787 mm×1092 mm　1/16
| 印　　张：13
| 字　　数：310 千
| 版 印 次：2024 年 12 月第 1 版第 1 次印刷
| 书　　号：ISBN 978-7-5766-1023-9
| 定　　价：48.00 元

本社图书若有印装质量问题，请直接与营销部调换。电话(传真)：025-83791830

"酒店管理综合实训"是旅游大类专业学生的一门主要实践课程，旨在培养学生的服务态度、服务意识，训练学生的基本服务操作、服务技能，使学生在此基础上形成基层管理素养。本书从分析酒店主要业务岗位的工作任务和职业能力入手，结合我国酒店业发展的实际情况组织编写，旨在培养和提高学生的酒店综合服务与管理能力，同时满足学生职业发展的需要。

本教材有以下两个特色：

（1）校企合作完成。本书由湖南涉外经济学院骨干教师及长沙运达喜来登酒店的管理人员共同完成编写。在组稿和编写过程中，主编组织编写组成员多次赴当地高星级酒店考察交流，并邀请行业专家、企业管理人员对本书大纲及内容进行评阅。通过观摩多岗位服务过程，及结合一线人员、基层管理人员的建议，修订和完善了本书内容，使本书既整合了必要的理论知识，又体现了丰富的行业经验。

（2）凸显"应用型"人才培养目标。旅游大类专业是典型的应用型专业，培养的人才应该符合行业需求。本书是校企深度合作的产物，在结合企业和学校优势的基础上力图促进企业需求侧和教育供给侧的对接，将企业的实际需求融入人才培养。

本书可作为本科院校、高等职业技术院校、职工大学、中等专业学校旅游大类专业的教材，也可作为星级酒店及其他接待业企业相关工作人员的学习和培训参考用书。

本书由谭丹、周亚担任主编，宋颖、肖爱连、晏素、刘浪浪担任副主编，长沙运达喜来登酒店陈杏元参与编写。具体分工如下：项目一由肖爱连编写，项目二、项目九由晏素编写，项目三、项目八由周亚编写，项目四、项目五由宋颖编写，项目六由谭丹、刘浪浪编写,项目七由谭丹编写,项目十由肖爱连、陈杏元编写。全书由谭丹策划、统稿,陈杏元提供编写素材及建议。

本书在编写过程中参阅和借鉴了国内外多位专家学者的相关著作和研究成果,同时也得到了长沙运达喜来登酒店、长沙建鸿达JW万豪酒店、长沙芙蓉国温德姆至尊豪廷大酒店工作人员的支持及场地支持,特此向各位专家学者及企业人员表达诚挚的感谢!

由于编者水平有限、经验不足,书中的缺点和错误在所难免,敬请专家及读者给予批评指正。

编 者
2024年3月

目 录 CONTENTS

模块一　实训准备 ··· 001
 实训项目一　实训概述 ·· 003
  任务一　酒店管理综合实训的概念与必要性 ······················· 003
  任务二　酒店管理综合实训的目标与要求 ·························· 004
  任务三　酒店管理综合实训的主要模块 ····························· 006
 实训项目二　酒店服务理念 ··· 008
  任务一　服务意识实训 ··· 008
  任务二　服务态度实训 ··· 013
  任务三　职业道德实训 ··· 017
 实训项目三　酒店服务礼仪 ··· 020
  任务一　个人礼仪 ·· 020
  任务二　社交礼仪 ·· 030
  任务三　服务礼仪 ·· 037

模块二　服务技能实训 ··· 047
 实训项目四　前厅服务实训 ··· 049
  任务一　预订 ·· 049
  任务二　宾客接待 ·· 053
  任务三　问询服务 ·· 058
  任务四　礼宾服务 ·· 060
  任务五　总机服务 ·· 065
  任务六　行政楼层服务 ··· 068
 实训项目五　客房服务实训 ··· 071
  任务一　客房设备及用品 ·· 071
  任务二　房间清洁服务 ··· 077
  任务三　撤床及做床服务 ·· 083
  任务四　服务中心 ·· 087

任务五　迎送及会客服务 ·································· 090
　　　任务六　其他服务 ······································ 092
　实训项目六　餐饮服务实训 ·································· 096
　　　任务一　托盘实训 ······································ 096
　　　任务二　餐巾折花实训 ·································· 099
　　　任务三　摆台实训 ······································ 104
　　　任务四　斟酒实训 ······································ 112
　　　任务五　上菜与分菜实训 ································ 115
　　　任务六　撤换餐具实训 ·································· 119
　实训项目七　酒水服务实训 ·································· 122
　　　任务一　葡萄酒品鉴实训 ································ 122
　　　任务二　鸡尾酒实训 ···································· 127
　　　任务三　茶及茶艺实训 ·································· 132
　　　任务四　咖啡实训 ······································ 138
　　　任务五　水果拼盘制作实训 ······························ 144
　实训项目八　康乐服务实训 ·································· 147
　　　任务一　健身运动项目服务 ······························ 147
　　　任务二　游泳项目服务 ·································· 154
　　　任务三　夜总会项目服务 ································ 157
　　　任务四　棋牌游戏类项目服务 ···························· 159
　　　任务五　保健类项目服务 ································ 161

模块三　运营管理实训 ······································ 165
　实训项目九　营销管理实训 ·································· 167
　　　任务一　客房营销 ······································ 168
　　　任务二　宴会营销 ······································ 175
　　　任务三　会议营销 ······································ 179
　　　任务四　假日促销 ······································ 181
　实训项目十　活动策划实训 ·································· 184
　　　任务一　酒店主题活动策划 ······························ 184
　　　任务二　酒店企业文化活动策划 ·························· 189
　　　任务三　酒店公益活动策划 ······························ 194

参考文献 ·· 200

模块一
实训准备

实训项目一　实训概述

任务一　酒店管理综合实训的概念与必要性

一、酒店管理综合实训课

实训是职业技能实际训练的简称。酒店管理综合实训是指在学校的有效管理下,按照旅游与酒店管理人才培养规律与目标,实训指导老师对学生进行综合性的酒店服务与管理职业技术应用能力训练的教学过程。

与理论课程相比,酒店管理综合实训课具有综合性、实操性和情境性的特点。综合性体现在该实训课不仅包括理论的学习,还包括实践培训。而且两者的关系应该是学生先学习专业理论,奠定认知基础,后开展实战,将理论应用于实践,培养实际操作技能。理论与实践相辅相成,缺一不可。实操性体现在该实训课的主导是项目实践,以提升学生的项目实践能力为主,侧重于培养学生的动手操作能力。因此,一方面实训课要求"少讲多练",老师把课堂的主动权交给学生,强调学生的参与式学习;另一方面,实训课要以就业为导向,强调实训内容必须来自实践。情境性体现在该实训课需要做实训准备,实训过程中学生和老师需要变换角色,营造一种更接近酒店实际工作情境的教学环境,使学生融入实际工作情境,深入理解酒店人员服务与管理的基本方式和方法,以及思考和创新性解决在实践工作过程中可能遇到的问题。

二、酒店管理综合实训的必要性

1. 旅游和酒店行业发展的需要

(1) 酒店管理发展的需要

随着服务经济的发展,中国酒店行业由过去的经验管理向科学管理转变,急需具有酒店管理专业知识和实践能力的应用型人才来充实从业人员队伍,使得一批具有专业知识和职业技能的行业精英从中逐渐成长起来。

(2) 人工智能技术的运用使酒店人力资源需求结构发生变化

现阶段人工智能技术在酒店的运用使酒店的组织结构、工作流程、岗位职能发生了很大变化,一些简单重复性的服务岗位被智能机器取代。酒店中具有复杂流程和需要高超技能的服务(如兼具人性化和识别性的前台接待服务、客房服务、餐饮服务、酒水服务、康乐服务等,以及需要获取外部环境信息后再根据酒店实际运营情况进行综合分析、管理、决策的工作)仍然需要由高技能人才去完成。

2. 旅游院校发展的需要

(1) 酒店管理学科发展的需要

酒店管理学是研究酒店管理活动基本规律和一般方法的管理学科,属于工商管理学科的分支学科。其学习和研究的方法包括历史研究法、比较研究法、案例分析法和归纳演绎法,这些方法的实施需要教师和学生进行深入的酒店管理实践。

(2) 构建高水平应用型人才培养新机制的需要

对于人才类型的划分,理论界和学术界普遍认同的观点是人才有两类:一类是发现及研究客观规律的学术型人才;另一类是应用客观规律为社会创造价值的应用型人才。对于旅游管理这样一个综合性和应用性非常突出的专业来说,构建具有中国特色的产教融合高水平应用型人才培养机制很重要,而高水平应用型人才的培养对实训课的开设提出了更高、更具体的要求。

(3) 提高学生竞争力的需要

大部分酒店管理专业学生虽然具有良好的文化修养和较扎实的管理理论知识,但缺乏实践应用能力,岗位胜任能力与酒店的要求存在较大差距,毕业后在酒店行业的发展可能会受限。如何通过实训使高校酒店管理专业人才供给与市场人才需求无缝连接,既满足酒店应用型人才岗位需求,又为学生职业发展奠定坚实的综合性技能基础,是现在旅游院校迫切需要解决的瓶颈问题。

任务二 酒店管理综合实训的目标与要求

一、酒店管理综合实训的目标

酒店管理综合实训课程的目标是通过项目和任务的整体工作流程,将课程顺序和教学环节进度相应掌握的能力贯穿起来,让学生到酒店实习前就对工作环境有全面的了解,促进教学与就业的"零对接"。具体来说,通过实训课程,学生应在知识、能力与素质方面达到如下目标。

1. 知识目标

通过教学,使学生做到:了解酒店服务方式和服务理念;了解酒店行业对人员的基本要求;感受酒店运营氛围和企业文化;熟悉并掌握酒店各项工作的任务、内容、原则和方法;熟悉并掌握酒店服务及管理工作的过程及规律;掌握酒店行业从业人员需要的技能和技巧;掌握运用特定的方法进行课题调查和研究的能力。加强综合运用所学知识、理论和技能解决实际问题等能力的训练,总体上考查学生本科阶段学习所应达到的学业水平。

2. 能力目标

结合学生已学习的"餐饮管理""前厅与客房管理""饭店人力资源管理"等专业课程,进行现场生产综合指导和运用,让学生切身感受和了解酒店运作实景,培养学生综合运用、巩固与扩展所学的基础理论和专业知识的能力;采用情景模拟、实地训练等综合训练的方式,以及实训报告和小组实训任务的考核模式培养学生调查分析的能力、处理数据和信息的能力、观察和总结的能力、适应与学习的能力、组织与协作的能力、创新能力、语言文字表达能力、人际沟通能力，以及思考、分析和解决问题的能力。

3. 素质目标

通过实训和调研等，让学生参与社会实践和劳动，培养学生吃苦耐劳、爱岗敬业的品德，引导他们树立正确的人生观和价值观；通过观摩与模拟，提高学生礼仪礼貌、人际沟通方面的素养，引导学生树立正确的服务质量意识，培养学生认真负责、诚实守信、求真务实、以人为本、精益求精的职业精神；通过多样化的实训报告和实训任务，提高学生专业学习兴趣，强化专业认同感，引导学生对未来职业规划和生活的积极思考；通过小组实训的形式，培养学生的团队合作精神和集体荣誉感。

4. 思政目标

以"立德树人"为宗旨，通过深挖蕴含于实训中的思政元素——马克思主义中的历史唯物主义、辩证法，中国的传统文化、创新创业精神、企业社会责任、企业家情怀、中国发展模式等，将家国情怀和文化自信厚植于学生心中，帮助学生树立正确的人生观、价值观和世界观，培养学生的"工匠精神"、以人为本的人文精神与职业情怀，引导学生树立社会主义核心价值观，努力把核心价值观内化为精神追求，外化为自觉行动，勇做走在时代前列的奋进者、开拓者和奉献者。

二、酒店管理综合实训的要求

1. 对学生的要求

（1）实训课前

复习学过的酒店管理基础知识和与该课程有关的理论知识；查看该课程的教学大纲，根据每一次课的实训目标，主动预习将学内容；通过互联网或图书馆广泛搜集与将学知识相关的案例资料，带着问题上课。

（2）实训课中

遵守课堂纪律，认真听讲；积极思考并参与课堂讨论和案例分析；主动开展探究式学习，自发组织案例研讨及课堂辩论；按时按质完成实训任务并填写好实训报告；积极参与完成小组实训任务。

（3）实训课后

复习、总结和归纳所学知识点；系统并深入理解实训内容，掌握实训课各知识点之间的逻辑结构和内在联系；热情参与酒店行业调查和酒店行业实践活动；多观察和调查了解全球、我国、我省、我市及其他熟悉地区的酒店业发展现状及所熟悉的酒店发展现状；积极将所学知识应用于实践，不断锻炼和提高发现问题、分析问题与解决问题的能力，思考自己的未来职业规划以及今后的学习方向。

2. 对教学的要求

（1）教学原则

酒店管理综合实训课程坚持"从酒店中来，到酒店中去"的教学原则。实训项目、实训人才标准、管理形式，甚至部分实训指导老师都要坚持从酒店中来。实训的效果与质量，最终也要在学生的酒店顶岗实习中由相关酒店去检验，教师再根据实习酒店的反馈不断改进实训的教学内容、教学形式和考核形式。

（2）对教学配套的要求

酒店管理综合实训课程属于一种新的课程体系。教学配套要求包括：第一，建立以任务为中心，以项目模块式为主要结构形式的教学体系，便于学生吸纳和更新知识点和技能点；第二，将以纸介质为主的单一的、平面的、静态的教材形式，变为立体化、动静结合、多种介质组合的形式；第三，实训课程需要综合性的教学方案和与之相配的教学资源，如课程大纲、教师手册、考试系统等；第四，由现代教育技术和计算机网络通信技术提供电子教案、网络课程和相应的实训软件等教学资源，形成教师和学生服务的教学辅助体系。

（3）对教师队伍的要求

酒店管理综合实训课程对教师提出了专业知识、技能与教学方法方面的要求。该课程要求教师不仅要有理论知识和较强的操作技能，还要有组织指导训练项目或任务的能力。因此，教师需要及时进行知识和能力的更新，并掌握新的教学组织、教学方法和现代教育技术。

任务三　酒店管理综合实训的主要模块

一、实训内容的组织和编排

酒店行业属于典型的服务行业，服务质量决定着酒店的经济效益，而酒店服务质量是由酒店员工的服务素养和服务技能决定的。为了使实训课程为酒店管理专业学生和酒店员工提高自身基本素养和基本技能提供一些切实的指导和帮助，本书在内容编排上采用了将模块分解成项目，再将项目分解成任务，最后将任务分解成环节的形式，使学生既能在实训中把握住重要的知识点，又能理清这些知识点之间的逻辑关系，最后将这些知识点串联起来，构建系统的酒店管理知识体系。而且为了提高实践指导性，鼓励大家在课后积极开展自我练习，本书在每一环节中，都清晰地列出了实训目标、实训准备、实训内容和实训流程。另外，学生应制作实习报告，用以检验每一项目的实训效果（见图1.1）。在实训课的教学组织上，建议教师采用分组教学的形式，鼓励学生先在小组内进行自主性学习、信息交流和实训效果检验，然后再通过小组之间的互相提问和实训成果比拼，形成你追我赶、积极向上的学习氛围。

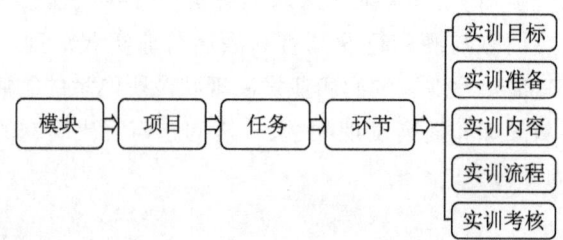

图1.1　教学内容的组织和编排

二、实训的主要内容

实训的内容主要包括三大模块、十个项目、四十四个任务和六十三个环节（见图1.2）。

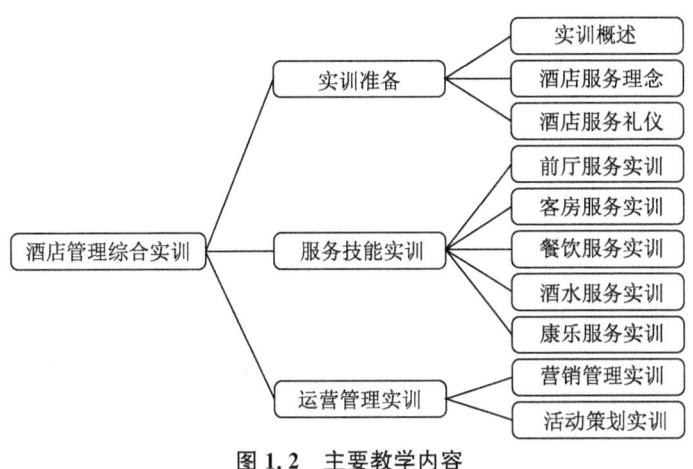

图 1.2　主要教学内容

1. 实训准备模块

该模块主要是为学生的实训奠定正确的实训和服务认知基础,内容包括实训概述、酒店服务理念和酒店服务礼仪三大项目。

2. 服务技能实训模块

该模块主要培养学生直接对客服务技能,内容包括前厅服务实训、客房服务实训、餐饮服务实训、酒水服务实训和康乐服务实训五大项目。

3. 运营管理实训模块

该模块主要培养学生的酒店运营管理能力,内容包括营销管理实训和活动策划实训两大项目。

实训项目二　酒店服务理念

【案例导入】

　　丽思·卡尔顿酒店是一家拥有众多连锁分店的豪华酒店。它以杰出的服务闻名于世，吸引了众多社会名流和商务客人。超过90%的丽思·卡尔顿酒店的顾客仍会再次入住该酒店。丽思·卡尔顿酒店以给予客人关怀和舒适为最大的使命，保证为客人提供最好的个人服务和设施，创造一个温暖、轻松和优美的环境。丽思·卡尔顿酒店能使客人感到快乐和幸福，甚至会满足客人没有表达出来的愿望和需要。

　　丽思·卡尔顿酒店为了履行诺言，不仅对酒店工作人员进行了极为严格的挑选和训练，使新职员学会悉心照料客人的艺术，还培养了职员的自豪感。在挑选职员时，就像酒店质量部某负责人说的那样："我们只要那些关心别人的人。"为了不失去一个客人，职员被教导要做任何他们能做的事情。在丽思·卡尔顿酒店，每位职员被看作"最敏感的哨兵，较早的报警系统"。丽思·卡尔顿酒店的职员们都理解他们在酒店的成功中所起的作用。正如一位职员所说："我们或许住不起丽思·卡尔顿酒店，但是我们却能让住得起的人还想到这儿来住。"

　　评析：酒店是客人在旅途中停留的港湾，给客人提供温馨舒适的环境和舒适温暖的服务是酒店的职责。为了给客人提供良好的服务，从而提高顾客满意度，酒店需要培训工作人员，使其树立正确的服务理念，养成主动的服务意识，具备良好的服务态度和职业道德。

任务一　服务意识实训

一、实训目标

1. 了解服务意识的内涵。
2. 了解服务意识的表现形式。
3. 掌握服务意识的展现。

二、实训准备

1. 场地准备：能容纳50人左右的实训教室或酒店培训室、多功能室。

2. 物品准备：酒店职业装。

三、实训内容

1. 认识服务

服务(service)是指履行职务，为他人做事，并使他人从中受益的一种有偿或者无偿的活动，不以实物而以提供劳动的形式满足他人的某种特殊需要。

（1）服务的内容

① 微笑 S(smile)：服务工作人员应对每一位顾客提供微笑服务。微笑是人类表情中最能打动人的一种表情，是人与人交往中最美好的无声语言。心理学认为，微笑能拉近人与人之间的距离。服务工作人员的微笑服务，能够让自己和对方都放轻松，营造一种比较和谐的氛围，有利于获得顾客的认可、理解和支持。

② 出色 E(excellent)：服务工作人员应将每一道服务程序、每一个微小的服务工作都做得很出色。在提供服务时，服务工作人员应该有追求卓越的激情，有力求将每一次服务都做到极致出色的服务态度。

③ 准备好 R(ready)：服务工作人员应该时刻准备提供服务。对于从事服务行业的人员来说，应该明白顾客可能随时需要工作人员为其提供服务。

④ 看待 V(viewing)：服务工作人员在履行每一次接待服务时，都应该显示出由衷的诚意和敬意，主动热情地为顾客提供服务。在服务开始时主动热情地向顾客表示欢迎，在服务结束时诚挚地邀请顾客再次光临。

⑤ 邀请 I(invite)：原意是热情地邀请，是一种真诚的、热情友好的待人和与人相处的方式。邀请的含义，不仅仅在于发出邀请的信号或者信息，更在于服务工作人员对待顾客的态度。这是一种心中有顾客、把顾客当成朋友真诚相交，并且用语言表达出来、能够让对方感受得到的真诚。这种态度，是服务工作人员能给顾客提供优质服务的前提。所以，服务工作人员的"邀请"就是用真心对待顾客，用真诚感染顾客，用优质的服务回报顾客。

⑥ 创造 C(creating)：尽管服务工作有自己的标准，但由于服务对象千变万化，服务工作依然需要创造性。创造性服务的提供，需要服务工作人员具有高度的职业灵敏度。在服务工作中，每一个服务工作人员都应该秉持创新精神，时刻竭尽所能为顾客创造优于标准化和规范化服务的个性化超值服务。

⑦ 眼光 E(eye)：服务工作人员应具备敏锐的观察力，在工作中积累察言观色的经验。每一个服务工作人员应始终以热情友好的眼光关注顾客，关注顾客心理，预测顾客需求，及时提供有效服务，使顾客时刻感受到真诚的关心。

（2）服务的三个层次

① 第一层：对购买商品或者服务的客户，做出与价格对等的理所当然的行为。对于这个层次的服务，客户基本会感到满足，不会感到满意，也不会感到不满意。我们把这个层级称为服务的基础层。

② 第二层：如微笑服务、高效服务、周到服务等。提供这个层次的服务，可以给顾客带来美好的体验，顾客会感到比较满意，顾客满意度能够提升。我们把这个层级称为服务的进阶层。

③ 第三层：不但能满足顾客需要，还能超越顾客期待，给顾客带来惊喜和感动。提供这个层次的服务，会使顾客满意度得到显著提升。我们把这个层级称为服务的高阶层。

2. 认识服务意识

(1) 服务意识的含义

服务意识是指酒店工作人员在和与企业利益相关的所有的人或企业的交往中体现出的热情、周到、主动的服务欲望和意识。服务意识是自觉主动做好服务工作的一种观念和愿望，发自酒店工作人员的内心。在酒店行业，工作人员应具有随时为客人提供各种服务的积极的思想准备，必须树立高度的为顾客服务的意识，将"顾客至上"体现在服务工作中，形成一种职业的服务意识。这种意识引领酒店工作人员以顾客为核心开展工作，以满足顾客需求、让顾客满意为标准，详见图2-1。

图2-1　良好的服务意识

（图片拍摄于长沙芙蓉国温德姆至尊豪廷大酒店）

(2) 服务意识的特点

服务意识是人的一种观念和愿望，具有明显的主观能动性。服务意识具有以下特点：

① 服务意识有天生的成分

服务意识是一种欲望。人和人的欲望是不同的，这也就决定了不同人对服务的欲望也不同。有些人性格细腻，喜欢照顾人，观察细微，因而服务意识也会比较强；有些人性格开朗活泼，不拘小节，大大咧咧，很难敏锐地察觉到别人的需求，服务意识相对来说就弱一些。

② 服务意识可以通过后天训练习得

对服务意识没概念的员工，经过系统的培训，可以加强服务意识，甚至可以养成职业化的下意识动作。例如，熟练的酒店总机客服，接起电话总会习惯性地说出职业语言"您好，请问有什么可以帮您的？"，这就是经过职业训练习得的。即使职业训练不能使每个客服都一样优秀，一样善解人意，但经过训练的员工至少比没有经过训练的员工，更容易带上职业的习惯。

③ 服务意识可以被模式化

还是举酒店总机客服的例子,"您好,请问有什么可以帮您的?"这样的开场白,在我们眼里,已经是最普通的服务语言了。因为简单,它可以被模式化。如果不能被模式化,只能说明流程、标准、考核机制等还不够成熟,训练频次还不够。

④ 服务意识存在个体差异

尽管服务意识可以通过后天训练习得,可以被模式化,但我们依然要看到服务意识存在个体差异。这个差异,主要源自服务的提供者的意识差异。在不同酒店工作的人员,身上的服务意识是有区别的。

（3）服务意识的表现形式

服务意识主要表现在服务仪表、服务言谈、服务举止和服务礼仪四个方面,见表1-1。

表1-1 服务意识的主要表现

表现形式	具体内容
服务仪表	注重修饰仪容仪表,着装干净、整洁、得体
服务言谈	遵循微笑原则,主动问好
	谈话时,保持适宜距离,语音语调亲切自然,语言表述得体,简洁明了
	对话时,注意倾听,充分尊重他人;提问时,注意分寸,语言适当
	正确使用称呼,根据顾客的年龄、身份、职务、性别、婚否来确定对顾客的称呼,不能直接点名道姓
	顾客与他人交谈时,不要趋于旁听,应在一旁等候;待顾客有所察觉时,得到顾客允许后再发言
服务举止	举止端庄,动作文明,应做到"三轻"（说话轻、走路轻、操作轻）,充分尊重每一位顾客
服务礼仪	接待顾客时,应严格遵循规格和礼宾顺序
	不随意打听关于顾客的隐私问题
	不轻易接受顾客赠送的礼品;在特殊情况下收下礼品,应及时表示谢意,再交由领导处理
	当经过顾客时,应点头微笑示意表示礼貌;与顾客告别时,应主动欢送,并真诚邀请再次光临

（4）服务意识的展示

① 服务的主动性

服务的主动性也叫服务的自觉性,是一个酒店工作人员服务意识强的最重要的表现。服务的主动性具体表现在以下四个方面:一是酒店工作人员具备良好的职业修养,敬重自己所从事的工作,以圆满完成岗位职责为己任,以让顾客满意为最大追求,不仅能做好岗位职责内的工作,而且能主动做那些满足顾客需求的工作;二是酒店工作人员不找借口,不等待吩咐,能主动自发完成工作;三是酒店工作人员亲切友善,微笑待客,积极创造宾至如归的消费环境;四是酒店工作人员在工作过程中精力集中,时刻保持积极主动的状态。

② 服务的及时性

服务的及时性也可以说是服务的适时性,是指酒店工作人员在恰当的时间为顾客提供恰当的服务。酒店工作人员通过观察、判断、推理,在发现顾客有服务需求时,及时提供服务,甚至能在顾客提出服务要求前提供服务。避免由于提供服务的时机不恰当,造成服务失败,甚至造成顾客投诉现象。这就要求酒店工作人员要善于总结和运用服务经验,善于观察服务现场的情况,通过判断、推理预测顾客需求的轻重缓急,宜速则速,宜缓则缓。

③ 服务的稳定性

服务的稳定性主要指服务心理和服务质量的稳定性。服务心理的稳定性是指酒店工作人员要有良好的心理素质,并保持良好的心理状态,做到既不把情绪带到工作岗位,也不因顾客的刁钻和苛刻而影响工作情绪,始终保持职业热情。服务质量的稳定性是指酒店工作人员不因服务对象的不同而改变服务质量,不因服务时间的长短而改变服务质量,不因顾客消费水平的高低而改变服务质量,服务中做到一视同仁、善始善终。

④ 服务的规范性

服务的规范性就是要求酒店工作人员能熟练掌握服务常识、服务技能和服务流程,能运用服务规范和服务流程为顾客提供高质量的服务。服务的规范性能展现出酒店工作人员的自律性和良好的服务意识。

⑤ 服务的高效性

服务效率是服务质量的重要组成部分,没有高效性的服务就不可能有高质量的服务。服务效率高也是服务意识强的重要表现。因此,对顾客的合理要求,酒店工作人员不仅要给予满足,而且要设法尽快给予满足。酒店工作人员要把握服务的高效性,让顾客深刻感受到酒店工作人员在尽心尽力为他着想,而不是对他敷衍塞责。要使顾客感觉到自己并不是众多顾客中普通的一员,而是重要的一员。

⑥ 服务的创新性

酒店的对客服务既是一项规范性很强的工作,又是一项灵活性、创新性很强的工作。不同的顾客有不同的服务需求,即使同一顾客在不同时间服务要求也会不同。因此,酒店工作人员既要遵守服务规范,又要注意提供个性化服务。酒店工作人员在对客服务过程中,在不失规范的前提下,要根据服务对象的年龄、性别、国别、禁忌、宗教信仰、社会地位、爱好习惯、消费背景等实际情况,灵活地、创造性地提供对客服务,不断创新服务内容,改进服务流程,使顾客享受到更便捷、更周到、更人性化的服务。顾客能想到的,努力为顾客做到;顾客没想到的,尽力替顾客想到甚至为顾客做到。

⑦ 服务的适应性

服务的适应性是指酒店工作人员应根据服务对象的特点和要求,积极调整心态和服务,以更好地适应顾客的服务要求。顾客的多样化决定了顾客服务要求的多样性。能否根据顾客的特点和要求积极调整自己,是酒店工作人员服务意识强弱的重要表现。服务意识强的酒店工作人员能以顾客为中心,以让顾客满意为目标,积极地了解顾客、适应顾客,尊重和响应顾客的服务需求。

四、实训流程

1. 实训任务解析

（1）教师布置实训任务。教师根据实际情况将全班学生分成多个小组，每组准备一个服务意识案例剧本。每小组成员人数以不多于五人为佳，选出一人任组长，统筹全组的实训事宜。教师在布置任务时，应对本课案例涉及的理论进行讲授，让学生在表演前对其所扮演角色的相关工作职责和服务规范等都有一定的理解，从而更有利于学生投入角色，准备表演。

（2）在接到服务意识案例表演任务后，学生自行讨论确定角色分工，可根据服务意识案例的内容剧本设置场景，准备服装、道具，利用课余时间排练，不断完善表演过程。案例会涉及酒店工作人员、管理者和顾客三类角色，因此建议学生每次表演都变换角色类型，使每个小组成员都有机会在表演过程中体验酒店工作人员和管理者的工作，从而达到更好的教学效果。

2. 分组实训

（1）学生根据事先排练的剧本，分角色演绎教材中的案例。教师也可要求学生进行相关延伸表演，如原案例中的酒店工作人员或管理者对于某件事的处理方式欠妥，造成顾客不满或酒店损失等情况，教师可以要求学生根据自己对事件的理解再多演绎一个处理问题的版本。这不仅能够让参演学生进一步思考解决问题的方法，也能让旁观者学习到更多处理特殊事件的技巧。

（2）在案例表演结束后，教师组织并引导全班学生对整个表演过程进行讨论和评估，就表演提出自己的问题、意见和建议，并在与大家的沟通交流中进一步加深对教学内容的理解。对案例表演的讨论和评估，既能够让参演学生认识到自身存在的问题并加以改正，又能够让旁观学生积累更多的间接经验用于提高自身水平。

（3）完成实训报告。

3. 考核及总结

（1）每组案例表演和学生讨论结束后，教师应对该次表演进行及时而客观的评价和总结。一方面，先对所有学生的努力给予肯定和表扬，然后客观评价每位学生的表现，并指出其优缺点，有利于其进步提高。另一方面，对本案例中涉及的专业知识点进行再次梳理、归纳和总结，帮助学生更好地理解教学内容，提升教学效果。

（2）教师点评考核结果，并对班级本次实训情况进行总结。

任务二　服务态度实训

一、实训目标

1. 了解服务态度的含义。
2. 理解服务态度的表现形式。

3. 熟悉服务态度的养成。

二、实训准备

1. 场地准备：能容纳 50 人左右的实训教室或酒店培训室、多功能室。
2. 物品准备：酒店职业装。

三、实训内容

1. 服务态度的含义

服务态度(service attitude)是指服务者在为被服务者提供服务的过程中，表现出来的言行举止方面的一系列态度的总和。服务态度强调的是服务过程中的言行。一般来说，被服务者有两种需求，一种是物质需求，另一种是精神需求。服务态度的作用是满足被服务者的精神需求，使其不但拿到合格满意的"产品"，而且还要心情舒畅、满意。

2. 服务态度的表现形式

(1) 工作作风

① 语言：谈吐文雅，常用礼貌用语，避免俚语。

② 礼仪：站立服务，面带笑容，举止、言谈热情有礼。

③ 喜悦：微笑服务，表现出热情、亲切友好的情绪，做到精神集中、情绪饱满，给客人一种轻松愉快的感觉。

④ 效率：提供高效率的服务，关注工作上的技术细节，急客人之所急，为客人排忧。

⑤ 责任：尽职尽责，严格执行交接班制度，遇到疑难问题及时向上级反映，以求得圆满的解决方式。

⑥ 协助：各部门之间要互相配合，真诚协助，遇到困难时，应同心协力解决疑难，维护酒店的声誉。

⑦ 忠实：忠诚老实，有事必办，不能提供假情况，不得阳奉阴违，诬陷他人。

⑧ 时间观念：准时上下班，不迟到，不早退，不无故旷工，少请假。

⑨ 学习精神：服从安排，热情耐心，和蔼谦恭，小心谨慎，虚心好学。

⑩ 体力要求：能长时间地进行站立工作，用托盘托起 3 千克以下的物品时能够端庄稳重地行走。

⑪ 工作意向：领会技能，不断学习业务知识，遵守规章制度，勤恳踏实地工作，了解工作发展前景。

(2) 工作态度

① 公平：酒店员工应对客人采取一视同仁的态度，不能因人而异，见到贵客就表现得热情备至，而对一般客人则不冷不热。不论客人的背景、地位、经济状况、外观、衣着如何，国籍是什么，他们在人格上都是平等的，如果酒店员工在工作中厚此薄彼，那么受到轻视的客人必然会对酒店产生不好的印象，这会使酒店蒙受不必要的损失。

② 主动：酒店员工在工作中应全心全意为客人服务，自觉地把服务做在客人提出要求之前。

③ 耐心：酒店员工在工作中热情地解答客人提出的问题，做到问多不烦、事多不厌、遇

事不急促、严于律己、恭敬谦让。

④ 热情:酒店员工对待顾客要像对待自己的亲人一样,工作时面带笑容、态度和蔼、语言亲切、热心诚恳。

⑤ 周到:在客人进入酒店时酒店员工应提供周到服务,处处关心,帮助客人排忧解难,使客人满意。

(3) 工作意志

意志是一个人在面对事物时所表现出来的克服困难、完成任务的决心,是一种非常成熟的从业心态。酒店员工的意志培养主要从以下几个方面进行。

① 恒心。酒店员工虽然每天面对的是不同的客人,但从事的却是重复性比较强的工作。如果员工没有足够的恒心,遇到困难就容易退缩,并会因此而无法很好地对客人开展服务工作。

② 自律。自律是将工作要求内化为自己的言行举止。内化强调的是在无须外来监督管理的前提下,充分地发挥自己的主观能动性,自觉、自主地将工作做得井井有条。

③ 自控。在酒店服务工作中,经常会碰到客人与员工之间产生误会的情况,有时候原因可能在客人身上。尽管每个酒店员工都有自己的情感、尊严和正当权利,但这一关系所涉及的双方却并不是纯粹的人与人之间的关系,而是员工与客人之间的关系。所以解决此类误会和矛盾时,酒店员工的自控意识就显得非常重要了。

(4) 工作情感

情感是一个人对所从事的工作以及与工作相关的人、事的喜欢、爱好、厌恶等积极或消极的情绪。积极的情感是坚定意志的基础,是联系员工与酒店的纽带,是促使员工忘我地投入工作的催化剂。员工的情感主要应包括以下两方面。

① 作为一名酒店员工,首先应当充分地认识到酒店服务业的优势。

② 酒店员工应当团结自己的同事,处理好与上下级的关系。拥有良好的同事关系,有助于员工在工作中时时保持愉快、健康的心态。如果员工之间的关系不和谐,就会影响其对客人的整体服务,从而给客人留下不好的印象。

3. 服务态度的养成

(1) 热爱酒店工作

如果一个员工对自己的工作不热爱,那么他绝不会百分之百地投入工作,更不会在工作中保持活力与热情。只有员工充满对工作的热爱,才会发自内心地为客人服务,才能清楚客人的需求,这样的服务才会让客人满意。因此,为了确保酒店的服务质量,员工首先应该热爱自己的工作。

(2) 树立正确的职业观念

要树立正确的职业观念,员工应该对酒店行业有以下清晰的认识。

① 酒店行业是无选择地热情为他人提供服务的行业。酒店行业的服务要做到来者不拒、一视同仁,没有任何的选择性,必须满腔热忱地为客人提供热情周到的服务,以免客人产生不满情绪。

② 酒店行业是提供全方位服务的行业。酒店如同一个小社会,可以提供饮食、住宿、购

物、娱乐等一应俱全的服务,客人足不出户,便能在衣、食、住、行等方面得到满足。其中,"住"在酒店提供的服务项目中最为重要。

③ 酒店行业是与人近距离打交道的行业。在酒店的服务方与被服务方中,是以作为被服务方的客人为尊的,顾客至上是酒店业的服务信条。酒店员工与客人接触时一定要语言亲切,态度和蔼,服务快捷。

(3) 具备良好的从业心态

从业心态包括从业人员对职业的态度和意志。对于酒店员工来说,态度是其从业心理的一个重要的组成部分,酒店员工从业时的努力程度、待人接物的情绪等,都会受到从业心态的影响。有些员工认为,酒店这个行业是专门给人赔笑脸的行业,酒店员工地位比较低下,所以工作起来特别没有干劲,这种从业态度就非常消极。确实,酒店的服务行业性质决定了酒店员工应当对客人笑脸相迎,但这也是人与人之间起码的表达尊重的方式。对客人笑脸相迎能让客人在酒店有一种宾至如归的感觉,让客人感觉到酒店对他的重视,让客人感到酒店员工的友好与热忱,但这绝不意味着酒店员工就低人一等。

四、实训流程

1. 实训任务解析

(1) 教师布置实训任务。教师根据实际情况将全班学生分成若干个小组,每组准备一个服务态度案例剧本,每小组成员数以不多于五人为佳,选出一人任组长,统筹全组的表演事宜。教师在布置任务时,应对本案例涉及的理论进行讲授,让学生能在表演前对其所扮演角色的相关工作职责和服务规范等都有一定的理解,从而更有利于学生投入角色,准备表演。

(2) 小组确定服务态度案例剧本表演任务后,由学生自行讨论确定角色分工。学生可根据案例的内容设置场景,准备服装道具,利用课余时间排练,不断完善表演过程。案例剧本会涉及酒店工作人员、管理者和顾客三类角色,因此建议学生每次表演都变换角色类型,使每个小组成员都有机会在表演过程中体验酒店工作人员和管理者的工作,从而达到更好的教学效果。

2. 分组实训

(1) 学生根据事先排练的剧本,分角色演绎。

(2) 在案例表演结束后,教师组织引导全班学生对整个表演过程进行讨论和评估,就表演提出自己的问题、意见和建议,并在与大家的沟通交流中进一步加深对教学内容理解。对表演进行讨论和评估,既能够让参演学生认识到自身存在的问题并加以改正,又能让旁观学生积累更多的间接经验用于提高自身水平。

(3) 完成实训报告。

3. 考核及总结

(1) 每组案例表演和学生讨论结束后,教师应对该次表演进行及时而客观的评价和总结,先对所有学生的努力给予肯定和表扬,然后客观评价每位学生的表现,并指出其优缺点,这有利于其进步提高。此外,教师应对本案例中涉及的专业知识点进行再次梳理、归纳和总结,帮助学生更好地理解教学内容,提升教学效果。

(2) 教师点评考核结果，并对班级本次实训情况进行总结。

任务三　职业道德实训

一、实训目标

1. 了解职业道德的含义。
2. 了解职业道德的表现形式。
3. 理解职业道德的内涵。

二、实训准备

1. 场地准备：能容纳 50 人左右的实训教室、酒店培训室或多功能室。
2. 物品准备：酒店职业装。

三、实训内容

1. 职业道德的含义

职业道德是社会道德中的一种，从属于社会道德的总范畴。职业道德是指从事各种职业的人，在各自的职业活动过程中所必须遵循的行为准则和规范，以及应具备的道德观念、道德情操和道德品质。诚实守信是职业道德规范的核心；爱岗敬业是职业道德的主要内容；遵纪守法、廉洁自律是从业人员必备的法律意识。以优良的道德品质处理个人与集体、个人与国家利益关系的行为准则，是酒店从业人员职业道德的重要规范。

首先职业道德要求员工能够遵守职业中的规则，同时职业道德也是一个人的整体道德素质的体现。如果一个人没有职业道德，也就不会去尊重他所从事的职业。酒店不会愿意聘用一位不具备职业道德的员工，客人也不会喜欢一个缺乏职业道德的员工为他服务。可见，员工的职业道德是酒店服务质量得到保证的基本要素。

2. 职业道德的表现

职业道德是在职业生活中有具体体现，包括以下三个方面的内容。

（1）重视本职工作

对自己所从事的职业在社会生产体系中所占的地位、所具有的作用、社会价值有充分的认识，重视本职工作。

（2）热爱本职工作

对自己的工作对象和劳动岗位无比热爱，乐于将自己的青春年华奉献给本职工作。

（3）勤于本职工作

勤勤恳恳、兢兢业业地对待自己的工作，刻苦地钻研并精通业务，在本职工作中做出成绩。

3. 酒店员工职业道德的内涵

对于酒店行业来说，员工的职业道德内涵包括以下几方面。

(1) 敬业乐业

对本职工作非常热爱，严格遵守酒店的各种规章制度、劳动纪律、员工守则，维护酒店的对外形象和声誉，做到不说损害酒店利益的话，不做损害酒店利益的事情。

(2) 树立"顾客至上"的服务理念

有满腔热情的服务精神，让客人在酒店有宾至如归的感觉，具体体现在以下几个方面。① 主动。为客人提供全心全意的服务，在客人尚未提出要求之前就自觉地把服务工作做到位。② 热情。像对待自己的亲人一样去对待客人，在工作时面带笑容、态度和蔼、言语亲切、热心诚恳、感情真挚、动作轻柔。③ 耐心。工作时对客人所提出的问题要热情地解答，一定要将"问多不厌，事多不烦"刻在自己的心中；遇到任何事情都不要急躁，对待客人、处理问题要保持镇静自若；做到在繁忙的工作中有条不紊，一旦与客人发生了矛盾，也要做到严于律己、恭敬谦让。④ 周到。对进入酒店的客人要服务周到，时时、处处注意给予应有的关心，帮助客人排忧解难，使客人满意。

(3) 认真钻研技术

努力使自己的服务技巧和技术水平得到提高，并树立目标，做到不耻下问、虚心学习。在自己的工作中运用自己所学到的知识和技能，不断对操作技能进行改进，使服务质量不断提高。

(4) 公私分明

不贪不占，克己奉公，不谋私利，勤俭节约，反对浪费。

(5) 树立酒店主人翁的责任感

以主人翁的态度对待本职工作，关心酒店的前途和发展，并为酒店出主意、作贡献，使其更加兴旺发达。将工作中的个人与集体的关系以及个人与上司、个人与同事之间的关系处理好，互相尊重、互相协作，严于律己、宽以待人。

(6) 树立文明礼貌的职业风尚

服务工作的文明礼貌主要反映在以下几方面。① 员工外表端庄、文雅。② 在进行服务时，所使用的语言文明礼貌、准确生动、简练亲切。③ 尊老爱幼，对残疾客人和年迈体弱的客人要给予更多的关心和照顾。④ 严格遵守服务纪律，各项服务按操作程序和操作细则进行。⑤ 在接待中讲究礼节礼仪。

四、实训流程

1. 实训任务解析

(1) 教师布置实训任务。教师根据实际情况将全班学生分成若干个小组，每组准备一个职业道德案例剧本。每小组成员数以不多于五人为佳，选出一人任组长，统筹全组的表演事宜。教师在布置任务时，应对本案例涉及的理论进行讲授，让学生能在表演前对其所扮演角色的相关工作职责和服务规范等都有一定的理解，从而更有利于学生投入角色，准备表演。

(2) 在接到案例表演任务后，学生自行讨论，确定角色分工，可根据案例的内容设置场景，准备服装道具，利用课余时间排练，不断完善表演过程。案例都会涉及酒店工作人员、管理者和顾客三类角色，因此建议学生每次表演都更换角色类型，使每个小组成员都有机会在表演过程中体验酒店工作人员和管理者的工作，从而起到更好的教学效果。

2. 分组实训

(1) 学生根据事先排练的剧本,分角色演绎职业道德案例。

(2) 在案例表演结束后,教师组织并引导全班学生对整个表演过程进行讨论和评估,就表演提出自己的问题、意见和建议,并在与大家的沟通交流中进一步加深对教学内容的理解。对表演进行讨论和评估,既能够让参演学生认识到自身存在的问题并加以改正,又能让旁观学生积累更多的间接经验用于提高自身水平。

(3) 完成实训报告。

3. 考核及总结

(1) 每组案例表演和学生讨论结束后,教师应对该次表演进行及时而客观的评价和总结。先对所有学生的努力给予肯定和表扬,然后客观评价每位学生的表现,并指出其优缺点,这有利于其进步提高。此外,教师应对本案例中涉及的专业知识点进行再次梳理、归纳和总结,帮助学生更好地理解教学内容,提升教学效果。

(2) 教师点评考核结果,并对班级本次实训情况进行总结。

实训项目三　酒店服务礼仪

【案例导入】

　　一日，王先生携好友共赴一家享有盛名的酒店聚餐。迎接他们的是一位面容清秀的服务员，该服务员服务周到细致，然而，她脸色苍白，缺乏应有的活力。初见之下，王先生的心情不禁受到了些许影响。经仔细观察，他发现这位服务员并未按照规定化上工作淡妆。在餐厅柔和却略显昏黄的灯光下，她显得尤为憔悴。

　　当菜品上桌时，王先生又注意到服务员的指甲油有所残缺，心中不禁闪过一个念头："那残缺的部分会不会掉进了我的菜里？"但为了不影响其他客人的用餐体验，他选择了沉默。

　　用餐结束后，王先生呼唤柜台服务员前来结账。然而，那位服务员却全神贯注地在反光玻璃墙前整理妆容，完全忽略了客人的需求。这次经历让王先生深感不满，自此以后，他再也没有光顾过这家酒店。

　　评析：在个人职业形象的塑造中，仪容无疑占据着举足轻重的地位。它不仅能够展现一个人的精神状态、朝气与活力，还能给对方留下最直观、最生动的印象。良好的仪容能使人焕发精神，而糟糕的仪容则会给人留下不好的印象。本案例中的服务员既没有按规定化淡妆上岗，也没有及时修补残缺的妆容，甚至违反了修饰时应避开他人的原则。这些行为在不知不觉中导致了客源的流失，损害了酒店的形象，进而影响了酒店的利益。

任务一　个人礼仪

环节一：仪容礼仪

一、实训目标

1. 掌握皮肤的日常护理方法。
2. 掌握一般的化妆方法。

二、实训准备

1. 场地准备：能容纳50人左右的有墙面镜的形体训练室、礼仪训练室、酒店培训室或多功能室等。

2. 物品准备：头梳、洗面盆、洗面奶、手巾、清洁纸巾、化妆水、脱脂棉球、粉底霜、胭脂、眼影、眉笔、口红等。

三、实训内容

1. 皮肤护理

（1）洁肤

洁肤的步骤：将脸用温水打湿→取适量洗面奶于手心搓至起泡→由下巴向额头用手指轻轻地按摩清洗1~2分钟→用清水清洗→用纸巾或毛巾把多余的水分吸干。

洁肤时要注意手法，自下而上"推"皮肤，同时忌用毛巾在脸上无规则乱擦。

（2）爽肤

爽肤的步骤：取一小块棉花，把紧肤水（或收缩水）倒到棉花上→把棉花上的紧肤水擦于脸上→用手自上而下轻拍脸颊直到紧肤水被全部吸收。

爽肤时最好使用无尘棉花。

（3）护肤

护肤时直接施护肤霜即可。一般清晨用日霜，临睡用晚霜，夏日户外活动可用防晒霜。

（4）特殊护理

特殊护理一般在皮肤出现特殊需求时使用，如使用磨砂洗面奶进行深层清洁、使用面膜补水等，根据具体情况灵活应变。

2. 化淡妆

（1）洁肤

化妆前应先洁肤，步骤如上所述。

（2）底妆

底妆的基本步骤：涂化妆水时，可用棉球蘸取向脸面叩拍→抹粉底霜时，用手指或手掌在脸上点染晕抹→上粉底时，用手指或手掌在脸上点染晕抹且不宜过厚→扑化妆粉时，用粉扑自下而上扑均匀。

（3）画眉

画眉即描眉，用蓝灰色打底，用棕色或黑色描出适合的眉形。直线形眉使脸形显短，弯形眉使人显温柔，可根据脸形画出合适的眉形。

（4）眼妆

眼妆基本步骤：涂眼影时，用棉花棒蘸眼影色在眼周、眼尾上下眼皮、眼窝处点抹并扫开，手法为先上后下至下眼睑的尾部→描眼线时，用眼线笔沿眼睫毛底线描画。

（5）抹腮红

抹腮红是用腮红轻染轻扫两颊，以颧骨为中心将腮红向四周抹匀。长脸形的人宜横打腮红，圆脸形和方脸形的人宜竖打腮红。

（6）涂唇膏

抹唇膏的基本步骤：先用唇笔描上下唇轮廓，起调整色泽、改变唇形的作用，再涂匀填满。

化淡妆要注意以下几点：第一，眼要自然不着痕迹，腮红要轻匀；第二，内容可酌情舍弃或变动次序；第三，不在公共场合化妆。

四、实训流程

1. 实训任务解析

（1）教师布置实训任务。

（2）利用"视频＋图片"等方式讲解皮肤护理的步骤、操作方法和基本要求。

（3）教师演示并讲解化淡妆的动作要领和注意事项。

2. 分组实训

（1）总结自己的日常护肤经验，组员进行评价。

（2）给自己化淡妆，组员进行评价，并指出需要改进的地方。

（3）完成实训报告。

3. 考核及总结

（1）任选两组学生分别对组员妆容进行评价，并指出需要改进的地方。

（2）教师点评考核结果，并对本次实训情况进行总结。

（3）教师总结皮肤护理与化妆的知识。

环节二：仪表礼仪

一、实训目标

1. 强化职场着装的意义，规范工装的穿着。
2. 掌握酒店鞋袜穿着礼仪，强化鞋袜穿着规范。
3. 熟悉不同场合佩戴饰物的规范。
4. 熟练掌握领带的几种系法。

二、实训准备

1. 场地准备：能容纳50人左右的有墙面镜的形体训练室、礼仪训练室、酒店培训室或多功能室等，要求配备更衣室。

2. 物品准备：

（1）酒店相关工作岗位的工装、衬衣及衣架若干。

（2）酒店各岗位要求式样的皮鞋和布鞋若干，各种颜色和长度的袜子和丝袜若干。

（3）与工装相配的帽子、工号牌、领带、领结等若干。

三、实训内容

1. 制服和衬衣的穿着训练

（1）制服和衬衣穿着前的检查

① 确认自己工作岗位的工装。

② 确认适合自己的尺码。

③ 检查工装领口和袖口是否洁净。

④ 检查工装是否有油、污渍，扣子是否齐全，是否有漏缝或破边。

⑤ 按以上顺序进行检查，发现问题及时调换。

（2）制服和衬衣的穿着

① 从衣架上取下衬衣并穿好。

② 衬衣穿好后下摆必须塞到裤子或套裙里面。

③ 对着镜子检查，扣子是否扣齐，穿着是否符合规范。

④ 换下不需要洗涤的衣物应挂在衣架上。

⑤ 换下需要洗涤的衣物放入布草袋中。

2. 鞋袜的穿着训练

（1）酒店员工的皮鞋或布鞋以素色或黑色为主，颜色应比制服的颜色深。式样以端庄大方的平跟鞋为主，女士应穿中跟或平跟鞋。

（2）穿着皮鞋时应经常擦油，保持其干净光亮；布鞋要经常洗涤，保持干净。

（3）穿在脚上的鞋袜要保持完整，出现破损要及时修补或更换。

（4）裙装应配与肤色相近的长丝袜，不可太短；不可穿有抽丝破损的长丝袜上班；袜子的颜色应该与鞋子颜色相匹配，暗色和花色长丝袜不适合与工作套裙搭配。

（5）无论穿何种鞋子，走路都不可拖地或踩地。

（6）除特别需要外，不可以在客人面前把脚从鞋子里伸出来。

3. 饰物佩戴的训练

（1）帽子要戴端正，并符合规范。

（2）工号牌要端正地别在西装左胸翻领上或其他工装左胸上方。

（3）领带（领结）经常是工装的组成部分，配套工装应按企业规定搭配领带。

（4）领带不能过长或过短，站立时领带下端齐及腰带为最好。

（5）领带系好后，前面宽面应长于里面窄面。

（6）领带夹夹在衬衣的第四、五个纽扣之间。

（7）不用系领带时，应打开领带扣结，垂直吊放，以备再用。

（8）不同的场合应佩戴不同的饰物，从整体看要给人整洁、大方的印象，同时注意符合企业的职业规范。

四、实训流程

1. 实训任务解析

（1）教师布置实训任务。

（2）教师讲解制服与衬衣的穿着规范与注意事项。

（3）教师讲解酒店员工鞋袜的穿着规范与注意事项。

（4）教师讲解酒店饰物佩戴的规范与注意事项。

（5）教师演示领带的常用系法。

2. 分组实训

（1）学生按规范穿好制服、衬衣、鞋袜，戴好配饰，组员进行评价，并指出需要改进的地方。

（2）系领带练习。

（3）完成实训报告。

3. 考核及总结

（1）每组同学穿戴好进行展示，并请其他组成员进行点评。

(2) 考核领带系法,要求每位同学至少学会一种领带系法。

(3) 教师点评考核结果,并对本次实训情况进行总结。

(4) 教师总结酒店制服与衬衣、鞋袜及配饰穿戴要求与注意事项。

环节三：仪态礼仪

一、实训目标

1. 掌握规范的立姿、坐姿、行姿,能自纠错误。
2. 熟练掌握不同手势的基本规范和应用。
3. 熟练掌握服务礼仪中各种表情的规范。

二、实训准备

1. 场地准备:能容纳 50 人左右的有墙面镜的形体训练室、礼仪训练室、酒店培训室或多功能室等。

2. 物品准备:各式椅子、凳子若干。

三、实训内容

1. 站姿

站姿的基本要求是站得端正、自然、亲切、稳重,做到"立如松"。

(1) 侧立式站姿

① 头抬起,正视前方,下颚微内收,颈部挺直,双肩放松,呼吸自然,腰部直立。

② 脚掌并拢或分开呈"V"字形,脚跟靠拢,两膝并严,双手放在腿部两侧,手指稍弯曲,呈半握拳状,见图 3-1。

(2) 前腹式站姿

① 同侧立式站姿操作标准第①条。

② 脚掌并拢或呈"V"字形分开,脚跟靠拢,两膝并严,双手相交放在小腹部,见图 3-2。

图 3-1　侧立式站姿

图 3-2　前腹式站姿

(注:本章图片均拍摄于学校实训室或长沙芙蓉国温德姆至尊豪廷大酒店,出镜者为湖南涉外经济学院师生及酒店员工,后述内容不再提示)

(3) 后背式站姿

① 同侧立式站姿操作标准第①条。

② 两腿稍分开,两腿平等,比肩宽略窄些,双手轻握放在后腰处,见图3-3。

(4) 丁字式站姿

① 同侧立式站姿操作标准第①条。

② 一脚在前,并将脚尖向外略展开,双手腹前相交,身体重心放在两脚上,此式只限女性使用,见图3-4。

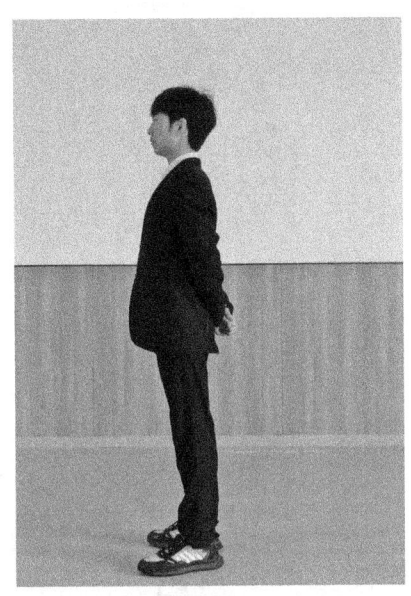

图3-3 后背式站姿

图3-4 丁字式站姿

(5) 自行调节式站姿

站得时间较长,感觉很累时,可自行调整站姿,可以将两腿微微分开,将身体重心移向左脚或右脚,但要注意不可身体弯曲,随意扭动身体,或一条腿着地而另一条腿悬空。

2. 坐姿

(1) 坐姿基本要领

① 入座时,要轻而缓,走到座位前转身,右脚后退半步,左脚跟上,然后轻轻地坐下。

② 女子用手将裙子向前拢一下。

③ 坐下后,上身直正,头正目平,嘴巴微闭,脸带微笑,腰背稍靠椅背,两手相交放在腹部或两腿上,两腿平落地面,见图3-5和图3-6。

④ 有扶手时,双手轻搭或一搭一放。无扶手时,两手相交或轻握放于腹部;左手放在左腿上,右手搭在左手背上,两手呈八字形放于腿上。

⑤ 凳高适中时,两腿相靠或稍分,但分开时不能超过肩宽;凳面低时,女士两腿并拢自然倾斜于一方;凳面高时,女士一腿略搁于另一腿上,脚尖向下,脚跟与脚尖全靠或一靠一分,也可一前一后或右脚放在左脚外侧。女士可根据不同的场合选择基本坐姿、屈直式坐姿(见图3-7、图3-8)或前伸式坐姿(见图3-9、图3-10)等。

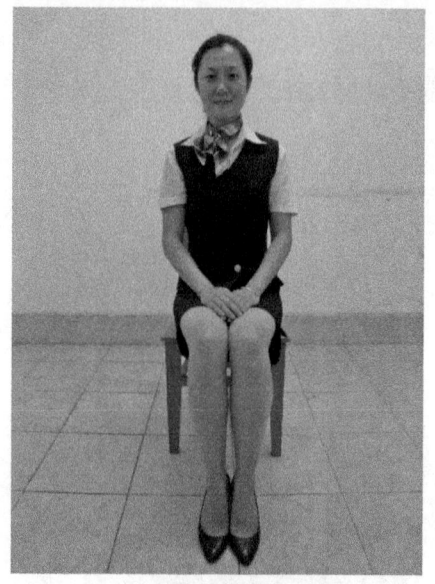
图 3-5　女士基本坐姿

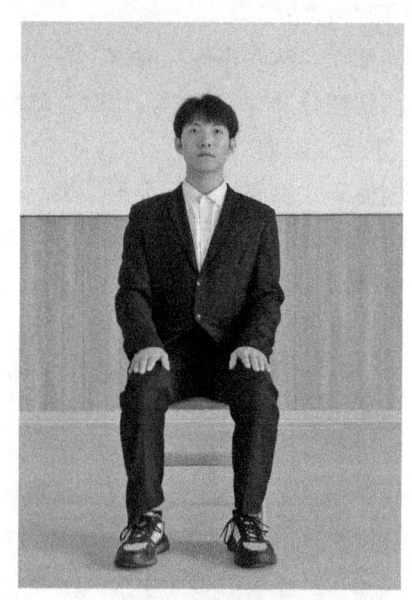
图 3-6　男士基本坐姿

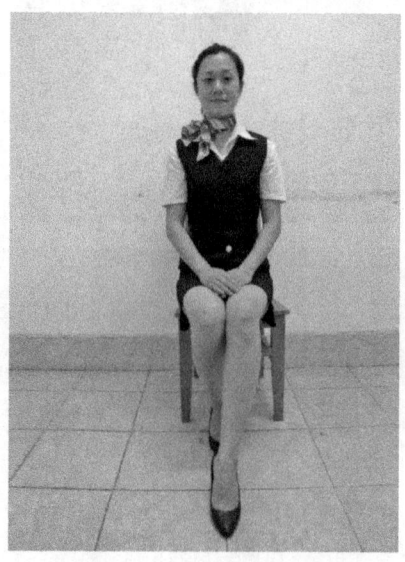
图 3-7　女士屈直式坐姿正面

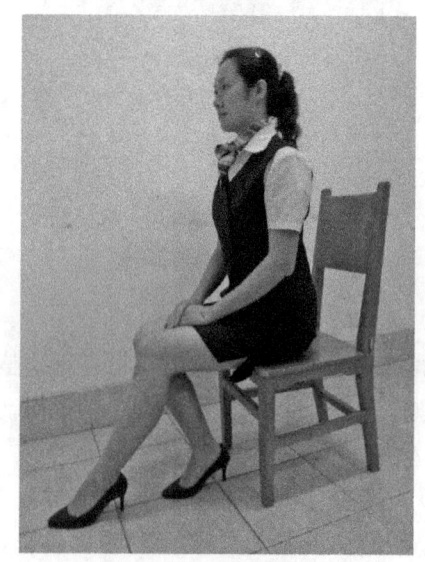
图 3-8　女士屈直式坐姿侧面

(2) 注意事项

① 双腿不宜张开过大。不论是大腿还是小腿张开过大,都极不美观。男子两膝间的距离以一拳为宜,女子则以不分开为宜。

② 不宜将一条小腿架在另一条大腿上,两腿之间留太大空隙,成"二郎腿"姿势,更不能将腿搁在桌椅上,这样更显放纵。

③ 双腿不宜过分前伸,将双腿直挺地伸向前方,不仅妨碍他人,而且有碍观瞻。身前若有桌子时,双腿不要伸到外面。

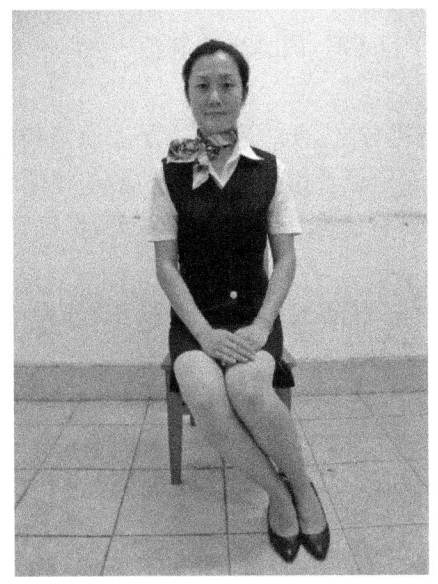
图 3-9 女士前伸式坐姿
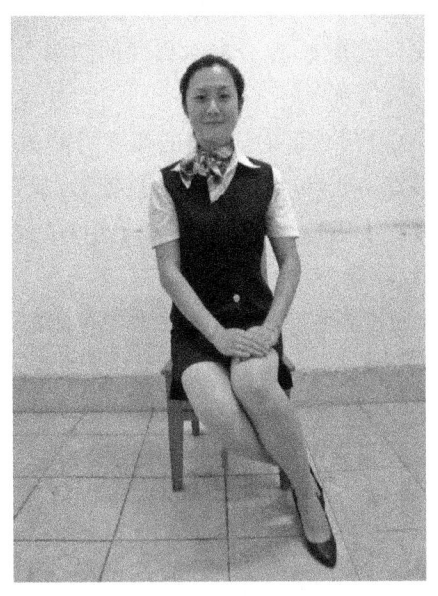
图 3-10 女士前伸式坐姿

④ 不要抖动摇晃腿部。

⑤ 改正下列不安分的脚姿：坐下后脚跟接触地面，脚尖抬起，使鞋底在别人眼前一露无余；脚蹬踏其他物体；脚自脱鞋袜；就座后用手抚摸小腿或脚部。

3. 走姿

（1）走姿要领

① 方向明确。在行走时，必须保持明确的行进方向，尽可能地使自己犹如在直线上行走，不要突然转向，更忌突然转身。

② 步幅适中。行进时迈出的步幅与本人一只脚的长度相近。即男子每步约 40 厘米，女子每步约 36 厘米，见图 3-11。

③ 速度均匀。在正常情况下，男子每分钟 108～110 步，女子每分钟 118～120 步。不要突然加速或减速。

④ 重心放准。行进时身体向前微倾，重心落在前脚掌上。

⑤ 身体协调。行进时要脚后跟先着地，膝盖在脚步落地时伸直，腰部成为重心移动的轴线，双臂在身体两侧一前一后地自然摆动。

⑥ 体态优美。做到昂首挺胸收腹，步伐轻松矫健，直起腰背，伸直腿部。

图 3-11 走姿

（2）注意事项

① 走路时最忌内八字形和外八字形，其次是弯腰弓背，摇头晃脑，大摇大摆，左顾右盼，脚蹭地面。

② 男子行走时，两脚跟交替行进在一条线上，两脚尖稍向外展，通常速度较快，脚步稍大，步伐奔放有力，充分展示男性的阳刚之美。女子行走时，两脚交替走在一条直线上，脚尖正对前方，俗称"一字步"。

③ 男子穿西装时，走路的幅度可略大些，体现挺拔、优美的风度；女子着旗袍和中跟鞋时，步幅宜小些，以免因旗袍开衩较大，显得不美；女子着长裙行走时要平稳，长裙的下摆较大，更显女子修长、飘逸；年轻女子穿着短裙时，步幅不宜太大，步频可稍快些，保持轻盈、活泼、灵巧、敏捷。

④ 迎领客人时，员工应位于客人侧前方2~3步，按客人的速度行进，不时用手势指引方向，招呼客人，不可并肩同行，不可嬉戏打闹。

⑤ 与客人相向而行时，快接近客人时，应放慢速度；在窄小的地方与客人交会时，应礼让客人，要侧身让客人通过后再前进。

⑥ 与客人同向而行时，尽量不超过客人，实在必须超过，要先道歉，后超越，再道谢。

4. 手势

（1）正常垂放

① 手指尖向下，掌心向内，手臂伸直后分别紧贴两腿裤线。

② 双手伸直后自然相交于小腹处，掌心向内，一手在上一手在下地相握。

③ 双手伸直后自然相交背后，掌心向外，两只手相握。

（2）自然搭放

① 站立服务。身体可适当靠近桌面或柜台，上身挺直；两手手指部分放在桌子或柜台上，指尖向前，拇指与其他手指稍有分离，并轻搭在桌子或柜台边缘。注意不要距离桌子或柜台过远，同时还要根据桌面高矮来调整手臂弯曲程度，避免将整个手掌支撑在桌子或柜台上，避免上半身趴伏在桌子或柜台上。

② 坐姿服务。以坐姿服务时，将手搭放在桌面或柜台上。身体趋近桌子或柜台，尽量挺直上身；除取物、书写、调试等必要动作，手臂可摆放在桌子或柜台上外，仅以双手手掌平放其上；将双手放在桌子或柜台上时，双手可以分开、叠放或相握，但不要将胳膊支起来或是将手放在桌子或柜台下，以免引起误会。

（3）打招呼

打招呼时要使用手掌，而不能只用手指；要掌心向外，而不宜掌心向下。

（4）举手致意

① 当服务人员工作时，看见面熟的顾客且不能分身时，应向其举手致意消除误会。

② 举手致意时面向对方，应身体正直，目视对方的同时，面带笑容。

③ 致意时手臂应自下而上向侧上方伸出，可略有弯曲，亦可全部伸直。

④ 致意时掌心向外，即面向对方，指间向上方，同时切记伸开手指。

（5）挥手道别

① 身体站直。尽量不要走动、乱跑，更不要摇晃身体。

② 目视对方。目送对方远去直至离开，若不看道别对象，容易被对方理解为目中无人。

③ 手臂前伸。道别时，可用右手，也可双手并用，但手臂应尽力向前伸出；注意手臂不

要伸得太低或过分弯曲。

④ 掌心向外。挥手道别时,要保持掌心向外,否则是不礼貌的。

⑤ 左右挥动。挥手道别时,要将手臂向左右两侧轻轻地来回挥动,但尽量不要上下摆动。

5. 表情

(1) 眼神

① 注视对方的双眼,表示自己对对方全神贯注。在问候对方、听取诉说、征求意见、强调要点、表示诚意、向人道贺或与人道别时,都应注视对方的双眼,但时间不宜过长,一般以3~6秒为宜。

② 注视对方的面部时,最好是注视对方的眼三角区,而不要聚集于一处,以散点为宜。

③ 服务工作中,须根据实际需要对客人身体的某一部分多加注视,例如在递接物品时,应注视对方手部。

④ 注意注视的角度。正视对方时,应正面相向,同时还须将身体前部朝向对方,表示尊重对方;平视对方时,身体与对方处于相似高度,表现出双方地位平等与本人的不卑不亢;仰视对方时,本人所处位置比对方低,则须抬头向上仰望对方,可给对方重视、信任之感。

⑤ 注视对方时,要适时、自然,表示重视、友好或尊敬。宾客沉默不语时,不要盯着客人,以免加剧对方的不安。

⑥ 服务人员在工作岗位上为多人提供服务时,通常要巧妙地运用自己的眼神,兼顾每一个服务对象。要按照先来后到的顺序对先来的客人多加注视,同时也要以略带歉意、安慰的眼神去环视一下等候在身旁的其他客人。既表现出一视同仁,又可以让后到的客人感到宽慰,使其不产生被冷落的感觉。

⑦ 服务人员在注视顾客时,视线要保持相对稳定,注意要自然,切忌对客人上下扫视。

⑧ 在旅游接待服务过程中,要特别注意不能使用向上看的目光,这种目光给人目中无人、骄傲自大的感觉;更不能东张西望,以免给人留下缺乏教养、不懂得尊重别人的印象。

(2) 微笑

① 嘴角微微向上,让嘴唇略呈弧形。

② 默念英文单词Cheese、英文字母G或普通话"茄子"。

③ 可对着镜子自我训练,自我暗示。

④ 微笑要领是面带笑意,但笑容不可太大。

⑤ 要做到目光柔和而发亮,双眼略睁大,自然舒展,嘴角微微向上扬起。微笑不要只挂在脸上,而要发自内心,做到表里如一,否则就成了"皮笑肉不笑"。微笑一定要以良好的心境与情绪作为前提。

⑥ 微笑须兼顾服务场合。如在下列情况下,微笑是不被允许的:进入庄严的场所时;顾客满面哀伤时;顾客先天缺陷时;顾客出了洋相而感到不好意思时。

四、实训流程

1. **实训任务解析**

(1) 教师布置实训任务。

(2) 教师讲解与演示规范的立姿、坐姿、行姿,讲解注意事项。

(3) 教师讲解酒店员工不同手势的基本规范和应用。

(4) 教师讲解服务礼仪中各种表情的规范。

2. 分组实训

(1) 学生按规范练习立姿、坐姿、行姿,组员进行评价,并指出需要改进的地方。

(2) 学生按规范练习酒店员工不同手势的运用。

(3) 学生按规范练习服务礼仪中各种表情的运用。

(4) 完成实训报告。

3. 考核及总结

(1) 每组同学进行立姿、坐姿、行姿展示,并请其他组成员进行点评。

(2) 每组同学进行酒店员工不同手势及表情的展示,并请其他组成员进行点评。

(3) 教师点评考核结果,并对本次实训情况进行总结。

(4) 教师总结酒店员工立姿、坐姿、行姿、手势及表情的要求与注意事项。

任务二 社交礼仪

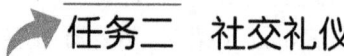
环节一:见面礼仪

一、实训目标

1. 掌握并熟练运用称呼礼、招呼礼、握手礼、致意礼和鞠躬礼。

2. 掌握并熟练运用介绍礼和名片礼。

二、实训准备

1. 场地准备:能容纳50人左右的有墙面镜的形体训练室、礼仪训练室、酒店培训室或多功能室等。

2. 物品准备:名片若干。

三、实训内容

1. 称呼礼

(1) 一般性称呼

① 不论其年龄大小与婚否,男士都可称"先生"或"同志"。

② 女士的称呼要根据婚姻状况而定。对未婚女子称"小姐"或"女士";对已婚者或婚姻状况不明者都称"女士"。

③ 对德高望重的年长者、资深者,可称之为"公"或"老",如周老、周公。

④ 对朋友、熟人,可以"你""您""君"相称。

(2) 姓名称谓

① 平辈、熟人之间可以姓名相称。

② 在被称呼者姓名前加上"老""小"字,如老李、小王等。

(3) 亲属称谓

① 对自己的亲属称呼已约定俗成,如祖父、表弟、堂姐等。

② 对别人的家属称呼,使用最广的是令、尊、贵、贤等,如称对方父亲为"令尊"或"令尊大人",对方母亲为"令堂"或"令堂大人",称其兄弟为"令兄"或"令弟",称其妻为"贤内助"。

(4) 职务称谓

① 直接称职务,如部长、书记、局长。

② 在职务前加上姓名,一般在正式场合用。

(5) 职业称谓

① 直接以被称呼者的职业作为称呼,如老师、教练等。

② 在此称呼前,均可加上姓氏或姓名,如李老师。

(6) 职称称谓

① 仅称职称,如教授、工程师等。

② 在此之前加姓氏或姓名,如郑教授、李研究员。

(7) 学位、军衔称谓

① 直接称学位,如博士。

② 在学位前加姓氏或姓名,如杨博士、何××硕士。

③ 将学位具体化,说明其所属学科,如工学硕士、法学学士。

④ 直接称军衔或在此之前加姓氏,如张上校。

(8) 神职称谓

① 直接称神职,如神父等。

② 姓名加神职,如高×神父。

③ 神职加先生,对主教以上的神职人员有时也可称阁下或大人。

(9) 政界称谓

① 地位高的政府官员、外交使节、军队重要的高级次人员,按不同国家的习惯,可称阁下,加职称或先生,以示尊重,如总统阁下,有些国家则不称阁下,而称先生。

② 在君主立宪制国家,一般称国王、王后为陛下,称王子、公主、亲王为殿下;对有公、伯、候爵位的可称其爵位,如公爵先生、公爵夫人等。

2. 招呼礼

(1) 在相熟悉的情况下,用得比较多的标准式是"您好""各位好""大家好"。

(2) 在熟悉的情况下或是为了表示尊重,一般不用标准式,而是用时效式如"早上好"。

(3) 如果打招呼者不止一人,可统一打招呼,不一一具体到每个人;或由上而下,先招呼身份高者,后招呼身份低者;或由近而远,先招呼距离近者,再招呼距离远者。

(4) 注意不同国家打招呼的方式。与西方人打招呼时,避免用中式的打招呼方式。

3. 握手礼

(1) 方式。两人相距约一步,上身稍向前倾,伸出右手,拇指张开,四指并拢,手掌相握。注意:特别遇到年长者或地位高者时不可将左手放在裤袋里,不可坐着与他人握手。

(2) 时间。一般礼节性的握手不宜时间过长,两手稍稍用力一握,3~5秒即可。注意握手时不能有气无力,但也不能过分用力。

(3) 规则。年长者与年幼者、女子与男子、已婚者与未婚者、上级与下级、主人与客人,应由前者先伸出手,后者再相握。

图3-12 握手

4. 致意礼

(1) 举手致意。公共场所与远处的熟人打招呼时,一般不出声只是举起右手,掌心朝向对方,轻轻摆一下即可,摆幅不要太大。

(2) 点头致意。在不宜交谈的场合向人致意时,头微微向下一动,幅度不必太大;与熟人在同一地点多次见面或有一面之交的朋友在社交场合相见,均可点头为礼。

(3) 欠身致意。上身微微向前一躬,这种致意方式表示对他人的恭敬,适用范围较广。

(4) 脱帽致意。微微欠身,距离对方稍微远一点的那只手脱下帽子,然后将脱下的帽子置于大约与肩平行的位置,向对方致以问候。脱帽致意时,脱下的帽子不可以立即戴上,一般要等到脱帽礼全过程结束后才可以戴上。

5. 鞠躬礼

(1) 问候招呼、迎客及送客时行鞠躬礼。

(2) 鞠躬礼以腰部为轴,上体前倾约15度,同时双手在体前,右手搭在左手上,视线落在对方鞋尖部位。

6. 介绍礼

(1) 自我介绍

① 标准式。简单介绍姓名即可,用于熟人、同事、朋友之间。

② 工作式。介绍本人的姓名、单位及部门,担负的职务或从事的具体工作等,用于工作之中或正式沟通时。

③ 礼仪式。介绍姓名、单位、职务时应加入一些适宜的谦词、敬语等,适用于讲座、报

图 3-13 鞠躬

告、演出、庆典等正规而隆重的场合。

在介绍前,要向对方打招呼,使双方有所准备,并根据具体情景灵活采用以上方式。

(2) 他人介绍

① 不便直接做自我介绍时,可以找一个既认识自己又认识对方的人做介绍。

② 由他人做介绍时,如果你是身份高者或是年长者,听他人介绍后,应立即与对方握手,表示很高兴认识对方。

③ 由他人介绍时,如果你为身份低者或年轻者,当他人将自己介绍给对方时,应根据对方的反应做出相应的反应。

(3) 为他人做介绍

① 介绍顺序:先把男士介绍给女士、年轻者介绍给年长者、地位低者介绍给地位高者、未婚者介绍给已婚者;重大活动中,应把身份高者、年长者和特邀嘉宾介绍给大家;将众人介绍给一个人时,须按身份高低顺序进行介绍。

② 为他人做介绍时,必须在对被介绍人情况都比较了解或对双方的结识愿望有把握的前提下才进行。

③ 为他人介绍时,视线不能移向别处;语言应清晰、准确;手势应文雅。

7. 名片礼

(1) 递接名片时,用双手递名片,用双手接名片,切勿以左手递接名片。

(2) 递送名片时,要把名片正面朝向上方,不要将名片背面朝向对方或颠倒着给对方。

(3) 递送名片时,应有所表示,可说"请多指教"之类的客气话。

(4) 接受名片时应点头致谢,说几句客气话,接受后要认真地看一遍。看完后,把名片放进上衣口袋里或名片包中,也可暂摆在桌面上显眼的位置,注意不要在名片上放任何物品。切忌接过名片一眼不看就随手放在一边。

图 3-14　递接名片

四、实训流程

1. 实训任务解析

(1) 教师布置实训任务。

(2) 教师讲解并示范称呼礼、招呼礼、握手礼、致意礼、鞠躬礼、介绍礼和名片礼的运用方法和基本要求。

2. 分组实训

(1) 分组逐一练习称呼礼、招呼礼、握手礼、致意礼、鞠躬礼、介绍礼和名片礼。

(2) 小组设定场景,将称呼礼、招呼礼、握手礼、致意礼、鞠躬礼、名片礼和介绍礼中的多个融合在一起进行训练。

(3) 完成实训报告。

3. 考核及总结

(1) 根据老师设定的不同场景,分组考核学生对多个见面礼的综合运用。

(2) 教师点评考核结果,并对本次实训情况进行总结。

(3) 教师总结称呼礼、招呼礼、握手礼、致意礼、鞠躬礼、介绍礼和名片礼的运用方法和基本要求。

环节二:馈赠和接收礼品

一、实训目标

1. 掌握并熟练运用馈赠礼仪。
2. 掌握并熟练运用接收礼品的礼仪。

二、实训准备

1. 场地准备:能容纳50人左右的有墙面镜的形体训练室、酒店培训室或多功能室等。
2. 物品准备:各式"礼品"模仿品。

三、实训内容

1. 馈赠礼品选择

(1) 选择的馈赠礼品要适宜,要考虑对方的爱好、兴趣和禁忌。

(2) 礼品要有纪念意义,无须过分强调其价值和价格。

① 独创性:富有创意,力争使礼品新、奇、特。

② 时尚性:注意符合时尚,礼品尚未过时或落伍。

③ 针对性:要明白为何而送礼,送礼想表达怎样的心情,如祝贺、关心、感谢等。

2. 馈赠时机的选择

(1) 纪念日。我国传统的节日,如春节、中秋节、端午节等。

(2) 临别远行。为表示自己的惜别之情,也可适当赠送一些礼品留作纪念,以示友谊天长地久。

(3) 探视病人。到医院或病人家里去探望病人时,可送些礼物,并祝早日康复。

(4) 酬谢他人。当自己在工作、生活中遇到困难或挫折时,如受过别人的帮助,事后可送些礼品表示酬谢。

⑤ 赴私人家宴。可为女主人带些小礼品。

3. 送礼注意事项

(1) 精心包装。给他人送礼,尤其是在正式场合,要用礼品纸包装礼品或把礼品装入特制的盒子、瓶子内。包装礼品既要量力而行,又要尽量争取做得好一些,但反对华而不实。

(2) 表现大方。当面赠送礼品,神态自然,举止大方,表现适当。若同时向多人赠送礼品,最好是先长辈后晚辈、先女士后男士、先上司后下级。

(3) 认真说明。赠送礼品时,要辅以适当的、认真的说明,说明因何送礼,表明自己的态度。

4. 接收礼品

(1) 在接收礼品前应表示谦让。在对方诚意相送下,方可接收。

(2) 接收礼品后应表感谢,并诚恳请求对方不要这样客气。

(3) 接收他人礼品时,要把握好退或不退的分寸,要充分考虑:礼品是否为违法物品、犯规物品、有害物品或私忌物品,只要有一个答案是肯定的,就不应该接收该礼品。

(4) 在我国,不能当着客人的面打开物品;而在美国和西欧一些国家则要当即打开,以示对礼物的重视。

5. 回赠礼品

（1）回赠的时间：可在客人临走时回赠，以示感谢。可在接收礼品后，过一段时间登门回拜，也可在对方及其家人的某一喜庆节日回赠。

（2）回赠的形式：方式很多，可选择一些小礼物或请赠礼人旅游、娱乐等。

图 3-15　递送礼品

四、实训流程

1. 实训任务解析

（1）教师布置实训任务。

（2）教师讲解并示范馈赠和接收礼品的方法和基本要求。

2. 分组实训

（1）分组练习馈赠和接收礼品的礼仪。

（2）小组设定场景，在不同场景中模拟演练馈赠和接收礼品的礼仪。

（3）完成实训报告。

3. 考核及总结

（1）根据老师设定的不同场景，分组考核学生馈赠和接收礼品礼仪的综合运用情况。

（2）教师点评考核结果，并对本次实训情况进行总结。

（3）教师总结馈赠和接收礼品的方法和基本要求。

任务三 服务礼仪

环节一:迎领礼仪和物品传递礼仪

一、实训目标

1. 掌握迎领礼,能熟练运用相关礼节迎领客人。
2. 掌握物品传递礼仪,能熟练运用相关礼节递接物品和展示物品。

二、实训准备

1. 场地准备:能容纳 50 人左右的有墙面镜的形体训练室、酒店培训室或多功能室,以及有楼梯、电梯的模拟场所等。

2. 物品准备:背包、手提箱、行李箱、文件、西餐刀具、筷子、勺子、碗、剪刀、大型名字贴或者手举广告牌等物品若干。

三、实训内容

1. 迎领礼仪

(1) 陪同引领服务

① 协调行进速度。在陪同引导客人时,服务人员应居于客人侧前方 0.5 米左右,行进的速度须与对方相协调。

② 及时关照提醒。陪同引导客人时,一定要处处以对方为中心。经过拐角、楼梯或道路坎坷、光线昏暗时,须提醒对方留意。引领手势见图 3-16 和图 3-17。

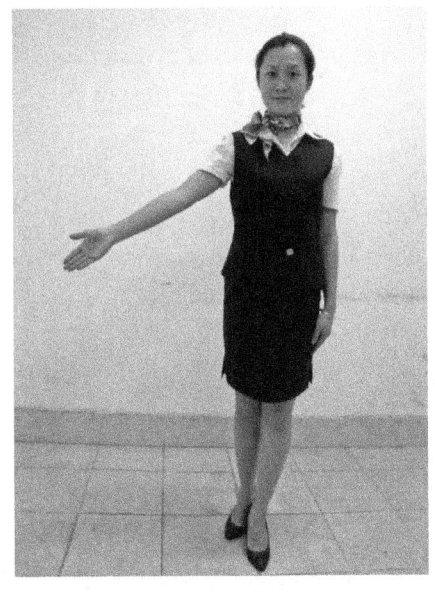

图 3-16 向下引领手势

图 3-17 向上引领手势

③ 采用正确的体态。陪同引导客人时,有必要采取一些特殊的体态。如请对方开始行进时,应面向对方,稍许欠身;在行进中与对方交谈或答复其提问时,头部和上身应转向对方。

④ 客人不熟悉行进方向和目的地时,一般不应请其先行,同时也不应让其走在外侧。

(2) 引领客人上下楼梯

① 坚持"右上左下"的原则,方便对面上下楼梯的他人。

② 服务人员上楼梯时应行在后,下楼梯时应行在前。

③ 服务人员与客人的距离相差1级阶梯为宜。

④ 服务人员工作时,要走工作楼梯通道,且要减少在楼梯上的时间。

⑤ 引领手势见图3-18和图3-19。

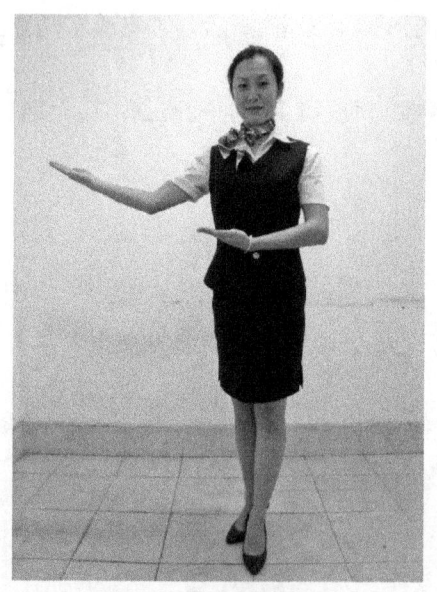 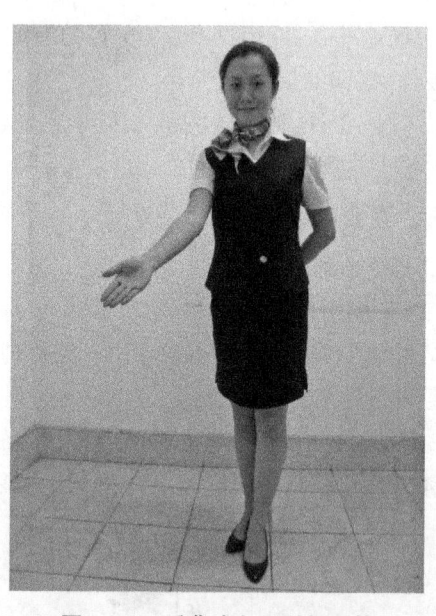

图3-18　双手引领手势　　　　图3-19　后背式向下引领手势

(3) 坐电梯

① 服务人员须先进后出,以便为顾客控制电梯。

② 在电梯内,只要空间许可应与客人保持30厘米左右的距离。

③ 电梯开门时须遵循"先出后进"原则,等里面的人出来后,外面的人方可进去。

④ 进出电梯时,应侧身而行,以免碰撞、踩踏别人。

2. 物品传递与展示礼仪

(1) 手持物品

① 稳妥。手持物品时,可根据物品重量、形状及易碎程度采取相应手势,切记确保物品的安全。尽量轻拿轻放,防止伤人伤己。

② 自然。手持物品时,服务人员可以根据自身的能力,酌情采用不同的姿势,一定要避免持物时手势夸张,"小题大做",失去自然美。

③ 到位。就是持物到位,如箱子应当拎提手,杯子应当握杯耳,有手柄的物品应当持手

柄,持物时若手不能到位,不但不方便,而且也很不自然。

④ 卫生。为客人取食品时,切忌直接下手;敬茶、斟酒、送汤、上菜时,千万不要把手指搭在杯、碗、碟边沿,更不可无意间使手指浸泡其中。

(2) 递接物品

① 双手递物于他人最佳,不方便双手时,也应尽量使用右手。左手递物通常被视为失礼之举。

② 递给他人的物品,应直接交到对方手中。不到万不得已,不要将所递的物品放在别处。

③ 若双方相距过远,递物者应主动走近接物者;假如自己坐着的话,应在递物时起立。

④ 方便接拿。服务人员在递物时,应为对方留出便于接物品的空间,不要让其感到接物时无从下手,将带有文字的物品递交他人时,还须使之正面朝向对方。

⑤ 尖、刃向内。将带尖、带刃或其他易伤人的物品递给他人时,切勿以尖、刃直指对方,合乎服务礼仪的做法是使尖、刃朝向自己,或是朝向他处。

(3) 展示物品

① 便于观看。展示物品时,一定要方便现场的观众观看。因此,一定要将展示物品正面朝向观众,举到一定的高度,方便观众观看。当四周皆有观众时,展示时还须变换不同角度。

② 操作标准。服务人员在展示物品时,不论是口头介绍还是动手操作,均应符合标准。解说时应口齿清晰;动手操作时,手法应干净利索,速度适宜,并进行必要的重复。

③ 手位正确。在展示物品时,应使物品在身体一侧,不宜挡住本人头部,具体有两种方法:一是将物品举至高于双眼处,这种方法适宜被人围观时采用;二是双臂横伸将物品向前伸出,活动范围自肩至肘处,上不过眼部,下不过胸部,这种方法易给人安全感。

四、实训流程

1. 实训任务解析

(1) 教师布置实训任务。

(2) 教师讲解并示范迎领礼,包括普通迎送客人礼仪、迎领客人上下电梯礼仪和迎领客人上下楼梯的礼仪等,并讲解注意事项。

(3) 教师讲解并示范手持物品的礼仪规范、传递物品的礼仪规范以及接收物品的礼仪规范等,并讲解注意事项。

2. 分组实训

(1) 分组逐一练习普通迎送客人礼仪、迎领客人上下电梯礼仪、迎领客人上下楼梯的礼仪、手持物品的礼仪、传递物品的礼仪以及接收物品的礼仪。

(2) 小组设定场景,将普通迎送客人礼仪、迎领客人上下电梯礼仪、迎领客人上下楼梯的礼仪、手持物品的礼仪、传递物品的礼仪以及接收物品的礼仪中的多个融合在一起进行训练。

(3) 完成实训报告。

3. 考核及总结

(1) 根据老师设定的不同场景,分组考核学生对以上多种礼节的综合运用情况。

(2) 教师点评考核结果,并对本次实训情况进行总结。

(3) 教师总结普通迎送客人礼仪、迎领客人上下电梯礼仪、迎领客人上下楼梯的礼仪、手持物品的礼仪、传递物品的礼仪以及接收物品的礼仪的运用方法和基本要求。

环节二:酒店言语服务礼仪

一、实训目标

1. 掌握并熟练运用前厅言语服务礼仪、客房服务员言语服务礼仪、餐厅服务员言语服务语言和康乐部言语服务礼仪。

2. 掌握并熟练运用电话言语服务礼仪。

二、实训准备

1. 场地准备:能容纳50人左右的有墙面镜的形体训练室、酒店培训室或多功能室等。

2. 物品准备:写字台、电话机或模拟电话机若干。

三、实训内容

1. 前厅言语服务礼仪

(1) 迎客员言语服务礼仪

① 迎接客人下车。开车门时用手挡住车门上方,提醒客人"小心碰头"。

② 主动向客人问好。对于团队客人,应向走在前面的客人问好并表示欢迎,对后面的客人点头致意。

③ 有来访者需要接待时,应有礼貌地询问其姓名、工作单位、被访问人的姓名等,以便适时联系安排。

④ 客人离店时,要礼貌道别,欢迎宾客再次光临,说话时双目要注视客人。

(2) 电梯员言语服务礼仪

① 向乘坐电梯的客人问好,询问其要去的楼层,并启动电梯控制钮。

② 当电梯门开启时,微笑地说:"请!",并目送客人出电梯。

③ 客人走出电梯时,说:"再见,请慢走。"

(3) 大厅问讯员言语服务礼仪

① 客人走近时,主动亲切问候:"您好。""我能为您做什么?"等。

② 宾客询问时,不要打断客人的叙述,应认真聆听,并做好记录,以"嗯""我明白""对"等话语表示了解客人的意思。

③ 对客人的询问要尽力给予全面、详细的回答,对确实不了解的不要不懂装懂,不负责任地给予答复,应说:"对不起,我对这里不是十分了解,请让我询问一下有关人员。""我会尽快给您满意的答复。"

④ 当客人多,难以同时接待时,应向后来的客人说:"请稍等。"或点头示意一下。

⑤ 对客人的投诉,不要进行反驳,而是要不断地对其道歉:"对不起,这方面的工作我没做好。"若客人确有不对,也不要指出,可说:"对不起,我没有及时向您说明我店有关这方面的规定,给您造成了一些麻烦。希望您能配合我们的工作,我们将不胜感激!"

⑥ 接待结束时,主动向宾客致谢:"感谢您对我店提出的宝贵意见。"

(4) 预订员言语服务礼仪

① 向前来订房的客人问好,如"早上好""您好""欢迎光临"等。

② 主动询问客人的需求,如"请问您要订几间房?""请问您要订单人房或双人房?""请问您要住几天?"

③ 耐心地回答客人的问题,为客人介绍房间的情况;当客人做出决定后复述一遍,如"您订的房间是1005房,单人间,订两天,对吗?"

④ 当客房已满,要委婉地向客人致歉,并且设身处地地替客人着想,帮助联系其他酒店,如"很遗憾,今天客房已满,我帮你联系附近的其他酒店好吗?"

(5) 收银员言语服务礼仪

① 客人办理退房时,向客人问好:"您好!我能为您做什么?"不要说:"您要退房吗?"

② 客人办理退房时,电话通知楼层服务员查房,并对客人说:"请稍等。"

③ 账目结算后向客人报出准确的数目;若客人需要,应向客人解释账单具体内容。

④ 客人付账时,要唱收唱付:"收您××元,要找您××元,请稍等。"找钱给客人时,双手送过,并说:"谢谢!找您××元。"

⑤ 客人结算完离去,应微笑地说"谢谢惠顾""欢迎再次光临""祝您一路平安"等。

⑥ 客人前来兑换货币时,应认真回答客人的问题,详细说明有关汇率等内容。

⑦ 收付货币均须双手,并唱收唱付。

2. 客房服务员言语服务礼仪

(1) 遇到客人入住,主动向客人问好,欢迎客人下榻本酒店。

(2) 在走廊与客人相遇时,应礼貌地对客人说:"对不起,请让过一下。"或将工作车推至一边说:"请您先过。"

(3) 进客房工作前要先敲三下门,说"客房服务"或"服务员",确认无人或经客人允许后再进入。

(4) 打扫房间时客人进入,应说:"对不起,打扰了,很快就打扫完。"

(5) 打扫房间时,如客人问话,应暂停手中工作,认真聆听并回答。

(6) 在与客人交谈时,不要将个人私事、饭店内部矛盾等向客人诉说,不要随便打听客人的隐私等。

(7) 服务员在楼层要轻声说话,不得高声喧哗,也不要在客人面前窃窃私语。

(8) 客人离店时,应将之送至电梯口,并道别:"欢迎您下次光临。"

3. 餐厅服务员言语服务礼仪

(1) 迎宾员言语服务礼仪

① 客人到来时,上前致欢迎辞,说:"欢迎光临!""晚上好,请!"面带微笑,语调柔和、亲切。

② 客人离去时,礼貌道别:"谢谢您的惠顾/光临!请慢走,再见!"

③ 客人到来后立即迎上,亲切问候:"您好!请问您有预定吗?""晚上好!请问一共几位?

④ 引位时礼貌地说:"请跟我来。""这边请!""里边请!"

⑤ 如宾客要求的位置已被占用,应说:"小姐/先生,对不起!我为您安排一个更好的位置,好吗?请跟我来。"

⑥ 如餐厅较满,客人对座位不是很满意,应多道歉,如:"十分抱歉,今天客人太多,委屈您了,下次光临一定为您安排一个好座位。"

⑦ 应先问候女宾再问候男宾。

⑧ 如遇用餐高峰期,暂无座位,应对客人说明:"对不起,暂无座位,您可到休息室稍候,一有空位我为您安排。"当有空位时,立即引客人入座,并致歉:"对不起,让你久等了,这边请。"

⑨ 客人离开时,微笑目送并说:"再见,欢迎您下次再来。"

(2) 值台员言语服务礼仪

① 客人入座后,先问候女宾再问候男宾,递上香巾、茶水时招呼客人:"小姐/先生请。"

② 送上菜谱时说:"小姐/先生,这是菜单,请选菜。"并在旁守候。如客人让过会儿再来,应说:"好的,请随时招呼我。"

③ 当客人一时不能决定,应主动、热情地推荐餐厅的菜肴,注意语气婉转,尊重客人的意见,如说:"建议您试一试这道菜。"不要随意替客人做决定:"这道菜很好,我帮助您决定了。"

④ 如客人点的菜已售完,应礼貌地致歉,并婉转地建议客人点其他菜。

⑤ 如客人要求的菜肴菜单上没有,不可马上回绝,应说:"请稍等,我马上联系厨师,尽量满足您的要求。"如在无法提供,要向客人道歉说明。

⑥ 客人点完菜肴酒水后,向客人复述一遍,以得到客人的确认。

⑦ 上菜时,要向客人说明菜肴的名称,菜上齐后应告诉客人:"菜已上齐,请慢用。"

⑧ 客人招呼时,应立即上前问:"请问我能为您做什么?""请问有什么事?"

⑨ 为客人撤换器具时,应说:"对不起,换一下盘碟,好吗?"撤菜时,要问:"请问这道菜可以撤了吗?"

⑩ 客人结账时,将账单从客人左侧递上,并小声说:"请您过目,共计××元。"

⑪ 客人用餐结束离开时,上前送别并说:"谢谢,欢迎下次光临。"

4. 康乐部言语服务礼仪

① 客人到来时,热情地问候:"欢迎光临……""晚上好!"

② 当客人需要时,向其解释服务项目内容及设施的使用方法,态度诚恳,说话不可散漫或故作亲近之态。

③ 客人招呼时,应立即上前询问:"请问您需要什么?""我能为您做什么?"

④ 提供服务完毕离开时,可说:"祝您度过一段美好的时光!""祝你玩得愉快!""祝你尽兴!"

⑤ 当场地繁忙,无法马上接待新来的客人时,应请他到休息室等候,并致歉:"对不起,十分抱歉!请你稍候。"

⑥ 客人结账时说:"谢谢您的光临!""谢谢,欢迎下次再来。"并送客人到门口。

⑦ 在声音较为嘈杂的场所,应注意调整音量,以让客人听清。

5. 电话言语服务礼仪

(1) 被叫言语服务礼仪

① 接听电话时,必先使用问候礼貌语言"您好",随后报出自己所在单位:"这里是……"

② 在通话过程中,发声要自然,忌用假嗓,声调要柔和、热情、清脆、愉快,音量适中,带着笑容通话效果最佳。

③ 认真倾听对方的讲话内容。为表示在专心倾听并理解对方的意思,应不断报以"好""是"等话语作为反馈。

④ 重要的电话要做记录。

⑤ 接到找人的电话应请对方稍等,尽快去叫人;如果要找的人不在,应诚恳地询问:"有事需要我转告吗?""能告诉我您的电话号码,等他回来给您回电话,好吗?"

⑥ 接听电话时,若遇上访客问话,应用手势(手掌向下压或点点头)表示"请稍等"。

⑦ 若接听的是邀请电话或通知电话,应诚意致谢。

⑧ 通话完毕,互道再见后,应让打电话者先收线,自己再放听筒。

⑨ 通话时要耐心、热情、礼貌、负责任。

⑩ 嘴不可太靠近话筒,发出将对方振痛耳膜的声音或失真的声音都是失礼的。

⑪ 不要在办公场所长时间打私人电话,不要用电话聊天。

⑫ 不能将单位领导的私人电话号码和关键部门的电话号码随意告诉对方。

⑬ 电话要轻拿轻放。

(2) 主叫言语服务礼仪

① 打电话前,应准备好打电话的内容,电话接通后应简明扼要地说明问题,不要占用太长的通话时间。

② 如通话时间较长,应首先征询对方是否现在方便接听。

③ 当对方已拿起听筒,应先报出自己的所在单位和姓名。若对方回应时没有报出他们所在单位和姓名,可询问:"这里是……吗?""请问您是×××吗?"对方确认后,可继续报出自己打电话的目的和要办的事项。

图 3-20　接打电话

④在通话过程中,发声要自然,忌用假嗓,音调要柔和、热情、清脆、愉快,音量适中,带着笑容通话效果最佳。

⑤认真倾听对方的讲话内容,为表示正在专心倾听并理解对方的意思,应不断报以"好""是"等话语作为反馈。

⑥打给领导者的电话,若是秘书或他人代接,应先向对方问好,后自报职务、单位和姓名,然后说明自己的目的。若领导不在可询问或商议一下再打电话的时间。

四、实训流程

1. 实训任务解析

(1) 教师布置实训任务。

(2) 教师讲解并示范前厅言语服务礼仪、客房服务员言语服务礼仪、餐厅服务员言语服务语言和康乐部言语服务礼仪。

(3) 教师讲解并示范电话言语服务礼仪。

2. 分组实训

(1) 分组逐一练习前厅言语服务礼仪、客房服务员言语服务礼仪、餐厅服务员言语服务语言、康乐部言语服务礼仪和电话言语服务礼仪。

(2) 小组设定场景,将前厅言语服务礼仪、客房服务员言语服务礼仪、餐厅服务员言语服务语言、康乐部言语服务礼仪和电话言语服务礼仪中的多个融合在一起进行训练。

(3) 完成实训报告。

3. 考核及总结

(1) 根据老师设定的不同场景,分组考核学生对以上多个礼仪的综合运用情况。

(2) 教师点评考核结果,并对本次实训情况进行总结。

(3) 教师总结前厅言语服务礼仪、客房服务员言语服务礼仪、餐厅服务员言语服务语言、康乐部言语服务礼仪和电话言语服务礼仪的运用方法和基本要求。

【案例分析】

一天,赵总来到D酒店办理入住后,准备出去走一走,正好在电梯口遇到一个服务员。服务员彬彬有礼地和赵总打招呼,赵总便询问该服务员周边有什么旅游景点或者公园可以逛一逛。该服务员不好意思地说:"不好意思,先生,我才来酒店一个月,我也不是很清楚。"

赵总来到大厅询问前台服务员,前台服务员微笑着回答:"不好意思,先生,咱们这确实有好几个景区,也有几个公园,但都离酒店有点远,我们酒店8楼有个康乐中心,建议您可以去那健身和娱乐哦!"赵总想了想,问道:"那离酒店最近的景点在哪?打车过去要多久?"该服务员不好意思地回答:"最近的景点是A景点,不好意思啊,先生,我们都是坐公交车过去的,大概需要一个半小时,打车我还真不知道,实在不好意思。"

赵总叹了口气,扫兴地回房了。

点评：酒店服务员对客人的问询应该有问必答，绝不能说"不清楚""不知道""不懂""不会""不行""没有"。酒店工作人员在日常工作中应该记住酒店常用的信息和客人经常询问的信息，如果遇到自己确实不知道的问题，应该求助于同事或者采用其他方式，尽可能弄清楚后再告诉客人。案例中的服务员对自己不清楚的问题，可以请赵总稍等，找同事问清楚，或者了解查询清楚后，再告知赵总，这样赵总便不会觉得扫兴，相反有可能会被酒店服务打动，成为酒店常客。

模块二
服务技能实训

제1장
開發經濟學의 課題

实训项目四　前厅服务实训

【案例导入】

2022年8月的一天中午,北京的刘先生满脸汗水急匆匆进入一家五星级酒店。前厅接待员小曹根据刘先生提供的信息查找预订信息后回答客人说:"对不起,先生,没有您的预订记录。"刘先生很奇怪地反问:"不可能的,我明明在网上预订成功,怎么可能没有预订呢?"小曹很快想起,因为酒店客房网络预订平台近两天出现了故障,可能出现丢失顾客预订记录的情况。于是,他马上与刘先生商量:"刘先生,非常对不起,我们的网络可能有点问题,因此没有及时收到您的预订信息。不过不要紧,我先给您办理入住手续,并免费帮您升级房型,再赠送您一个果盘,表达我们的歉意,希望您能在我们酒店住得舒适,请您出示身份证……"刘先生紧张又愤怒的情绪,很快得到了安抚,并且对小曹的处理方法表示非常满意。小曹也非常迅速地为刘先生办理好了入住手续。

等安排行李员将客人送至房间后,小曹没有将此事搁置一边,而是记录此事并迅速向上级汇报。

评析:在本案例中,酒店网络预订平台出现系统问题,丢失客人预订信息是比较严重的错误,说明酒店在网络预订平台上的重视程度有待提高。小曹在有空房的情况下为客人免费升级客房,并赠送果盘,很快地安抚了客人的急躁情绪,让一件本会影响酒店信誉的事件变成了提高客人对酒店满意度的事件,表现出良好的服务意识和处理突发事件的能力,给客人留下了很好的印象。事后小曹向上级积极反映情况,也体现出良好的团队意识。

任务一　预订

环节一:客房预订

一、实训目标

1. 熟悉和掌握酒店预订服务的基本工作环节和服务程序。
2. 掌握填写各种预订表格或报表的方法,并能根据各种预订表格、报表中的数据向上级或有关部门提交分析报告。

3. 准确接收各方面的信息,能够随机应变,耐心、细致地回答客人的提问,并以良好的服务态度做好客房预订工作。

二、实训准备

1. 场地准备:能容纳 50 人左右的前厅实训教室。

2. 物料准备:电脑、预订单、房价表、手机(电话)、中性笔和纸等。

三、实训内容

1. 预订前的准备工作

(1) 首先,服务人员按酒店规定的要求和规范上岗,做好交接班。交接班时查看一下上一班次的预订资料,问清情况,掌握需要处理的、优先等待的、列为后备的、未收订金的、不准确的预订名单及其他事宜。其次,检查电脑等设备是否完好,准备好预订单、预订表格等资料和日用品,并摆放规范整齐。

(2) 服务人员上岗后,必须迅速、准确地掌握当日及未来一段时间内酒店可预订的客房数量、等级、类型、位置和价格标准等情况,保证向客人介绍可订房间情况的准确性。

2. 接收预订

(1) 受理订房要求。服务人员应考虑的因素包括客人预期抵店日期、所需房型、客房数量、停留天数、有无特殊要求等。

(2) 填写预订单。服务人员根据客人类型准确、清楚地填写预订单。

(3) 婉拒或受理。服务人员根据客人抵店当天酒店可售客房情况,确定是否受理预订。若对客人所提订房要求不能即刻进行明确答复,可建议客人对订房要求做些修改,尽量把客人留住,进行最大限度的推销,树立酒店良好信誉。若客人不同意更改订房要求,对客人表示歉意,并把客人列入等待名单,记录客人的姓名、联系电话,一旦有空房及时通知客人。

(4) 受理预订要求。无论是电话预订还是当面预订,服务人员都应热情礼貌、亲切友善地接待客人,根据不同类型的客人,准确报出协议价、公司价、团队价及散客价等;帮助客人落实订房要求时,要注意做好记录,迅速回答客人;所有订房信息资料应准确无误地输入电脑或预定控制盘。

3. 确认预定

(1) 重申客人的订房要求,包括客人姓名、人数、抵/离店时间、房间类型和数量等。

(2) 双方就付款方式、房价问题达成一致意见。

(3) 声明酒店取消预订的规定。

(4) 对客人选择本酒店表示感谢。

(5) 预订员或主管签名。

4. 订房核对

(1) 客人抵店前一个月第一次核对。预订部以电话、E-mail 或传真等方式与订房人进行核对,主要核对抵/离店日期、房间数量与类型等,如果有变化则进行变更处理。

(2) 客人抵店前一周做第二次核对。程序和方法与第一次相同。

(3) 客人抵店前一天做第三次核对。主要采用电话核对,预订员对客房预订内容要仔细检查,并将准确的订房信息传达到前台接待处。如客人要取消预订,应立即通知前台将取消的预订客房出租给已到达客人。

5. 客人抵店前的准备

(1) 提前一周左右,将主要客情信息通知各相关部门和总经理。

(2) 客人抵店前夕,将具体接待安排以书面形式通知有关部门,使各部门做好对客服务的准备工作。

(3) 客人抵店当天早上,开房员根据抵店客人名单,提前预分好房间,并把房卡、入住登记单准备好。

(4) 将有关细节通知有关部门,各部门共同完成客人抵店前的各项准备工作。

四、实训流程

1. 实训任务解析

(1) 教师布置实训任务。

(2) 利用"视频＋图片＋讲解"的方式向学生阐述客房预订的过程、内容及要求。

(3) 分别进行电话预订(散客/团队)、E-mail、传真和小程序客房预订实训任务讲解。

2. 分组实训

(1) 预订开始前的准备工作。

(2) 客房预订的受理程序。

(3) 处理客人特殊要求。

(4) 完成实训报告。

3. 考核及总结

(1) 任选两组学生演示预订过程。

(2) 教师点评考核结果,并对本次实训情况进行总结。

(3) 教师总结客房预订技巧和要求。

环节二：客房预订的取消、变更和婉拒

一、实训目标

1. 了解导致预订取消和变更的原因。
2. 掌握处理散客及团队取消、变更和婉拒客房预订的步骤和技巧。

二、实训准备

1. 场地准备:能容纳50人左右的前厅实训教室。
2. 物料准备:电脑、预订单、电话、中性笔、纸和订书机等。

三、实训内容

1. 客房预订取消

(1) 接到取消预订的通知时,根据客人资料找到原始预订单。

(2) 核准信息后,记录取消人的姓名及联系方式,并在原预订单上盖"已取消"章(无章可手填)。

(3) 如原预订有接送机、订餐、果篮、加床等特殊要求的,取消预订后,应将信息通知各

有关部门。

(4) 在电脑预订系统中取消该预订。

(5) 若是通过传真、E-mail、网络平台要求取消预订的,在确认客人取消预订后,应将申请取消资料与原来预订资料合钉在一起存档。

(6) 将取消预订单与原预订单钉在一起,按原抵达日期存档。

(7) 如是团队取消预订,如团队分房表已发出,要及时通知相关部门,并记录分析团队取消预订的原因,供销售部门和前台经理参考。如团队分房表未发出,可将取消预订单与原预订单钉在一起,按原抵达日期存档。

2. 客房预订变更

(1) 接到变更预订的通知时,应立即找出客人或团队的预订单。

(2) 根据客房预订流量,决定可否接收变更后的预订。

(3) 若不能接受客人或团队的变更要求,应耐心解释,推荐更换房型或者转订同品牌下的其他酒店;若能接受变更要求,还须询问客人变更后的抵达时间,及时更正相关内容。

(4) 记录客人预订的变更内容及更改人姓名和联系方式,并在预订单上盖"已变更"章(无章可手填)。

(5) 在电脑预订系统中做相应修改。

(6) 若是通过传真、E-mail、网络平台要求变更预订的,确认变更后,将申请变更资料与原来的预订资料合钉在一起存档。

(7) 将变更预订单与原预订单钉在一起,按更改后日期存档。

3. 客房婉拒预订

(1) 根据预订情况,按照订房部经理的指令,礼貌地拒绝客人。

(2) 遇到难以婉拒的客人,应及时请示接待领班或前厅部经理。

(3) 客人表示理解后,立即建议客人预订其他日期的房间或更换房型,或者将客人介绍到同集团旗下其他酒店入住,让客人感到酒店的热情和尊重,给客人留下良好印象。

(4) 有时为了婉转,可采用候补预订的方式。接受候补预订时,必须向客人说明,酒店已经订满,如果有临时取消预订时,酒店会立即通知客人并确认接受预订。

(5) 候补预订要填好候补预订单。在备注中注明,并写明预订人的姓名及联系方式,以便及时联络。

四、实训流程

1. 实训任务解析

(1) 教师布置实训任务。

(2) 利用"视频+演示+讲解"的方式向学生阐述客房预订取消、变更和婉拒的过程、内容及要求。

(3) 分别进行电话预订(散客/团队)、E-mail、传真和小程序客房预订取消、变更和婉拒实训任务讲解。

2. 分组实训

(1) 取消客房预订程序。

(2) 变更客房预订程序。
(3) 婉拒客房预订程序。
(4) 完成实训报告。

3. 考核及总结

(1) 任选两组学生演示客房预订取消过程。
(2) 任选两组学生演示客房预订变更过程。
(3) 任选两组学生演示婉拒客人预订客房过程。
(4) 教师点评考核结果,并对班级本次实训情况进行总结。
(5) 教师总结客房预订取消、变更和婉拒的技巧和要求。

任务二　宾客接待

环节一：散客接待

一、实训目标

1. 掌握散客接待程序和方法。
2. 了解填写散客入住登记表的基本要求和操作步骤。

二、实训准备

1. 场地准备：能容纳 50 人左右的前厅实训教室。
2. 物料准备：登记表、预订资料、欢迎卡、电脑、手机(电话)、纸和笔等。

三、实训内容

1. 迎接客人

(1) 礼貌问候。接待人员应面带微笑,主动问候客人。
(2) 如果接待人员正在接电话,应该向电话里的客人道歉,请对方稍等,然后问候刚抵达的客人,告诉客人很快会为其服务,并尽快处理完电话事宜,不可让到店客人久等。
(3) 在办理入住手续时,要查看客人是否有留言、电脑中所注明的特殊要求及注意事项。

2. 确认客人有无预订

(1) 若客人已订过房,则应该迅速查阅《次日抵店客人一览表》或打印的《预期到店表》,并复述订房主要内容,重点核对客人所定房间种类、住店夜次。经客人确认后,请客人填写登记表。对于携带订房凭证的客人,接待员应礼貌地请其出示订房凭证的正本,重点注意检查下列内容：订房凭证发放单位的盖章、客人姓名、酒店名称、住宿天数、房间种类、用餐安排和抵/离店日期等。

(2) 对于未经预订而直接抵店的客人,应首先询问客人的住宿要求,同时查看当天的客房预订状况及可租房情况,判断能否满足客人的要求。若能提供客房,则请客人登记有关内容,准备排房。若不能提供客房,应设法帮客人联系其他酒店,给客人耐心细致的帮助,给其留下深刻的印象。

3. 填写入住登记表

对于已有预订的客人,接待员应根据预订资料的相关信息,在事先为客人预留的登记表上尽量多地填写客人的相关资料,客人抵达后,再根据客人情况填上剩余内容并签名,为客人节省时间。按照优质服务质量标准,每位已预订客人的入住登记时间不得超过5分钟,没有预订的客人接待时间也不得超过10分钟。在给客人登记表和笔时,应将登记表正面摆放到客人面前的台子上,笔的末端朝向客人,如客人不方便,可帮客人填写登记表,并请客人签名。

4. 验证客人身份

接待员要检查客人的有效证件,要求每位入住客人必须提供身份证件,如果是身份证,则放置在读卡器上,系统与公安局联网,可以准确实时验证住店客人身份信息,登记后的信息会备份在公安局服务器上。如果是其他的身份证件,需要认真核对客人填写的内容,查看有无错漏,做到"三清"和"三核对"。"三清"即字迹写得清,登记项目清,证件检查清;"三核对"即证件相片和本人核对,证件印章核对,证件有效期限核对。

5. 分配房间,确定房价

分配房间时应根据房间的位置、景观和房内布局等情况,在征得客人的意见后确定房间。同时还应考虑如果在营业淡季,应尽量把客人分配到统一楼层,这样可以有效地节约能源,控制成本。房间的价格分为标准门市价、前台柜台价、网络预订价、合同优惠价和季节浮动价等。定价时,必须遵守酒店有关房价要求的相关规定。

6. 确定付款方式

(1) 对于采用信用卡结账的客人,接待员应该检查信用卡的完好程度,并检查其有效期及是否为本人所有。客人核对结账单并签名后,要核对客人签名与信用卡上的签名是否一致,然后复印信用卡,并将其签购单、账单一起交给前台收款处留存。同时,也应注意信用卡公司对持卡者在酒店使用信用卡额度限制的规定。

(2) 对于使用现金结账的客人,接待员应根据酒店的订金政策,判断客人是否需要预先付款(现在一般酒店都需要预先付高出房费的押金),收到客人交付的预付款金额后,再为客人办理入住手续。

(3) 对于以转账方式结账的客人(一般是在订房时就向酒店提出这一要求,并已获批准),接待员应向客人清楚地说明转账款项的具体使用范围,如房租、三餐费用等。如果客人在办理入住登记手续时才提出需要以转账方式结账,酒店通常可以不予受理。

(4) 微信、支付宝结账采用预付款的方式收取订金,离店时再进行结账;有一些酒店接受使用微信支付和蚂蚁信用结账方式,结账方法与信用卡相似,具体以酒店规定为主。

7. 完成入住登记手续

(1) 排房、定价、确定付款方式后,接待员应请客人在入住登记表上签名。

(2) 将客用房卡交给客人,并将酒店为客人保存的邮件、留言单、快递转交给客人(有些酒店还会向客人提供用餐卷、免费饮料券和宣传品等)。

(3) 接待员应安排行李员运送客人行李,并将客房所在楼层及电梯位置告诉客人,祝客人住店期间愉快。

(4) 客人入住后,将入住信息告知相关部门,同时建立该客人的入住档案,作为今后对客精准服务的依据。

四、实训流程

1. 实训任务解析

(1) 教师布置实训任务。

(2) 利用"视频＋演示＋讲解"的方式向学生阐述散客入住接待服务的程序与标准。

(3) 进行散客入住接待服务实训,列举案例,以情景剧的方式展现,要求学生掌握接待服务的技巧。

2. 分组实训

(1) 已预订散客接待服务实训。

(2) 未预订散客接待服务实训。

(3) 接待服务中的特殊要求处理方法。

(4) 完成实训报告。

3. 考核及总结

(1) 两名学生为一组,扮演客人和酒店接待员进行实训。

(2) 教师点评考核结果,并对本次实训情况进行总结。

(3) 教师总结散客接待服务的要点和实训中的问题,并提出解决方法。

环节二:团队接待

一、实训目标

1. 了解团队入住登记表的相关基础知识和操作步骤。
2. 掌握团队接待的程序和方法。

二、实训准备

1. 场地准备:能容纳 50 人左右的前厅实训教室。
2. 物料准备:登记表、预订资料、欢迎卡、电脑、手机(电话)、纸和中性笔等。

三、实训内容

1. 客人抵店前的准备工作

(1) 根据《团队接待通知单》的用房要求,查看电脑预订系统中的房态进行排房,填写《团队用房分配表》,检查核对,确保正确性。

(2) 根据团队的用房状况,制作团队资料夹,夹内放有客用房卡(按团队要求,提前分配好房间)、用餐券及酒店促销宣传品等,并将资料夹按团队抵店入住的时间顺序排列存放。

(3) 预留空置客房。

(4) 将《团队用房分配表》及团队客人登记表提前呈交接待单位的陪同人员。

(5) 团队抵达时,酒店驻机场代表在机场(车站)迎接客人,并与陪同领队联系,了解行李、人数、用房等有无变化,然后将客人送上车,送往酒店。陪同人员可将登记表及房间分配情况告诉领队。

(6) 驻机场代表尽快将该团名称、编号、车号、离开机场(车站)的时间、行李件数、变更内容和其他特殊情况等信息电话通知酒店前台。

(7) 大堂经理、团队接待员在酒店大堂等候,并通知客房中心做好接待准备。

2. 抵店后的接待

(1) 团队抵店时,由大堂经理、团队接待员迎接,致简单的欢迎辞。

(2) 复印团队每个人的身份证,完成团队客人的身份验证。

(3) 团队联络员将装有客房钥匙的资料夹分发给领队(或提前由陪同分发)。

(4) 大堂经理、团队联络员将客人送至电梯厅,客房主管及楼层服务员在楼层电梯厅等候客人,并引导客人进入房间。

(5) 团队联络员或陪同员确认客人用房、用餐、叫醒服务、运送行李、离店及其他特殊安排等事项,以提供良好的对客服务。

(6) 团队行李车抵店后,大厅服务处应尽快组织人员将行李准确送往对应的客房。

四、实训流程

1. 实训任务解析

(1) 教师布置实训任务。

(2) 利用"视频+演示+讲解"的方式向学生阐述团队客人入住接待服务的程序与标准。

(3) 进行团队客人入住接待服务实训,列举案例,以情景剧的方式展现,要求学生掌握接待服务的技巧。

2. 分组实训

(1) 每两组学生为一个实训团队,扮演接待员和客人,并进行角色互换完成两轮实训任务。

(2) 要求扮演客人的学生提出各种特殊要求,扮演接待员的学生要有技巧地进行针对性的服务,能体现出对接待服务工作的掌握程度和服务水平。

(3) 完成实训报告。

3. 考核及总结

(1) 两名学生为一组,分别扮演客人和接待员进行实训。

(2) 教师点评考核结果,并对本次实训情况进行总结。

(3) 教师总结团队接待服务的要点和实训中的问题,提出解决的方法。

环节三:重要客人(VIP)接待

一、实训目标

1. 了解 VIP 客人的相关规定。

2. 掌握 VIP 客人入住登记接待服务的程序、步骤和注意事项。

二、实训准备

1. 场地准备:能容纳 50 人左右的前厅实训教室。
2. 物料准备:电脑、手机(或电话)、重要客人入住登记表、房卡、预订资料、有效证件、纸和笔等。

三、实训内容

1. 迎接工作

(1) VIP 客人抵店前,为 VIP 客人办理好入住手续,公关营销部经理或大堂经理在大堂门外等候迎接。

(2) VIP 客人抵店时,大堂经理带领并陪同 VIP 客人进入客房。

(3) 客房当值主管、领班及优秀服务员在楼层迎接 VIP 客人。

2. 入住接待

(1) VIP 客人抵达前,将客房卡装入 VIP 客人信封。(房卡上加盖 VIP 印章)

(2) VIP 客人抵店时不需在总台登记,在《住店登记表》上签字即可。VIP 客人资料应精确地输入计算机。

(3) VIP 客人房号必须保密。VIP 客人的信件、传真等必须严格登记、专人收发。

(4) VIP 客人房卡要仔细核对,反复检查。

(5) 接待员、礼宾员应熟悉 VIP 客人的基本情况,了解接待规格和要求。

(6) VIP 客人的行李由前厅部大堂副理或礼宾部领班亲自运送或亲自指挥运送。

(7) 提供接站服务时,接待人员应衣着整洁,提前到达,手持欢迎牌,等候 VIP 客人。

(8) 酒店门口迎候的礼宾员应戴白手套,并根据情况提前将门打开,方便 VIP 客人进入。

(9) VIP 客人行李到店时,应即刻挂上 VIP 客人行李牌,马上送进客房。

(10) VIP 客人外出前,安排车辆在门口恭候。

(11) 客人离店之日,应根据掌握的离店时间,派行李员在客房门口等候。运送行李要及时,要严格清点,查看有无遗忘和破损。

(12) 总机话务员应熟记 VIP 客人的房号和姓名。

四、实训流程

1. 实训任务解析

(1) 教师布置实训任务。

(2) 利用"视频+演示+讲解"的方式向学生阐述重要客人接待服务的操作步骤与服务技巧。

(3) 分不同的部门讲述 VIP 客人接待服务的基本内容。

(4) 分不同的岗位教授学生服务的内容和要求。

2. 分组实训

(1) 前厅部迎接 VIP 服务实训。

(2) 前厅部办理 VIP 入住服务实训。

（3）完成实训报告。

3. 考核及总结

（1）任选两组学生进行角色扮演，教师编排一些情节，提高服务难度，考验学生处理问题的能力。

（2）教师点评考核结果，并对班级本次实训情况进行总结。

（3）教师总结 VIP 客人服务重点和难点。

任务三　问询服务

一、实训目标

1. 了解问询服务的基本知识。
2. 掌握问询服务的程序和标准。
3. 熟练应用问询服务的技巧技能。

二、实训准备

1. 场地准备：能容纳 50 人左右的前厅实训教室。
2. 物料准备：电脑、登记表、住客资料、订房表、预计抵店名单、结账客人名单、客史档案、宾客留言簿、手机（电话）、纸和笔等。

三、实训内容

1. 问询服务

（1）访客查询住店客人

① 礼貌问候。接待人员应面带微笑，主动问候来访者。

② 询问有关情况。问询员应先礼貌地询问来访者的姓名、与住店客人的关系等。

③ 查找被查询者房号。接待人员请来访者稍等，然后快速查找被查询者的房间号码。

④ 接待人员致电被查询者房间。得知来访者的相关情况后，接待人员打电话到被查询者的房间，经客人允许后，才可以让来访者去房间找住店客人或者将来访者电话转到客人房间。

⑤ 如果住客不在房内，可建议来访者打电话或留言或稍后再打电话来查询，切不可将住客的房号及电话号码告诉来访者，更不可以让来访者到客人房间等待，以保证客人的隐私权，避免出现差错和纠纷。

⑥ 如果查明被查询者属预订客人且尚未抵店，请对方在被查询者预订抵店的日期再来询问。

⑦ 如果查明客人已退房，则向对方说明情况。除已退房客人有委托外，一般不可把客人离店后的去向和地址告诉来访者。

（2）住客问询服务

① 当住客到达前厅问询处或通过电话问询信息时，接待员都要热情、主动、耐心地予以

接待,认真聆听客人的所有问题,并做好记录。掌握客人问询内容要清晰、准确。

② 对不能回答或超出业务范围的问题,要查询有关资料或咨询相关部门后再作回答,如等候时间过长,则应请客人先回去,或先挂电话,待有了结果再主动、及时地告知客人;确实无法回答的问题,同样要有信息反馈,并向客人表示歉意,做到有始有终。

③ 填写工作日志,对于确实无法在本班次完成的工作做好交接班工作。

2. 留言服务

(1) 访客留言

① 当留言者来到酒店要求留言服务或接到要求留言的电话后,问询员应迅速在电脑中查询住店客人的姓名、房号是否与要求留言者所提供的相符合。

② 核对住店客人,无论是已经到店还是预抵但尚未登记入店,除非客人已结账离店,否则均应提供留言服务。

③ 在便笺上记录留言者姓名、电话号码及从何处打来的电话,并准确、清晰记录留言内容。记录完成后,将留言者姓名、住店客人姓名、电话号码及留言内容重复一遍以确认。

④ 问询员收到留言请求后,应及时通知住店客人,如客人不在房间,应每隔一段时间打一个电话,直至通知到客人,或待住店客人经过酒店大堂时及时将留言便笺转交给客人。

⑤ 将留言内容输入计算机,然后打印出来,行李员在 30 分钟内送往客人房间。如留言内容访客不需要保密,填写时一式三联,分别由问询员、总机话务员和行李员传递,确保客人及时收到留言。

(2) 住客留言

① 住客离开房间或按酒店要求留言时,应礼貌、热情地予以接待。

② 填写留言单,确认留言转交于何人,做好记录。

③ 访客提取留言时,请其报出姓名和住店客人姓名,以确认对方身份。

④ 确认无误后,将留言交于访客,并签名确认。

四、实训流程

1. 实训任务解析

(1) 教师布置实训任务。

(2) 利用"视频+演示+讲解"的方式向学生阐述问询和留言接待服务的程序与标准。

(3) 教师进行角色分配,加上情节,提高实训的难度,以情景剧的方式进行实训。

2. 分组实训

(1) 访客问询服务实训。

(2) 住店客人问询服务实训。

(3) 留言服务实训。

(4) 完成实训报告。

3. 考核及总结

(1) 两名学生为一组,扮演问询客人和问询员进行实训。

(2) 教师点评考核结果,并对本次实训情况进行总结。

(3) 教师总结问询接待服务的要点和实训中的问题,并提出解决的方法。

任务四　礼宾服务

环节一：迎送客人服务

一、实训目标

1. 了解酒店驻火车站(机场或码头)代表迎送客人服务和酒店门厅迎送客人服务的相关知识。

2. 掌握酒店迎送客人服务的程序和标准。

二、实训准备

1. 场地准备：能容纳 50 人左右的前厅实训教室。

2. 物料准备：电脑、宾客名单、迎宾牌、凳子和随身行李等。

三、实训内容

1. 酒店驻火车站(机场或码头)代表迎送客人服务

(1) 火车站(机场或码头)迎接客人服务

① 驻火车站(机场或码头)代表根据接站通知到达火车站(机场或码头)后，注意客人抵达时间的变动，若有延误或取消，应及时准确通知酒店前台。

② 接到客人时，应主动迎接并问好，并向客人介绍自己的身份和任务，同时帮助客人提拿行李，引领客人上车。

③ 随时掌握客房利用信息，准确掌握各种交通工具到站时间。对无预订的散客，主动同客人联系，介绍酒店产品和服务，推销客房。

④ 接到客人后，应立即电话通知酒店前台客人抵店信息，包括客人姓名、所乘车次、离开机场时间和用房有无变化等。

⑤ 在行车途中，要提醒客人注意安全，并简要介绍酒店的服务项目和城市风貌。

⑥ 根据客人房号(已排房)开立账单，将车费记入客人账目或由司机收费。

⑦ 将客人接到酒店后，引领客人到前台办理入住手续，并询问客人是否需要提供离店服务。接到 VIP 客人后，酒店经理或大堂经理应提前为客人办理入住登记手续，VIP 客人到店后，只需确认《入住登记表》并签名。

⑧ 若没有接到 VIP 客人或指定要接的客人，要立即与酒店接待处取得联系，查找客人是否已自行乘车抵达酒店。返回酒店后，要立即与前台确认客人具体情况并了解事实及原因，向主管汇报清楚，并在接站登记簿上和交班簿上写明。

(2) 火车站(机场或码头)送别客人服务

① 准确掌握 VIP 客人和其他需送站客人的离店时间，以及他们所乘交通工具的航班、车次和离站时间。主动安排好车辆，提前 10 分钟在酒店门口恭候客人。

② 按时将客人送到车站、机场或码头，帮助客人托运行李，办理报关手续。

③ 主动热情地向客人道别,感谢客人下榻本酒店并祝客人一路平安,欢迎客人再次光临,使客人有亲切感、惜别感。

2. 酒店门厅迎送客人服务

(1) 门厅迎接客人服务

① 等候客人。迎宾员(门童)穿着规定的制服,站在酒店正门的一侧或台阶上。站立时需要注意姿势。

② 迎接客人(区别不同类型的客人,给予针对性的服务)。迎接步行来酒店的客人:要主动、热情、面带微笑地向客人点头致意,同时致以问候或欢迎辞,并用手势指引方向,为客人拉门。迎接乘车来酒店的客人:待车辆停稳后,在确认车辆前后都安全的情况下,将车门打开,躬身问候,同时一手为客人打开车门,一手护好车门上沿,防止客人下车时碰到头(如果是出租车,应等候客人付完车费再关上车门)。迎接儿童或行动不便的客人时:要主动搀扶,并提示行李员为残疾客人准备轮椅。此外,下雨天要主动打伞接应客人下车进店。

③ 恰当引导车辆。首先,客人下车后,要帮助客人查看有无物品忘在车内,并轻关车门。其次,将车引导到合适的地方,以便后面来的车辆可以顺利通过。

④ 协助搬运行李。客人携带行李较多时,要与客人核对行李的件数。征求客人的意见,协助行李员搬运客人的行李。

⑤ 引领宾客。引领宾客至前台接待处办理入住登记手续。引领时走在客人左前方一米左右处,并不时侧身照顾客人。之后,将客人介绍给前台接待员。引领结束后应立即回到酒店正门,准备接待下一位客人。

(2) 门厅送别客人服务

① 客人离店时,礼宾员应与客人道别,并祝其旅途平安,欢迎客人下次光临。

② 客人如有需要,应热情为客人叫车,并把车引导到合适的位置,待车停稳后,拉开车门,为客人护顶,请其上车,关车门时注意车门不要夹住客人和衣物。

③ 客人如果有行李,应协助行李员装好行李,并请客人核实。

④ 礼宾及有关人员应站在汽车斜前方,距离散客 0.8~1 米、团队 1~1.5 米的位置上向客人挥手告别,目送客人离开,以示礼遇。

四、实训流程

1. 实训任务解析

(1) 教师布置实训任务。

(2) 教师演示礼宾员在机场迎接客人操作标准。

(3) 教师演示礼宾员在门厅迎接客人操作标准。

(4) 教师演示礼宾员为上下车客人服务的操作标准。

2. 分组实训

(1) 酒店驻机场代表迎送客人服务实训。

(2) 酒店门厅迎送客人服务实训。

(3) 学生相互扮演客人和服务员,练习拉车门、护顶、提取行李等标准动作。

3. 考核及总结

（1）任选两组学生分别扮演客人和礼宾员，在不同的场景下进行服务。

（2）教师点评考核结果，并对本次实训情况进行总结。

（3）教师总结实训中出现的问题和需要注意的重点，强调服务的技巧。

环节二：行李服务

一、实训目标

1. 了解酒店行李服务的基本常识。

2. 掌握散客抵店及离店的操作程序、方法和要点。

二、实训准备

1. 场地准备：能容纳 50 人左右的前厅实训教室。

2. 物料准备：随身行李、行李登记表格、行李卡和笔等。

三、实训内容

1. 散客入住行李服务

（1）迎接客人

① 主动迎接抵达酒店要求行李服务的客人，并亲切问候。

② 取出行李确认件数，并检查有无破损，贵重物品、易提物品尽量请客人自提。

③ 装行李车时，注意大件行李和重行李应放在下面，小的、轻的行李放在上面，并注意易碎及不能倒置行李的摆放。

④ 迅速引导客人做入店登记。

（2）等候客人、入店登记

① 引导客人进入前厅，到总台登记入住，在引领时走在客人左前方，距离两三步，步伐节奏与客人保持一致，拐弯处或人多时，要回头招呼客人。

② 客人登记时，行李员应在离前台 1.5 米以外的地方等候。

③ 对于 VIP 客人，应请其落座，并站立等候。

（3）引导客人去房间

① 客人办完入住登记手续后，行李员应主动接过房间钥匙并将房号记在行李牌上。

② 引导客人到电梯口时，先按电梯按钮。

③ 当电梯门打开时，用一只手挡住电梯门，请客人先行（出电梯时也请客人先行），并将行李放在不妨碍他人的地方。

④ 如果梯内客人较多，应将钥匙交给客人，告诉客人行李随后进房，行李员尽量乘坐工作人员电梯。

⑤ 引导过程中主动介绍酒店主要服务项目。

（4）房间服务

① 引导客人到房间，介绍紧急出口。

② 按规范开门，同时介绍钥匙的用法。

③ 介绍房间其他物品的用法。
④ 向客人道别,面向客人退出房间,将房门轻轻关上。
(5) 登记
① 送完客人后,登记房号、行李件数、时间。
② 如客人没进房,由行李员直接送行李进房,要注明"开门"字样。

2. 散客离店行李服务
(1) 接到通知
① 客人通知礼宾部,要求运送行李。
② 礼宾部要有礼貌地问清房号、姓名、行李件数及搬运的时间,并详细记录。
(2) 收取行李
① 无论客房门是开还是关,行李员均应先按门铃或敲门,经客人准许后再进入房间。
② 进房后应向客人致意,帮助客人清点行李并注意检查行李的破损状况,按要求填写行李寄存卡上下联,下联交给客人,然后把行李运送至总台。
③ 离开房间前注意提醒客人不要遗留物品在房间。
④ 对于大堂中携带行李离店的客人,应主动提供行李服务。
(3) 等候客人
① 到大厅后,先至收银处确认客人是否已结账。
② 如客人未结账,应礼貌地告知客人收银处的位置。
③ 客人结账时,站在客人身后1.5米处等候。
(4) 送别客人
① 客人结账完毕后,将行李送到酒店大门口。
② 再次请客人清点行李件数后,再将行李装车。
③ 行李装车后,请客人验收,随后收回行李寄存卡下联,请客人上车。
④ 向客人道谢,祝客人旅途愉快。
⑤ 将行李车放回原处。
⑥ 填写散客行李搬运记录。

3. 团队入住行李服务
(1) 团队行李到达时,负责交接的行李员应与运送行李的人员清点行李件数,检查行李的破损及上锁情况,在《团队行李记录表》中写上行李到店的时间、件数,按编号取出该团的订单。核对无误后,请运送行李的人员签名。如行李有破损、无上锁或异常情况(提手、轮子损坏、行李裂开、弄湿等),须在记录表及对方的行李交接单上注明,并让运送行李的人员签字证明。
(2) 对行李进行清点,清点无误后,立即在每件行李上系上行李牌,如果该团行李不能及时分送,应在适当地点摆放整齐,用行李网将该团所有行李罩在一起,妥善保管。要注意将入店行李与出店行李,或是几个同时到店的团队行李分开摆放。
(3) 在装运行李前,再次清点检查一次,无误后才能装车,送行李上楼要走行李通道。装行李时应注意同一楼层的行李集中装运。同时送两个以上团队的行李时,应由多个行李员分头负责运送或分时间单独运送。

（4）行李送到楼层后，应将其放在门一侧，轻轻敲门三下，报称"行李员"。客人开门后，主动向客人问好，把行李送入房间内，等客人确认后，热情地向客人道别，迅速离开房间。如果客人不在房间，应将行李先放进房间行李架上。

（5）行李分送完毕，经员工通道迅速回到礼宾台，填写《团队行李进出店登记表》。

4. 团队离店行李服务

（1）按接待单位所定的时间运送行李（或在已确定的所乘交通工具出发前两小时运送行李），带上该团订单和已校对好待登记行李件数的记录表，取行李车，上楼运行李。

（2）上楼层后，按已核对的团以订单上的房号逐间收取行李，并做好记录，收取行李时还要辨明行李上所挂的标志是否一致。若按时间到楼层后，行李仍未放在房间门口，要通知该团陪同，并协助陪同通知客人把行李拿出房门口，以免耽误时间。对置于房间内的行李不予收运。

（3）行李装车后，立即乘行李专梯将行李拉到指定位置整齐摆好。找陪同（或领队）核对行李件数是否相符，有无错乱，如无差错，请陪同在团队订单上签名，行李员同时签字。

（4）行李离店前，应有人专门看管，如行李需很长时间才离店，须用绳子把它们拉起来。团队接待单位来运行李时，须认真核对要求运送的团名、人数等，无误后才交行李给对方，并请对方在团队订单上签名。

（5）完成行李交接后，将团队订单交回礼宾部并存档。

5. 行李寄存和提取服务

（1）客人寄存行李时要先问清是否有贵重物品或易碎物品：如有贵重物品，应礼貌地请其存放在酒店贵重物品保管柜内；如有易碎物品，应在该行李上挂上"小心轻放"的牌子。

（2）检查行李是否破损、有无上锁，请客人确认并要求尽可能上锁。如无法上锁，应在客人面前用封条将行李封好。易燃、易爆、易腐烂以及违禁物品不能寄存。

（3）填写有上下联的行李寄存卡，并由行李员和客人共同签名确认，下联交给客人，上联系行李上，提醒客人下联为领取行李的凭证。

（4）将行李放入行李房内，摆放整齐。同一客人的多件行李，要用绳子串在一起，以免混淆。

（5）客人领取行李时，须收回行李寄存卡下联，并与行李上的上联进行核对，确认无误后，从行李房拿出行李，同客人当面核对，然后请客人在行李存取记录本上签名确认，并检查签名是否和原签名字迹相同，确认无误后再将行李交给客人。

（6）如客人遗失寄存卡，应让客人出示有效身份证件，并请客人报出寄存行李的件数、原房号和行李特征。确认无误后，请客人写出行李已取证明，并登记证件的号码（或留下证件复印件），方可放行。

（7）如由他人代领行李，须由原客人事先确认的人员来领取。要检查代领人的有关证件，确认姓名是否相符，然后收回寄存卡，请客人确认行李，签名领取。行李员还要记录代领人的证件号码（或留下证件复印件）。

（8）帮助客人搬运行李至指定地点，向客人礼貌道别。

四、实训流程

1. 实训任务解析

(1) 教师布置实训任务。

(2) 利用"视频＋图片＋讲解"的方式向学生阐述行李服务的流程和服务要点。

(3) 教师演示行李服务的技巧和特殊情况下的处理办法。

2. 分组实训

(1) 散客入住、离店的行李服务。

(2) 团队客人入住、离店的行李服务。

(3) 行李寄存和提取的服务。

3. 考核及总结

(1) 任选两组学生扮演客人和行李员,完成入住和离店的行李服务整个过程。

(2) 教师加入一些特殊情况,考验学生处理突发事件的能力。

(3) 教师点评考核结果,并对本次实训情况进行总结。

(4) 教师总结针对不同客人的行李服务区别和重点,对学生提出更高的要求。

任务五　总机服务

环节一：电话转接服务

一、实训目标

1. 掌握电话转接服务的工作内容和操作技巧。
2. 熟悉电话转接操作和服务技巧。

二、实训准备

1. 场地准备:能容纳 50 人左右的前厅实训教室。
2. 物料准备:电话、纸和笔等。

三、实训内容

1. 接听电话

(1) 电话铃响三声内必须提机,主动向客人问好,自报店名或岗位。外线应答"您好,××酒店"。内线应答"总机(operator)"。

(2) 仔细聆听客人要求,迅速记录。若没听清楚,可礼貌地请客人重述一遍。

2. 查找

如果通话者告诉客人姓名,应迅速查找电脑（或问讯架）找到客人房号。若通知者只告诉房号,首先了解接话人的姓名,并核对电脑中相关信息,再根据酒店的具体规定,判断是否接通房内电话。

3. 转接

（1）迅速准确地转接电话，并说"请稍等"。

（2）电话占线或线路忙时，应请对方稍等，并使用音乐待留键，播放悦耳的音乐。

（3）对无人接听的电话，铃响半分钟（五声）后必须向客人说："对不起，电话没人接，请问您是否需要留言？"

（4）给房间客人留言的电话请转到前台问讯处。

（5）给酒店人员留言，由话务员记录，并重复、确认。或通过其他方式尽快转达。

（6）对要求房号保留而没有要求不接任何电话的客人，应问清来话者姓名、单位等，然后告诉客人，询问是否接听电话。若客人表示不接听任何电话，应立即通知前台在电脑中输入保密标志。再遇来访或电话查询，立即回答客人未住本酒店。

（7）若房间主人表示"免电话打扰"，问讯员应礼貌地向来电人说明情况，并建议对方留言。

（8）若客人打错电话，应礼貌地说："对不起，您打错了。"

四、实训流程

1. 实训任务解析

（1）教师布置实训任务。

（2）利用演示的方式向学生阐述电话转接服务的流程和技巧。

（3）设定情景，角色分配。

2. 分组实训

（1）两人一组，使用道具及正式留言表格，模拟客人和总机服务员进行电话转接的操作技能训练。

（2）模拟客人的电话转接过程中出现占线或无人接听时，总机服务员的处理方法。

（3）将两人角色互换，再进行一轮实训。

3. 考核及总结

（1）任选两组学生进行电话转接服务实训，并加入一些特殊情况，考验学生应变服务能力。

（2）教师点评考核结果，并对本次实训情况进行总结。

（3）教师总结电话转接的重点和技巧。

环节二：电话叫醒服务

一、实训目标

1. 掌握电话自动叫醒的程序。

2. 掌握电话人工叫醒的服务流程。

二、实训准备

1. 场地准备：能容纳50人左右的前厅实训教室。

2. 物料准备：两部电话、叫醒记录表、电脑、纸和笔等。

三、实训内容

1. 受理叫醒服务。接到叫醒服务要求电话后,服务工作人员应把客人房号、要求叫醒时间与客人进行确认。

2. 填写叫醒记录。服务工作人员应将客人的房号、叫醒时间用正楷准确无误地填写在叫醒记录本上,并签好经办人姓名。

3. 输入叫醒信息。服务工作人员应及时把已收到的叫醒信息输入到定时叫醒机上,并检查屏幕及打印机记录是否正确。

4. 夜班话务员。夜班话务员应将叫醒记录按照时间顺序记录在交接班本上,整理、输入、核对并签字。如有VIP客人需叫醒,应在备注栏进行标注,使用人工叫醒,以示亲切。

5. 输出叫醒记录。叫醒资料输入完毕后,应打印一份入机记录,夜班话务员应把打印出来的记录与所有原始记录核对,以防遗漏。

6. 检查叫醒设备并开机。按照最早的叫醒时间打开叫醒打印机,并检查叫醒系统的工作情况是否正常,如发现问题,应及时通知工程部前来检修。

7. 开始叫醒。当叫醒时间到时,系统会自动通过电话对有关的房间进行叫醒工作。若客人回答了电话则证明叫醒成功,系统会自动做记录,并打印结果。

8. 叫醒失败。① 当电话叫醒无人应答或电话占线时,过5分钟后,自动叫醒系统会再进行一次叫醒,如果电话仍然无人应答或电话无法打入房间,10分钟后自动叫醒系统会自动打印出叫醒失败记录。话务员将叫醒失败记录通知客房中心,客户中心进行敲门叫醒。② 客房中心将反馈信息告知总机,话务员将叫醒失败的房号、时间及原因写在交班本上。

9. 取消或更改叫醒。如果有客人要求取消或更改叫醒服务,接线员必须在叫醒记录登记表和叫醒系统上做更改,并在交班本上注明。

四、实训流程

1. 实训任务解析

(1) 教师布置实训任务。

(2) 利用"视频+讲解"的方式向学生阐述电话叫醒服务的程序与标准。

(3) 演示人工叫醒的服务过程。

2. 分组实训

(1) 受理叫醒预订。

(2) 记录叫醒要求。

(3) 人工叫醒服务。

3. 考核及总结

(1) 任选两位学生,分别模仿客人和总机服务员,演示客人要求叫醒服务,总机服务员受理和提供服务全过程。

(2) 教师点评考核结果,并对本次实训情况进行总结。

(3) 教师总结操作程序和要点。

任务六　行政楼层服务

一、实训目标
1. 掌握行政楼层客人接待服务的基础知识。
2. 掌握行政楼层客人接待服务的操作规范与服务技巧。

二、实训准备
1. 场地准备：能容纳50人左右的前厅实训教室。
2. 物料准备：电脑、手机、客史档案、预订单、VIP登记表、房卡、纸和笔等。

三、实训内容
1. 接待准备

（1）预分房。所分房力求选择同类房间中最好的，包括环境、房间保养、楼面服务水平等。

（2）夜班服务员要根据行政客人的订房资料准备好欢迎信，打好房卡信封，备好登记卡，填好住房卡。房卡放入信封内，夹在订单后，用VIP胶套装好，送至大堂副理处。

（3）熟记客人的资料。内容包括姓名、身份、国籍、到达时间、费用、接待方式、单位、部门和离店日期等。

（4）与有关人员核对房间准备工作。

2. 入住登记

（1）接待员接到客人抵店信息后，迅速找出其订房资料及登记卡。

（2）通知所在楼层台班准备欢迎茶水。

（3）当客人在大堂经理或客务关系主任陪同下走出电梯到达行政楼层前厅后，行政楼层经理或主管应微笑站立迎接客人，并作自我介绍，请客人在接待处前坐下。

（4）副班接待员询问客人对饮品的需求，并迅速送上饮品。

（5）主班接待员将已准备好的登记表取出，请客人出示有效证件，并代客人填写，请客人签名认可。注意检查客人的护照、付款方式、离店日期与时间、确认机票等。

说明：

① 如果客人有历史档案，则只需在已准备好的登记卡上签名即可。

② 如果是持代金券、促销券、客户升级券的客人要特别注意确认入住天数、房间种类及房价，核对是否需要补差价。

③ 若客人用信用卡付款，可先刷卡作担保；若客人用现金结账，则按规定数量向其收取押金；若客人为其他房间支付费用，则应在登记卡背面盖上愿意代付印，并请付款的客人签名确认。

④ 如客人是无订房直接开房的，则主班接待员还须补送鲜花、水果，并补打欢迎信交台班放进房间。

(6) 主动介绍商务楼层设施与服务项目,包括早餐时间、下午茶时间、鸡尾酒时间、图书报刊赠阅服务、会议室租用服务、商务中心服务、免费熨衣服务、委托代办服务以及擦鞋服务等,方便客人选择。

(7) 通知礼宾部行李员,要求在10分钟之内将行李送到客人房间。

3. 欢迎茶服务

(1) 在客人登记入住时,副班接待员应为客人提供欢迎茶。

(2) 事先准备茶壶、带碟垫的茶杯、一盘干果(或巧克力、糖果、饼干)和两块热毛巾。

(3) 尊称客人,并介绍自己。如"上午好,××先生,欢迎入住××酒店行政楼层。我是接待员××,请用茶,希望您在这里住得愉快"。(同时,将热毛巾和茶水送到宾客面前。)

(4) 如客人是常客,应欢迎客人再一次入住酒店,并根据客史档案里的记录,准确地为客人服务,如果客人喜好发生了改变,应记录下来,及时更新客史档案内容。

4. 引领客人进入客房

(1) 客人办理完登记手续,副班接待员应走在客人左前方约1.5米处引领客人进入客房。

(2) 告知客人所在楼层、房号等。

(3) 示意客人行进方向,在行走过程中,要注意保持处在客人的左前方,遇转弯时,需要指示行进方向。

(4) 若客人的房间需要乘电梯前往,则应先按电梯,并请客人先进入电梯,上(下)到所在楼层,让客人先出电梯门,然后走快两步继续指引客人到房间。

(5) 示意客人到达所住房间,对首次入住的客人应向其介绍房卡如何使用。用房卡打开房门,先开启客厅、卫生间灯的开关,在门口处环视房间一周,无异常情况方可请客人进房,并依次打开客厅、书房的台灯。

(6) 向客人介绍房间的设施、设备以及酒店的一些情况。

(7) 介绍完毕后,询问客人是否需要帮助,若无,立即向客人告别,祝客人住得开心,把房卡交给客人后,迅速离开。

(8) 将房门轻轻关上,立即返回岗位。

(9) 如若该客人的行李是由行李员运送的,须向行李处询问客人的行李运送情况,确保将行李准确无误地送到客人的房间。

5. 客人信息储存

(1) 主班服务员在登记卡上记录客人入住时间,将计算机中的房态改为住房状态。

(2) 复核客人资料的正确性,并输入计算机。

(3) 完善并更新客人的客史档案,以便客人下次订房、登记时参考。

四、实训流程

1. 实训任务解析

(1) 教师布置实训任务。

(2) 教师讲解示范服务流程。

(3) 学生两人为一组进行演示,互扮角色,模拟情景进行服务。

(4) 妥善处理客人的特殊要求,并记录下来。

2. 分组实训

(1) 为行政楼层客人办理入住登记服务过程。

(2) 引领客人进入客房的服务操作标准。

(3) 遇到各种特殊情况的应对措施。

3. 考核及总结

(1) 任选两组学生演示接待宾客、办理入住、引领进房、记录相关信息的服务过程。

(2) 教师点评考核结果,并对本次实训情况进行总结。

(3) 教师总结行政楼层服务与其他服务的区别,提出服务重点和难点。

实训项目五　客房服务实训

【案例导入】

　　一位来自北京的客人下榻某酒店2208客房，入住后电话通知客房服务中心需要第二天早上8点的叫醒服务，并提醒他去用餐。第二天早上8点，客房服务中心打去了叫醒电话，客人没有接听。客房服务员A前去敲门叫醒客人时发现客人房间没反应。于是敲门并进房查看，发现客人睡在床上脸色苍白、萎靡不振，询问客人时，客人表示身体很不舒服，四肢无力，食欲全无。服务员A见状，立刻与医务室和上级领导联系，酒店医生诊断后决定送其到医院进行进一步诊治。

　　客人到医院后，医生表示不需要住院，开了中药处方。熬制中药在家里是一件很平常的事，但客人独自一人住在酒店，身体欠佳，熬制中药对他来说有一定的难度，稍有不慎，可能会导致意外事故的发生。于是服务员A联系了餐饮部，将客人的病情向餐饮部经理说明后，餐饮部欣然把煎中药的事承揽下来，用熬药的容器替客人熬制中药。服务员A一日两次送药至客人房间。客人痊愈后，找到客房部经理万分感激地说，他永远不会忘记酒店对他的精心照料，以后一定继续住该酒店，成为酒店的忠实顾客。

　　评析：1. 从这个案例中我们可以看出，酒店在实施标准化服务过程中灵活机动地执行规范，使服务规范中书面的条条框框充满生机与活力。2. 酒店为保证客人和酒店的安全，在客人无法完成熬制中药时，服务员主动联系餐饮部解决了熬制中药的问题，这就是服务规范的灵活运用。3. 酒店员工对待客人与对待自己的家人一样，让客人深深地感受到了温暖。4. 客人对员工满意就是对酒店服务的肯定。

任务一　客房设备及用品

环节一：客房设备管理

一、实训目标

1. 了解客房设备的种类。
2. 掌握客房设备的使用和管理方法。

二、实训准备

1. 场地准备：能容纳 50 人左右的客房实训教室。
2. 物料准备：客房内的基础设备、保修单、纸和笔等。

三、实训内容

1. 客房设备种类

（1）家具

客房家具按制作材料区分，有木制、竹制、藤制、金属制、塑料制以及软垫家具等。木制家具造型丰富，木质纹理优美，导热性小，有亲切感，在客房中使用最广泛。木制家具要严防受潮和暴晒，平时应经常用干布擦拭，并定期喷蜡。竹制家具清新凉爽。藤制家具质地坚韧、色泽素雅，造型多曲线。整套的藤制家具放在套间的起居室、卧室中，具有工艺品性效果。金属家具轻巧、灵活，适于工业化大批量生产，在经济型酒店中偶有使用。

（2）地毯

地毯是客房的高档装饰品。地毯的品种有纯羊毛地毯、混纺地毯和化纤地毯三种。羊毛地毯高雅华贵、柔软舒适、色泽美观，装饰性和保温性是其他任何地毯不能比拟的，但造价较高，易潮湿、易虫蛀（须预先进行防蛀处理），维护保养困难，多用于豪华房间。应注意用科学的方法保养地毯，尽量延长其使用寿命。目前，国内外大多数酒店都使用化纤地毯，这种地毯美观、价廉、易洗，但规格档次较低，主要用于经济型酒店。混纺地毯是以羊毛纤维和化学纤维按照一定此例混合织成的地毯，弥补了羊毛地毯、化纤地毯的某些缺陷和不足。因此，混纺地毯具有良好的观赏价值和使用价值，是酒店普遍使用的地毯。

（3）电器设备

① 照明灯具。客房内的照明灯具主要有门厅灯、地灯、射灯、台灯、吊灯、镜灯和床头灯等，它们既是照明设备，又是房间的装饰品。服务员平时要加强对灯具的维护和保养，定期检修，确保灯具的照明效果和使用安全。

② 电视机。电视机是客房的高级设备，可以丰富客人的生活。电视机不应放在光线直射的位置，服务员每天清扫房间时，要用干布擦净外壳上的灰尘，并定期检修。

③ 空调。空调是使客房保持适当温度的设备。酒店选用的空调设备有中央空调、分体式空调或风管机等。为了满足客人对不同温度的需求，每个客房都有空调旋钮或开关，分"强、中、弱、停"四挡，客人可根据需要自己调节。服务员要经常保持空调风口的清洁，并定期检修。

④ 电冰箱。在豪华套间或高星级酒店的客房中，为保证饮料供应，常设有客房小酒吧，并配有电冰箱，在冰箱内放置酒品饮料，客人可根据需要随意饮用。电冰箱要定期除霜，并根据季节调整温度。酒品饮料的消耗要及时记录和补充。

⑤ 电话。房间内一般至少设有两部电话，一部放在床头柜上，另一部装在卫生间。这样，客人就不会因在卫生间而影响接电话。服务员要每天对电话机进行擦尘，每周或每客要用消毒水对电话消毒一次，并定期检修。

（4）卫生洁具

卫生间的设备主要有洗脸台、浴缸、坐便器和淋浴设备等。洗脸台、浴缸、坐便器要每天清洁消毒,保持干净。水龙头、喷淋器和水箱扳手等金属设备每天要用干布擦净。定期检修上、下水道和水箱,以免发生堵塞或水箱漏水等事故。

(5)安全装置

为了确保宾客安全,客房内一般都装有烟雾感应器和自动喷淋灭火设备,客房大门上装有窥视镜和安全链,门后张贴安全指示图,标明客人现在的位置及安全通道的方向。楼道装有电视监控器和自动灭火器。安全门上装有昼夜照明指示灯。

2. 建立客房设备档案

(1)建立客房设备和装饰资料档案。酒店工作人员应将客房的家具、灯具、地毯、织物、建筑装饰、卫生间材料等内容逐一在该档案中记录、分类、存档。

(2)建立楼层设计资料档案。该档案记录了酒店共有多少客房类型、客房间数;各楼层客房号码;各种类型客房的功能设计情况和楼层分布情况;不同类型的客房布置,设备摆放位置,卫生间设备布局等。相关内容以设计图纸、实物照片和表格的形式存档。

(3)建立客房设备的维修档案。客房设备在使用过程中发生维修、变动、损坏等情况,都应做好登记,以便设备维修部门全面掌握设备状况。

3. 客房设备的日常管理

(1)设备的使用与培训

正确、合理地使用设备,能使设备保持良好的工作性能,延长设备的使用寿命。客房部应严格制定并执行有关设备使用的各项规章制度,加强对设备使用人员的技术培训,提高员工的操作技能,培养员工良好的职业道德和工作责任心,使员工掌握客房各类设备的用途、性能、使用和保养方法,并能向客人正确介绍客房设备的使用方法。

(2)客房设备的维修与保养

① 客房设备的日常维修和保养。酒店管理人员建立制度,专人负责,制定保养周期和质量要求,由专人负责检查记录。

② 客房设备的逐级检查。客房清扫员和领班每天检查,主管经理进行抽查,工程部定期检查。

③ 客房设施设备的维修处理程序。客房维修有两种类型:一是小维修,是对设备进行局部修理或更换部分小零件,恢复其使用性能,在短时间内即可完成;二是大维修,是对设备进行全面修理,需花费较长时间更换主要部件来恢复其使用功能。

4. 客房设备报修流程

(1)工作人员发现设备损坏、失灵,应立即报告主管或领班,并填写设备报修单。报修单应一式三份,交酒店设备部值班室安排维修。若需紧急修理,可先电话通知设备部值班室安排维修,后补交报修单。

(2)设备部维修人员来到楼层后,凭派工单,由服务员陪同进入房间。维修设备时应有服务员在场。

(3)设备维修完成后,由维修人员调试和检查,请服务员一起验收,双方签字。维修单由维修人员带回设备部统计工作量,服务员锁好房门。

(4)如果维修时间较长,影响客人使用,应速报前厅部,停止该房的出租,待修好后再通知前厅部出租使用。

四、实训流程

1. 实训任务解析

(1) 教师布置实训任务。

(2) 教师向学生阐述客房设备的种类、摆放位置和要求。

(3) 教师演示客房设备日常维修和保养的方法。

(4) 教师演示客房设备报修的流程。

2. 分组实训

(1) 认识客房设备。

(2) 填写客房设备档案和保修单。

(3) 向客人准确阐述客房设备的种类和使用方法。

3. 考核及总结

(1) 准确、流利地阐述客房设备的种类和使用方法。

(2) 正确阐述客房设备日常保养的要求和方法。

(3) 独立完成客房设备报修程序。

(4) 建立客房设备档案。

环节二:客房布草及用品管理

一、实训目标

1. 了解布草管理的相关知识。

2. 掌握客房用品的管理方法。

3. 掌握对客房布草和日用品的消耗实行定额管理方法。

二、实训准备

1. 场地准备:能容纳50人左右的客房实训教室。

2. 物料准备:布草、纸和笔等。

三、实训内容

1. 布草管理

(1) 确定布草的配备数量

各酒店由于规模、档次、客房出租率和洗涤设施条件的不同,布草的配备数量有所差异。自设洗衣房的酒店一般要求配备3~5套布草(每套4张或6张);其中1套在客房,1套在楼层布草房,1套在洗衣房,另外1套或2套在中心库房,而在店外洗涤布草的酒店则还应多配备1套。确定单房配备量后,整个客房部的各种布草总数应按客房100%的出租率来配备。

(2) 布草日常维护

新布草应该洗涤后再使用,这是卫生清洁的需要,也有利于提高布草强度,方便使用后的第一次洗涤。洗涤好的布草应在货架上搁置一段时间,利于散热透气,从而延长布草的使用寿命。此外,要消除污染或损坏布草的一切隐患,如不要将布草随意丢在地上,防止践踏布草,更不能用布草做抹布;收送布草时不要有粗鲁动作;布草中不要夹带别的东西;布草不要与不干净的或有污染的物品一起放置;布草车架和其他货架的表面要光滑,防止勾、刺、挂破布草。

(3) 确定布草的消耗定额

① 根据单房配备量确定年度损耗率

损耗率是指布草的损耗程度。酒店要求对破损或陈旧过时的布草进行更换,保持酒店的规格和服务水准。确定损耗率要考虑以下两点。

一是布草的洗涤寿命。不同质地的布草有着不同的洗涤寿命。例如,全棉床单的耐洗次数为 300 次左右,毛巾约为 150 次,棉质床单的耐洗次数为 450 次左右。

二是酒店的规格等级要求。不同规格等级的酒店的布草损耗标准是不同的。例如,豪华型酒店对六成新布草进行淘汰,改作他用,而经济型酒店则可能用到破损才淘汰。

损耗率的计算步骤是首先根据配备和换洗情况计算出布草每年实际的洗涤次数,然后根据布草每年的实际洗涤次数、洗涤寿命和酒店确定的损耗标准,计算出布草的损耗率。具体方法见下例。

棉质床单的耐洗次数约为 300 次,可按六成新即 240 次洗涤寿命计算。

计算公式如下:

每张床单每年洗涤次数=360 天÷换洗床单套数(3 套)

每张床单的可用年限=洗涤寿命(240 次)÷每年洗涤次数

年度损耗率=1÷可用年限×100%

② 制定客房布草消耗定额

其计算公式如下:

布草年度消耗定额=布草单房配备张数×客房数×客房年平均出租率×布草年度损耗率

2. 客用品管理

(1) 控制流失

① 建立客用品领班责任制。各种物资用品的使用主要在楼层进行,因此对客用品的损耗及定额标准的掌握,关键在领班。各楼层应配备专人负责楼层物资的领用、保管、发放、汇总以及分析。

② 控制日常客用品消耗量。客用品的流失主要是员工造成的,比如有些员工在清洁整理房间时图省事,将一些客人未使用过的消耗品当垃圾扔掉。因此,领班做好员工的思想工作,进行现场指挥和督导,是减少客用品浪费和损坏的重要环节。同时,酒店还要为员工创造不需要使用客用品的必要条件。客用品的发放和使用应根据楼层小库房的配备定额明确一个周期和时间。这不仅方便中心库房的工作,也是促使楼层日常工作有条理以及减少漏洞的一项有效措施。

(2) 每日统计

服务员按规定数量和品种为客房配备和添补用品,并在做房报告上做好登记。楼层领班通过服务员做房报告汇总服务员在每房、每客上的客用品耗用量。

(3) 定期分析

① 根据每日消耗量汇总表制订出月度各楼层消耗量汇总表。

② 结合住客率及上月情况,制作每月客用品消耗分析对照表。

③ 结合年初预算情况,制作月度预算对照表。

④ 根据控制前后对照,确定间天平均消耗额。

(4) 消耗定额制定

① 一次性消耗品的消耗定额制定

一次性消耗品的消耗定额计算方法,是以单房配备量为基础,确定每天所需总量,然后根据预测的年平均出租率来确定年度消耗定额。其计算公式如下:

$$A = B \times X \times F \times 365$$

式中:A 表示每项日用品的年度消耗定额;B 表示每间客房每天配备额;X 表示酒店客房总数;F 表示预测的年平均出租率。

② 多次性消耗品的消耗定额制订

多次性消耗品的定额基于多次性消耗品的年度更新率来确定。其定额的确定方法为:根据酒店的星级或档次规格,确定单房配备数量,然后确定损耗率,最后制订消耗定额。其计算公式如下:

$$A = B \times X \times F \times R$$

式中:A 表示每项日用品的年度消耗定额;B 表示每间客房每天配备额;X 表示酒店客房总数;F 表示预测的年平均出租率;R 表示用品的损耗率。

四、实训流程

1. 实训任务解析

(1) 教师布置实训任务。

(2) 教师演示布草摆放、储存的方法。

(3) 教师列举计算布草、客用品消耗定额的例子。

2. 分组实训

(1) 布草的日常维护。

(2) 客用品的管理方法。

(3) 计算布草和客用品消耗定额。

3. 考核及总结

(1) 演示并讲解布草的摆放和储存方法。

(2) 要求学生根据不同的案例来计算布草和客用品消耗定额。

(3) 教师点评考核结果,并对本次实训情况进行总结。

(4) 教师总结布草和客用品使用、管理的要求和重点,强调布草和客用品消耗定额计算方法,重点考查学生对知识的应用能力。

任务二 房间清洁服务

环节一:走客房清洁

一、实训目标

1. 掌握走客房清洁的工作程序。
2. 掌握走客房清洁的操作技能。

二、实训准备

1. 场地准备:能容纳 50 人左右的客房实训教室。
2. 物料准备:客房工作车及车上所有布草和客用物品、客房服务员工作表单和笔。

三、实训内容

1. 准备工作

(1) 将工作车停放在被清扫的客房门口,调整好工作车的位置。

(2) 将备好的吸尘器也一并放在门口的一侧。

2. 进房

(1) 轻敲房门三次,一次敲三下,每次间隔约 3 秒,每敲一次,轻声地说:"客房服务,服务员。"

(2) 插门卡,轻推房门,确认无客人,再将房门完全打开,直到该房间清扫完毕。

(3) 将工作车横放在门前,并预留 1/3 门道。

(4) 插卡取电。

(5) 打开客房照明及电器设备开关。

(6) 在工作单上填写房间号码与进房时间。(要求按实际时间填写,不得清洁完毕后再填写。)

3. 通风换气

(1) 检查空调是否正常,然后将空调开关关上。

(2) 拉开窗帘使房内光线充足,打开换气扇或窗户使空气流通。

(3) 拉窗帘时,应检查窗帘是否有脱钩或损坏现象。

(4) 检查客人是否有遗留物品,设备用品有无丢失和损坏,以便及时报告。

4. 清理烟灰缸和垃圾

(1) 将烟灰缸里的烟灰倒入指定的垃圾桶内,在浴室内洗净,用布擦干、擦净。

(2) 清理纸篓(垃圾桶)。

(3) 在房内按顺时针或逆时针方向走一圈,将地上的垃圾拾起来。

(4) 将烟灰缸内的杂物和熄灭的烟蒂、垃圾桶内的垃圾倒入工作车上的废物袋中,将用过的牙具、肥皂,收集在垃圾袋内,做好垃圾分类,其中一部分留用清洁,一部分作为废品回收。

5. 整理器皿

(1) 如房内有客人用过的餐具,则将房内的餐具清洁干净后移出房外,放在指定地点并打电话通知房务中心。

(2) 撤出脏的茶具,放入消毒间备洗,更换电热水壶内的水,小心谨慎,轻拿轻放。

6. 检查灯具与设施设备

(1) 打开所有照明灯具,检查是否完好、有效,然后视情况关灯。

(2) 检查门、窗、墙面、天花板、地毯以及各种家具是否完好。

(3) 若有损坏,及时向房务中心报修,在客房清洁报表维修栏内做好记录。

(4) 将报修记录报告领班。

7. 撤换脏布草

(1) 逐层将床单撤掉,把脏的布草放进清洁车内。

(2) 撤掉浴室内脏布草,把脏的布草放进清洁车内。

(3) 在撤脏布草的同时检查是否有丢失或损坏现象,如发现床单、褥垫有破损或受污染情况,应报告领班,另行放置。

(4) 把撤下的布草放到清洁车内。

8. 铺床

铺床单,拉直、铺平,按规定掖边于床垫下,认真检查床单上有无毛发。装被套,装正铺平,将被头上翻20厘米叠平,将被尾折角掖紧。然后再装上枕套,拉平,两只枕头叠放在床头中央,标准间枕套开口方向与床头柜相反,单人大床房间枕套开口与床头柜相对。

9. 擦拭灰尘,检查设备

(1) 房门:房门应从上到下、从内到外抹干净;把窥镜、防火通道擦干净;检查门锁是否灵活,"请勿打扰"牌、早餐牌有无污迹。

(2) 风口与走廊灯:风口与走廊一般是定期擦拭,擦走廊灯时注意使用干抹布。

(3) 壁柜:把整个壁柜擦净,抹净衣架、挂衣杆,检查衣刷和鞋拔等是否齐全。

(4) 酒柜:擦净小酒吧内外,检查冰箱运转是否正常,温度是否适宜,并记住需要补充的物品。

(5) 行李架(柜):擦净行李架内外,包括面板和挡板。

(6) 写字台、化妆台:擦拭写字台抽屉,应逐个拉开擦,同时检查洗衣袋、洗衣单及礼品袋有无短缺;梳妆镜面要用一块湿的和一张干的抹布分别擦拭;检查写字台物品及服务夹内短缺和破旧物品,准备补充。

(7) 电视机:用干抹布擦净电视机外壳和底座的灰尘,然后打开开关,检查电视机有无图像,频道选用是否准确,颜色是否适中,画面是否清晰,音量是否适中。

(8) 地灯:用干抹布抹净灯泡、灯罩和灯架,注意收拾好电线。

(9) 窗台:先用湿抹布,然后再用干抹布擦拭干净;推拉式玻璃窗的滑槽如有沙粒,可用刷子加以清除。

(10) 沙发、茶几:擦拭沙发时,可用干布掸去灰尘,清理沙发背与沙发垫之间的脏物;茶几先用湿抹布擦去脏迹,然后用干抹布擦拭干净,保持光洁度。

(11) 床头板:用干抹布擦拭床头灯泡、灯罩、灯架及床头挡板,切忌用湿抹布擦拭。

(12) 床头柜:检查床柜各种开关,如有故障,立即通知维修;擦拭电话时,首先用耳朵听电话有无拨号音且是否话音清晰,音量适中,然后用湿抹布抹去话筒灰尘及污垢,用酒精棉球擦拭话机;检查放在床柜上的服务用品是否齐全,是否有污迹。

(13) 装饰画:先用湿抹布擦拭画框,然后再用干抹布擦拭画面,摆正挂画。

(14) 空调开关:用干抹布擦去空调开关上的灰尘;空调四季都设置在20 ℃左右。

10. 按客人的数量和摆放规格添补客用品和宣传品

(1) 用干净托盘装好消毒过的茶具、玻璃杯等。

(2) 添补物品均应无水迹和脏迹。

11. 吸尘

(1) 按地毯表层毛的倾倒方向进行吸尘,由里到外,尤其注意梳妆凳、沙发下、窗帘和门后。

(2) 吸尘的同时拉好纱帘,关好玻璃窗,调整好家具摆件。

12. 清洁卫生间

(1) 用专用清洁工具、洗涤剂、消毒剂洗刷坐便器,用专用抹布将马桶抹净、擦干并盖好。

(2) 洗刷淋浴间内所有洁具、支架、挂件,并抹净、擦干。

(3) 洗刷撤下的茶杯、漱口杯、烟缸、皂碟、香巾盘,擦干并放在工作车上,带回消毒备用。

(4) 清洁、擦干洗手盆、架。

(5) 卫生间抹尘。从左至右、自上而下,先用洗净拧干的抹布,后用纯干抹布在卫生间内抹尘,四壁抹完后再擦洗,之后抹净、擦干地面。

13. 环视检查

(1) 环视整个房间是否打扫干净,物品摆放规格是否到位。

(2) 检查是否有抹布等遗留在房内。

(3) 清洁窗台及全身镜,确保光亮、干净、无尘。

(4) 发现有遗漏应及时补充。

(5) 窗帘应保持干净、无污迹、无破损;厚窗帘褶皱自然整齐,确保无脱钩并拉到最靠边;纱帘应拉拢合缝,保持自然下垂。

14. 离开房间

(1) 将吸尘器拉离房间。

(2) 将抹布、工作篮等清洁用品放回工作车内。

(3) 关灯。

(4) 对门锁或门锁孔进行检查,确保门锁孔内无异物。

(5) 锁门后对大门进行安全检查,推动房门,确认上锁后方可离开。

(6) 在工作报表上记录出房时间。

15. 填写工作报表

(1) 填写进出客房即时房态和进出的时间。

(2) 写明准确清洁时间。

(3) 填写客用品使用与补充数量,各类易耗品、纸制品及棉织品的消耗情况等。

(4) 填写需要维修的项目和特别注意的事项。

(5) 在每一行的备注栏中写明尚未补充的物品或其他需要跟进的事项等。

四、实训流程

1. 实训任务解析

(1) 教师布置实训任务。

(2) 利用"视频+图片"的方式向学生展示走客房清洁全过程。

(3) 教师演示走客房清洁过程中的重点和易错点。

2. 分组实训

(1) 走客房清洁前准备工作和进房时的要求。

(2) 走客房清洁房间的程序。

(3) 走客房清洁卫生间的程序。

3. 考核及总结

(1) 每位学生能按照标准熟练地完成走客房清洁全过程。

(2) 教师点评考核结果,并对本次实训情况进行总结。

(3) 教师总结走客房清洁标准程序,重点总结难点和易错点。

环节二:住客房清洁

一、实训目标

1. 了解住客房清洁的程序。
2. 掌握住客房清洁的操作技能。

二、实训准备

1. 场地准备:能容纳50人左右的客房实训教室。
2. 物料准备:工作车及车上所有布草和客用物品、客房服务员工作表单、笔。

三、实训内容

住客房清洁的程序与走客房大致相同,主要有以下程序:

1. 确认可以小整的房间。确认客人是否在房间,如不在,则需对房间小整。在客人有要求清扫的时间或者门口拴挂"请勿打扰"牌时,不能敲门打扰客人,并将客房号码和客人要求清扫的时间写在工作表上。

2. 进房。按程序敲门,并在客房部清洁日记表上填写进房时间。

3. 撤换垃圾袋。收集房间、浴室垃圾,并更换垃圾袋。

4. 整理房间。整理床铺,将客人用过的床铺整理好;更换用过的杯具,将烟灰缸洗刷干净;将客人用过的物品归位摆放。

5. 整理客人衣服。客人未放入行李箱或衣柜里的衣服,可挂到衣柜内,睡衣、内衣要叠好放在床上,不能动客人行李或翻找客人衣物。

6. 整理客人物品。女性客人的化妆品只需稍加整理,不要挪动位置,即使是用完的空瓶或包装袋,也不得擅自扔掉。客人的电子设备要特别留意,不得触碰。

7. 整理卫生间。补充或更换卫生间物品、布草;刷洗客人用过的浴缸并抹干;清理台面卫生,擦拭地面。

8. 补充酒水。统计房间用过的酒水种类、数量,填写杂项单,签名后交房务中心,将相应数量的酒水补入。

9. 检查。检查有无疏漏之处;检查房间设施设备运行情况,发现异常应立即报修。

10. 离开。关闭卫生间门至1/3处,房门关严。如果客人在客房,要向客人表示谢意,然后退后一步,再转身离开客房,轻轻将房门关上。出门后,在客房部消洁日记表上填写出房时间。

四、实训流程

1. 实训任务解析

(1) 教师布置实训任务。

(2) 利用"视频+图片"的方式向学生展示住客房清洁全过程。

(3) 教师演示住客房清洁过程中的重点和易错点。

2. 分组实训

(1) 住客房清洁前准备工作和进房时的要求。

(2) 住客房清洁房间的程序。

(3) 住客房清洁卫生间的程序。

3. 考核及总结

(1) 每位学生能按照标准,熟练地完成住客房清洁全过程。

(2) 教师点评考核结果,并对本次实训情况进行总结。

(3) 教师总结住客房清洁标准程序,重点总结难点和易错点。

环节三:夜床服务

一、实训目标

1. 了解夜床服务的意义。
2. 掌握夜床服务的操作程序。

二、实训准备

1. 场地准备:能容纳50人左右的客房实训教室。
2. 物料准备:客房用品、客房服务员工作表单和笔。

三、实训内容

夜床服务通常在18:00以后开始,可在客人到餐厅用晚餐时进行,也可按客人的要求进行。

1. 进门

进客房要敲门或按门铃,并通报自己的身份和进房的目的,如"夜床服务(turn down service)。"如果客人在房内,应经住客同意方可进入,并礼貌地向客人道晚安。如果客人不需要升夜床,服务中应在夜床表上做好登记。

2. 开灯、开空调

开灯并检查所有的照明设备是否正常,将空调开到指定的刻度上,一般在 26~28 摄氏度,轻轻拉上遮光窗帘和二道帘。

3. 开夜床

(1) 将床罩从床头拉下,折叠整齐,放在规定的位置。

(2) 将靠近床头一边的毛毯连同衬单(盖单)向外折成 45 度角,方便客人就寝。夏季气温高时,还可将毛毯对折,再将床单折成 45 度角。

(3) 拍松枕头并将其摆正,如有睡衣应叠好置于枕头上。

(4) 按酒店规定,在床头或枕头上放上鲜花、晚安卡、早餐牌或小礼品等。

(5) 双床房住一人时,以床头柜为准,开靠墙边近浴室的一张床,折角应朝向卫生间。二人住双床房,则各自开靠床头柜的一侧,也可同方向开。

(6) 如果酒店规定配备一次性拖鞋,则在开夜床折口处摆好拖鞋。

4. 整理房间

(1) 清理烟灰缸、桌面和倒垃圾。

(2) 如有用膳餐具也一并清除。

(3) 简单清洁、整理桌面、床头柜和茶几。

(4) 更换用过的茶具,增添冷、热饮用水。

(5) 按要求加冰水、放入报纸或将酒店提供的浴衣摊开在床尾。

(6) 如客人有加床,在这时应打开整理好。

5. 整理卫生间

(1) 冲坐便器。

(2) 脸盆、浴缸如使用过,应重新擦洗干净。

(3) 将地巾放在浴缸外侧的地面上。

(4) 将浴帘放入浴缸内,并拉出 1/3,以示意客人淋浴时应将浴帘拉上并放入浴缸内,避免淋浴的水溅到地面。

(5) 将用过的毛巾收走并换上干净的毛巾,也可将用过的毛巾按酒店规定整理后摆好。

(6) 如有加床,则增添一份客人用品。

6. 环视检查房间

(1) 巡视一遍卫生间及客房,检查一下是否有漏项。

(2) 除夜灯和走廊灯外,关掉所有的灯并关上房门。如果客人在房内,则不用关灯,向客人道别后退出客房,轻轻将房门关上即可。

(3) 在开夜床报表上登记。

四、实训流程

1. 实训任务解析

(1) 教师布置实训任务。

(2) 利用"视频+图片"的方式向学生展示夜床服务全过程。

(3) 教师演示夜床服务过程中的重点和易错点。

2. 分组实训

(1) 夜床服务清洁整理房间的程序。

(2) 夜床服务清洁整理卫生间的程序。

3. 考核及总结

(1) 每位学生能按照标准熟练地完成夜床服务全过程。

(2) 教师点评考核结果,并对本次实训情况进行总结。

(3) 教师总结夜床服务标准程序,重点总结难点和易错点。

任务三 撤床及做床服务

环节一:撤床服务

一、实训目标

1. 掌握正确撤床的程序。

2. 了解撤床的要点。

二、实训准备

1. 场地准备:能容纳50人左右的客房实训教室。

2. 物料准备:一张床及配套的床品(床垫1个、褥垫1张、床单2张、枕套2个、枕芯2个、毛毯1条)、布草车。

三、实训内容

1. 撤床服务程序和标准

(1) 观察。在撤床前,要注意观察床面是否有破损、污迹和毛发等。

(2) 拉床。操作者站立在床尾,屈膝下蹲,重心向前,双手将床慢慢拉离床头板50厘米。

(3) 撤枕套。撤枕套时,双手执枕头套角,将枕芯抖出,同时注意查看枕下及枕套中有无客人的遗留物品,将撤下的枕芯放在扶手椅上。

(4) 撤毛毯。毛毯撤下后要折叠好,放在扶手椅上。

(5) 撤床单。从折角处开始把床单从床缝中逐一拉出,床单要逐层撤下并反复抖动,以免夹带客人的物品。撤单时动作要轻,同时检查褥垫是否清洁。

(6) 脏布草送服务车。撤出的脏布草卷好放入工作车的布草袋中,随后配上同等数量干净的布草。

2. 要点提示

(1) 撤枕套时,注意枕头下面是否有客人的遗留物品并留意枕头是否有污迹。

(2) 撤毛毯时,不要生拉硬拽,撤下的毛毯应简易折好后放在椅子上。

(3) 撤床单时,不要生拉硬拽,将床单逐层撤出,留意垫单是否清洁。

(4) 撤下的脏布草应点清数量后放在布草袋里,不要放在走廊过道上。

(5) 布草更换的频率应视酒店的档次而定。

四、实训流程

1. 实训任务解析

(1) 教师布置实训任务。

(2) 教师演示撤床的标准程序。

2. 分组实训

(1) 观察床面、床垫、床裙是否有污渍和破损。

(2) 拉床技巧,避免受伤。

(3) 依次撤床品的程序。

(4) 将脏布草分类放入布草车。

3. 考核及总结

(1) 每名学生都必须按照撤床标准程序完成考核。

(2) 教师点评考核结果,并对本次实训情况进行总结。

(3) 教师总结撤床的规定和技巧。

环节二:做床服务

一、实训目标

1. 掌握做中式床的程序及操作技能。

2. 掌握做西式床的程序及操作技能。

二、实训准备

1. 场地准备:能容纳50人左右的客房实训教室。

2. 物料准备:床、床垫、褥垫、床单、枕套、枕芯、被子和被套。

三、实训内容

1. 做中式床的操作程序

(1) 准备工作

① 屈膝下蹲,用手将床架连同床垫慢慢拉出约50厘米。

② 将床、床垫拉平放正,检查床垫四周的松紧带是否脱落,注意床垫的位置和卫生状况,如有污迹、破损等应撤换干净。

③ 留意床垫右下角所写的数字是否为本季度标准。每季度翻床垫一次,客房服务员站在床尾,以床垫右下角的数字作为季度标记,每个季度将床垫翻到对应的数字。

(2) 铺床单

① 将床单铺在床上(包单、包边、包角),床单正面向上,中折线居床的正中位置,均匀地留出床单四边,使之包住床垫。

② 床单四个角式样、角度一致,包成直角,四个角均匀、紧密。床垫四边多余的床单分别塞入床与床托中间。

(3) 套被套和枕套

① 将被套平铺在床上,开口在床尾,被套无污迹,无破损。

② 从开口处将两手伸进被套,先将被套反面朝外,将被套的两角处对准被子的两角,然后将被套翻面,拉平被套,四角塞入后,对准整平,开口处在床尾。将被子铺在床上,床头部分向上折起30厘米,后面下垂部分跟地毯齐平,并拉挺。

③ 将枕芯对折装入枕套,将套好的枕头摆放在距离床头5厘米的床面居中位置,枕套中心线与床单中心线相吻合,两张单人床枕套口与床头柜方向相反,双人床枕套口互对,单人床和双人床的枕头与床两侧等距。枕头四角饱满,外形平整、挺括,枕芯不外漏。

(4) 打枕线

将床头的被子反折30厘米,打好的枕线要美观、平整无褶皱。

(5) 将床推回原位

① 放上床尾带及靠垫,床尾带必须平整,两边均匀下垂,靠垫放在枕头前。

② 用腿部力量将床缓缓推进床头板,再检查一遍床是否铺得整齐、美观,并整理床裙,使其保持自然下垂、整齐。

2. 做西式床的操作程序

(1) 准备工作

① 站立在床尾30厘米处,两脚前后交叉一足距离,屈膝下蹲,重心在前,将床拉出,用双手握紧床尾部,将床身连同床垫同时慢慢拉出,最后使床身离开床头板50厘米。

② 摆正床垫,将床垫与床边角对齐,根据床垫四边所标明的月份字样,将床垫定期翻转,使其受力均匀。整理棉褥,用手把棉褥理顺拉平,发现污损要及时更换。

(2) 铺垫单

① 甩单:站在床尾中间位置(或床的一侧居中位置),折叠的床单正面朝上,纵向打开,两手分开,用拇指和食指捏住第一层,其他三指托住后三层,将床单朝前方抖开,使床单头部抛向床头。

② 甩单后要使床单中线居中,两侧的对折线与床垫边沿同等距离。

③ 甩单同时标定方向和距离,有褶皱的卷边要稍加整理,定位前可将床单的头部先包进。

④ 掀起床垫尾部将床单塞入夹缝,右手将左面垂下的床单捏起呈45度角,左手将角部分的床单向内推入,然后右手放下床单,折成直角,左手将垂下的床单全部塞入夹缝,按对称手法将其他角依顺时针或逆时针顺次包好。

(3) 铺护单

① 甩单方法同前。

② 甩单后使床单中线居中,中折线与第一床单对称,三面均匀。

③ 床单头部与床头板对齐。

(4) 铺毛毯

① 手持毛毯尾部,将毛毯前部抛向床头。轻轻后提毛毯,至毛毯前部与床头相距35厘米处放下。

② 毛毯平铺且商标朝外,商标在床尾下方,毛毯中线与床单中线对齐。

③ 用双手将毛毯尾部连同第二条床单下垂部分填至床屉和床垫的夹缝中,床尾两角包成直角。

④ 将第二条床单由床头部向上反卷包住毛毯头,将床两侧垂下毛毯同第二条床单一起填入床垫与床屉间的夹缝。

(5) 套枕套和放置枕头

① 把枕芯横放在床面上,左手抖开枕袋平铺床上,张开袋口,用右手捉住枕芯的两个前角,从枕袋开口处送入直至袋端,然后将枕芯两角推至两角端部。

② 用两手提起枕袋口轻轻抖动,使枕芯自动滑入,装好的枕芯要把枕套四角充满。

③ 将套好的枕头放置床的正中,单人床(房间一张床)将枕袋口反向于床头柜,两个枕头各保持20厘米厚度并重叠摆放,离床头1厘米。

④ 双人床放枕头时,将四个枕头两个一组重叠,枕套口方向相对。当房间有两张单人床时,也要将两床枕套口反向于床头柜,摆放枕头要求一致。

⑤ 枕头放好后要进行整形,轻推枕面,使四角饱满、挺括,注意不要在枕面上留下手痕。

(6) 盖床罩

① 把折好的床罩放在床中央横向打开。

② 双手把床罩尾部拉至床尾下离地5厘米处(扣准床尾两角),将床罩头部抛向床头,使床罩平铺床上。

③ 抛床罩时注意用腿顶住垂下的床罩,床罩下摆不要着地,站在床头位置将床罩置于枕头上边,下垂10厘米,将床罩其余部分分别均匀填入上下枕头缝中。

④ 整理床罩头部,使处于枕头上的床罩平整,两侧呈流线型自然由枕头边垂至床侧,处于上下枕头夹缝中的床罩自然向两侧呈流线型铺至端处。

(7) 将床推回原位

① 把床身缓缓推回原位置。

② 最后再将做完的床查看一次,进一步整理床面,使其平整美观。

四、实训流程

1. 实训任务解析

(1) 教师布置实训任务。

(2) 教师讲解中式做床和西式做床程序及要点。

(3) 教师模拟客房服务员,完成一次西式做床服务的示范。

2. 分组实训

(1) 练习中式做床。

(2) 练习西式做床。
(3) 掌握要领。

3. 考核及总结

(1) 每位同学至少完成中式或西式做床服务一次。
(2) 教师点评考核结果,并对本次实训情况进行总结。
(3) 教师总结中式、西式做床的步骤、难点、重点。

任务四　服务中心

环节一：VIP服务

一、实训目标

1. 了解贵宾服务的标准。
2. 掌握贵宾服务的程序。

二、实训准备

1. 场地准备：能容纳50人左右的客房实训教室。
2. 物料准备：客房相关设施设备、鲜花和茶点等。

三、实训内容

1. VIP抵店前准备

(1) 楼层服务员对贵宾房进行大清扫(完成各项清扫计划),保证房间整齐、清洁。
(2) 检查房内各种设备和设施,确保设备完好、有效(避免遗漏花洒、晾衣盒、吹风机、保险箱、电热水壶和电视等)。
(3) 房间布置完毕,按照领班、楼层主管、客房部经理、大堂副理的顺序进行严格检查,发现问题立即纠正。
(4) 楼层服务员再次进房巡视一遍并抹尘、吸尘,确保万无一失。

2. VIP到店接待

(1) 根据VIP等级与接待规格,客房部经理、主管或领班应在楼层入口处引领客人入住房间,并在引领过程中向客人介绍房间状况。
(2) 待客人进房入住后,由服务员先送上香巾,后送上茶水。
(3) 安排服务员门外等候,随时斟茶送水听候差遣。

3. VIP住店服务

(1) 对VIP房间派发当日报纸。
(2) 注意观察VIP房间内的鲜花、水果,发现水果消耗或鲜花凋谢要及时补充或撤出。
(3) 适时对房间进行小整,撤掉使用后的香巾和茶水。观察洗手间、床、垃圾桶是否使用,如已使用应及时恢复。

（4）每日对房间进行日常清理，原则上每日更换床上及卫生间的棉织品（或根据客人的要求更换），清理完毕后在马桶内撒入玫瑰花瓣。

（5）每日晚间对房间开夜床，观察鲜花、水果的状态，适时更换或补充。了解房间使用情况并及时恢复整理。夜床标准同其他普通房间一致，但在晚安卡旁摆放玫瑰花一枝。

（6）每天首先安排VIP房卫生清扫，贵宾外出时均须清扫房间。

（7）填写接待服务记录。根据实际情况认真填写客房部VIP接待记录表，并归档备案。

4. VIP离店时服务工作

（1）接到贵宾离店通知后，应立即到梯口等候，为贵宾按电梯，电梯到达楼层时，请贵宾进入电梯，电梯关上三分之一时，向贵宾道别："祝您旅途愉快，欢迎您再次光临。"

（2）道别贵宾后，应及时回房检查，发现遗留物品应尽快设法送交，服务员协助领班做好各种物品的回收与检查工作，把房间恢复成原状。

四、实训流程

1. 实训任务解析

（1）教师布置实训任务。

（2）教师演示并讲解每个阶段的VIP服务工作程序及要求。

2. 分组实训

（1）贵宾到店前准备工作。

（2）贵宾接待及住店服务工作。

（3）贵宾离店时送别服务工作。

3. 考核及总结

（1）任选两组学生分别扮演贵宾和服务人员。

（2）教师点评考核结果，并对本次实训情况进行总结。

（3）教师总结VIP服务工作的重点和难点。

环节二：客人遗留物品处理

一、实训目标

1. 掌握客人遗留物品捡拾、转交、认领的处理程序。

2. 了解一般物品、贵重物品的分类与存放。

二、实训准备

1. 场地准备：能容纳50人左右的客房实训教室。

2. 物料准备：衣物、日用品、遗留物品转交单和笔等。

三、实训内容

1. 发现遗留物品时的处理

（1）客房服务员查房时发现客人退房后的遗留物品应立即用电话或对讲机联系前台，告知物品详细信息，同时将情况上报客房服务中心进行记录。

（2）前台接到信息后，如客人仍在前台，立即告知客人，并协助客人前去客房认领物品。

(3) 如客人表示放弃物品,前台工作人员应通知客房服务中心,由中心文员通知楼层服务员进行处理。

(4) 如客人已经离开酒店,前台工作人员应及时联系客人,如客人表示会返回酒店领取遗留物品或需要酒店协助将遗留物品邮寄至指定的地址,前台工作人员应通知客房服务中心,由中心文员通知楼层服务员将客人遗留物品收纳存放在客房服务中心,并按照客人要求进行处理。如果遗留物品超过三个月无人认领,则按公安机关有关规定处理。

2. 服务中心转交遗留物品的处理

(1) 服务中心在接收遗留物品时必须将拾获人、拾获地点、拾获时间、客人信息、物品信息、已知的客人联系方式等记录在客房部遗留物品登记本上,对物品进行清点、分类,并存放在相应的柜子中。其中,湿的棉织品可由洗涤部处理后再打包保存。

(2) 如客人回店领取或要求邮寄,服务中心应在遗留物品上拴挂标签。须填写物品单并转交给礼宾部跟进,并在客房部遗留物品登记本上进行签收。

(3) 贵重物品由服务中心登记后交给大堂副理保管和跟进。

(4) 无法联系到客人的遗留物品继续存放在客房服务中心,按照相关规定时间处理。

(5) 未经公安部门、遗留物品所有者许可或酒店相关部门许可,任何人不得擅自搜查、处理遗留物品。

3. 客人认领遗留物品的处理

(1) 在客房楼层捡拾遗留物品的认领方式

① 如客人仍然在前台,表示需要遗留物品时,由礼宾员到客房取遗留物品给客人,如无礼宾员在岗时由楼层服务员直接将遗留物品送到前台。

② 礼宾员完成物品交接后,必须在登记本上进行记录,并通知客房服务中心。

(2) 认领遗留物品的一般方式

① 失主到礼宾部认领物品时,必须与客人核实物品的相关信息。

② 确定无误后,才能将物品交于客人,并让客人在登记表上签字。

③ 如果物品为钱包、手机、电脑等贵重物品,客房服务中心应通知当值大堂副理做跟进。

④ 对于邮寄的遗留物品,必须将快递单号记录在登记表的处理结果一栏。

⑤ 如超过约定的时间后客人仍未领取遗留物品,客房服务中心必须主动联系客人,确认处理方式;如无法电话联系到客人,则发信息告知客人;如超过7天无人认领,则按照公安机关相关规定处理。

四、实训流程

1. 实训任务解析

(1) 教师布置实训任务。

(2) 利用"视频+讲解"的方式向学生阐述处理客人遗留物品的程序和要求。

(3) 教师演示处理客人遗留物品的服务标准。

2. 分组实训

(1) 发现客人遗留物品的处理。

（2）转交客人遗留物品的处理。

（3）客人认领遗留物品的处理。

3. 考核及总结

（1）任选两组学生，让他们分别扮演酒店服务人员和客人进行遗留物品处理及认领的实操。

（2）教师点评考核结果，并对本次实训情况进行总结。

（3）教师总结处理客人遗留物品的服务重点和难点。

任务五 迎送及会客服务

环节一：迎送服务

一、实训目标

1. 掌握迎送服务的流程知识。
2. 能够熟练进行迎送服务的操作。

二、实训准备

1. 场地准备：能容纳50人左右的客房实训教室。
2. 物料准备：无。

三、实训内容

1. 迎客服务

（1）准备。听到电梯铃响，立即站到电梯门边。（正常情况下，电梯铃响时，服务员应停止手上工作，做好迎梯准备。）

（2）迎客。当客人将要进入电梯门时，应内侧手扶电梯活动门，外侧手自然向后收于背后，身微鞠躬，恭请客人出电梯。（注意：当电梯门开启时，切忌过于贴近电梯门，以免挡住客人出电梯或使客人受惊。站立位置与电梯呈30度角，面带微笑，腿站直，身微鞠躬，内侧手要扶稳电梯活动门以免电梯门反弹后关上夹伤客人。）当客人到达楼层将要走出电梯门时，面带微笑向客人问好，同时说明楼层，注意礼貌，音量适中，做到大方得体。

（3）询问。询问客人入住的房号，并伸手指向客人入住房间的方向。（注意：对于刚入住的客人要热情主动地询问客人入住的房号并伸手示意指引客人到房间的方向。对于熟客应以姓氏称呼客人，以示亲切。对已入住的客人则直接伸手示意指引客人到房间的方向。）

（4）送客。目送客人进入房间。当客人行李过多时，应主动帮忙。遇到VIP客人应将其带至房间。

2. 送客服务

（1）准备。看到客人走出房门后，面带微笑，主动向客人问好，并以手示意客人乘电梯的方向。

(2) 询问。有礼貌地询问客人下楼层,主动帮助客人按下电梯按钮。

(3) 送客。当电梯门开启时,内侧手扶电梯活动门,外侧手自然弯曲指向电梯内部,腿站直,身微鞠躬,恭请客人进电梯。(注意:应与电梯呈30度角,面带微笑,内侧手要扶稳电梯活动门,以免电梯门关闭夹伤客人。)待客人进入电梯后方可松开电梯门,两手交叉于背后,往后退一步(约50厘米),站在电梯门外向客人道别,面带微笑,目送客人,直至电梯门完全关上。(注意:当电梯门已开启而客人还未走进电梯间时,应有礼貌地请梯内的客人稍等。)

四、实训流程

1. 实训任务解析
(1) 教师布置实训任务。
(2) 教师演示迎送客人的程序。
2. 分组实训
(1) 迎接客人的服务。
(2) 送别客人的服务。
3. 考核及总结
(1) 任选两组学生分别扮演客人和服务员进行实训。
(2) 教师点评考核结果,并对本次实训情况进行总结。
(3) 教师总结迎送服务的要求和重点。

环节二:会客服务

一、实训目标

1. 掌握会客服务的流程。
2. 能够熟练进行会客服务的操作。

二、实训准备

1. 场地准备:能容纳50人左右的客房实训教室。
2. 物料准备:托盘、开水壶、茶叶/茶叶包、茶杯、咖啡、咖啡杯、奶盅、糖盅/包等。

三、实训内容

1. 送茶/咖啡服务
(1) 敲门。用中指第二关节部位轻敲门两次,每次三下,同时轻声说:"客房服务,您好,客房服务员。"每次敲门间隔2~3秒。
(2) 按门铃。按铃后,轻声说:"客房服务,您好,客房服务员。"每次按铃间隔2~3秒。
(3) 把装好用具的托盘送上台,茶壶放在壶垫上,茶杯放在茶碟中,茶杯在左,茶杯右侧放茶匙。
(4) 左手托盘,在客人右侧上杯碟,先宾后主,先女后男,顺时针进行,并为客人倒茶。
(5) 将空的杯碟摆放于客人正前方距离桌边缘3厘米位置。
(6) 将糖盅/包摆放在咖啡杯的左上方,奶盅摆放于咖啡杯的右上方。
(7) 为客人倒茶/咖啡时,身体应微侧45度角左右。

(8) 将茶壶注满后放在主人茶杯右侧。

(9) 要观察客人茶杯,及时为客人添加茶/咖啡。

(10) 撤出杯碟时应按顺时针快速撤出。

(11) 注意事项

① 奶盅内倒入7分满的淡奶,茶杯倒入7分满的茶水。

② 咖啡杯与咖啡匙均以倾斜45度角摆放。

③ 壶嘴不可对着客人。

④ 客人杯中的茶/咖啡少于1/3时,及时为客人添加。

2. 退出房间

(1) 与客人告别。站立姿势端正,面带微笑向客人告别,并告知客人:"如果您需要我们服务,请拨打客服中心电话,我们将乐意为您效劳!"

(2) 退出房间。后退一步,然后转身离开房间,轻轻关上房门。

四、实训流程

1. 实训任务解析

(1) 教师布置实训任务。

(2) 教师演示会客服务的程序。

2. 分组实训

(1) 学生分成三组,分别扮演住店客人、访客、客房服务员进行会客服务。

(2) 模拟冲泡茶/咖啡过程。

(3) 模拟送茶/咖啡服务过程。

(4) 模拟退出房间时的动作、语言。

3. 考核及总结

(1) 任选三组学生进行会客服务模拟演练。

(2) 教师点评考核结果,并对本次实训情况进行总结。

(3) 教师总结会客服务的实操过程中出现的问题、服务重点和难点。

任务六 其他服务

环节一:加床服务

一、实训目标

1. 掌握加床服务的工作流程。

2. 掌握加床服务的实践操作。

二、实训准备

1. 场地准备:能容纳50人左右的客房实训教室。

2. 物料准备:折叠床、婴儿床及配套床品。

三、实训内容

1. 加折叠床

(1) 接到加床通知要先检查加床是否有破损,并擦拭干净,推入房间后铺好床品。

(2) 增加房内有关易耗品及备品的数量。

(3) 折叠床摆放在客人指定的位置,如果客人没有要求,则摆放在酒店规定的加床位置。

2. 加婴儿床

(1) 如客人预订时要求加婴儿床,预留婴儿床并提前准备好所有床品,在客人入住前将婴儿床推进房间,放在大床旁边,并铺设所有床品。

(2) 客人到店后要求加婴儿床,工作人员应核实客房是否还有婴儿床,如果没有,应对客人表示歉意;如有,应立即准备婴儿床,推至客人房间,按照客人要求摆放和铺设所有床品。

四、实训流程

1. 实训任务解析

(1) 教师布置实训任务。

(2) 教师演示加折叠床的服务程序。

(3) 教师演示加婴儿床的服务程序。

2. 分组实训

(1) 检查、擦拭、铺设折叠床的流程。

(2) 检查、擦拭、铺设婴儿床的流程。

3. 考核及总结

(1) 每名学生都要进行折叠床、婴儿床的加床服务实操。

(2) 教师点评考核结果,并对本次实训情况进行总结。

(3) 教师总结加床服务程序中的重点。

环节二:洗衣服务

一、实训目标

1. 掌握收取客衣、送洗客衣、分送客衣的服务程序。
2. 掌握洗衣服务的分类。

二、实训准备

1. 场地准备:能容纳50人左右的客房实训教室。
2. 物料准备:洗衣袋、洗衣单、各类型待洗衣物和笔等。

三、实训内容

1. 洗衣服务分类

(1) 根据洗涤方式,洗衣服务可以分为水洗、干洗和熨烫三种。

(2)根据时间,洗衣服务分为正常洗和快洗。正常洗是上午收客衣,下午送回;或下午收客衣,次日送回。快洗是收客衣后三小时内送回,并加收50%的加急费。

2. 收客衣的程序

(1)客服服务员根据客人填写并签名的洗衣单从客房收取待洗衣物。

(2)如客人未填写洗衣单,不能将放在洗衣袋中的衣物收到洗衣房进行清洗。

(3)对于送洗的客衣,服务员应仔细检查有无破损,口袋内有无客人遗留物品。

(4)按客人填写的洗衣单核对客人姓名、房号、日期、衣物名称和件数等。

(5)了解洗衣类型,并与洗衣房做好交接。

(6)有特殊要求的客衣,应在洗衣单上注明。

(7)填写收洗客衣记录,尽快将洗衣单传至前台入账。

3. 洗衣服务中心送还客衣的操作程序

(1)洗衣房送回客衣时,应按洗衣单逐件进行清点。

(2)检查衣物有无破损、缩水、褪色等问题。

(3)送客衣至客房,请客人检查验收。如客人不在房间,将不能折叠的衣物挂在衣柜中,折叠好的衣服整齐叠放在床上。

(4)客人如果反馈衣物有问题,应及时联系洗衣房做好协调服务。

四、实训流程

1. 实训任务解析

(1)教师布置实训任务。

(2)教师讲解操作程序及要点。

(3)教师模拟客房服务员,进行一次收客衣、送客衣的服务示范。

2. 分组实训

(1)把学生分成两人一组,使用道具分别模拟客人和客房服务员进行收客衣、送客衣的操作技能训练。

(2)添加一些突发、意外情况,例如衣物破损、缩水、褪色,演示客房服务员的应对措施。

(3)演示完一轮后,角色互换,再进行一轮。

3. 考核及总结

(1)任选两组学生进行收客衣、送客衣的服务程序及应对意外情况的服务方法实操。

(2)教师点评考核结果,并对本次实训情况进行总结。

(3)教师总结衣物分类的重点、检查衣物的关键点、应对意外情况时的处理方法。

环节三:擦鞋服务

一、实训目标

1. 掌握擦鞋服务的程序及要求。

2. 掌握擦鞋的技巧。

二、实训准备

1. 场地准备:能容纳50人左右的客房实训教室。

2. 物料准备：鞋篮、鞋油、皮鞋和专用纸条等。

三、实训内容

1. 擦鞋服务的程序及要求

（1）客人将要擦的鞋放在鞋篮内或电话通知客房服务中心需要擦鞋服务，服务员在酒店规定的时间内赶到客人房间收取皮鞋。

（2）收取皮鞋时，在小纸条上写明房号并将其放入皮鞋内，以防送还时出现差错。

（3）擦鞋应在工作间进行，擦鞋时先在鞋下垫上一张废报纸，用布和鞋刷将鞋表面上的浮土擦去。

（4）根据客人皮鞋的面料、颜色选择合适的鞋油或鞋粉。特殊颜色的皮鞋，在选用近色的鞋油时，可在鞋的后跟处轻轻试刷，若不符可用无色鞋油代替，以免皮鞋串色。

（5）将鞋油用刷子擦均匀，鞋油不宜过多。鞋底和鞋口边沿要擦干净。如擦皮凉鞋时，应在鞋的内侧垫上干净布以防弄脏客人的袜子。

（6）擦鞋油5分钟后，再用干净鞋刷将鞋擦亮，最后用干净擦鞋布擦亮，使之达到客人的要求。

（7）一般晚间一小时（白天半小时）后将擦好的鞋送至客人房间，如果客人不在，应放于壁橱内的鞋篓旁，再取出鞋内小纸条。

2. 注意事项

（1）避免将鞋送错房间。

（2）对于没有相同色彩鞋油的待擦皮鞋，可用无色鞋油。

（3）楼层服务员在住客房工作时发现脏皮鞋应主动询问客人是否需要擦鞋服务，若遇雨雪天气，服务员应在客人外出归来时主动询问客人是否需要擦鞋。

（4）接收客人皮鞋时，应使用鞋篮，特别要注意做好标记，防止出错。

（5）电话要求服务的客人，通常是急于用鞋，所以要尽快提供服务，并及时将鞋送回。

（6）如果鞋已经破损，应与客人核实，如果客房服务员不能修理，应告知客人。

四、实训流程

1. 实训任务解析

（1）教师布置实训任务。

（2）教师演示收取、送回皮鞋的服务程序。

（3）教师演示擦鞋的程序。

2. 分组实训

（1）收取、送回皮鞋的服务程序。

（2）擦拭各类鞋子的程序。

3. 考核及总结

（1）根据擦鞋服务的程序和相关标准及擦鞋服务中心常遇到的问题进行模拟考核。

（2）教师点评考核结果，并对本次实训情况进行总结。

（3）教师总结擦鞋服务的重点以及不同类型鞋子的擦拭要求。

实训项目六　餐饮服务实训

【案例导入】

2023年5月18日,一场精心准备的国宴在西安极负盛名的文化地标——大唐芙蓉园举行,这是中国政府招待参加"中国-中亚峰会"的尊贵来宾的一场盛宴。为了表达东道主的热情及对远道而来的贵客的欢迎,国宴的摆台除了精心搭配的餐具外,还有主题装饰,包括中欧班列、古丝绸之路、秦岭四宝、中国和中亚五国的标志性建筑等。沙漠驼队的形式,再现了两千多年前张骞从长安出发,开启的闻名中外的丝绸之路;几艘巨轮正在驶向大海的方向,还原了从古丝绸之路到21世纪海上丝绸之路的历史沿革;摆台上精致的大雁塔模型完美复刻了长安恢宏的大雁塔,它是一千多年前的唐朝玄奘法师从长安西行求经归来翻译经文之处;摆台正中心的玉门关是古丝绸之路进入西域北路的必经之道,作为丝绸之路的枢纽,玉门关被放置于摆台上,不仅是对丝绸之路的纪念,更是我国与中亚五国友谊的见证;摆台一侧绿色的山脉,就是陕西的秦岭山脉,山下还有憨态可掬的秦岭四宝——羚牛、大熊猫、朱鹮和金丝猴。除此之外,各国元首正对面的位置摆放着各国相对应的标志性建筑摆件,餐台上的装饰花卉选用了各国的国花,一座象征着友谊的彩虹桥把中国和中亚五国由西向东、由古至今紧紧连接在一起,同时呈现出古丝绸之路到如今"一带一路"的恢宏画卷。

评析:摆台是餐厅服务中一项要求较高的基本技能,摆台的好坏直接关系到服务质量和餐厅的面貌,同时也会影响客人的用餐体验。铺设后的餐台要求做到台形设计考究、合理,席位安置有序、符合传统习惯,小件餐具等的摆设要配套、齐全、整齐一致,既方便用餐,又利于席间服务,还要有艺术性。富有创意的主题摆台,不仅能给用餐的客人留下深刻的影响,还能作为文化传播和情感传递的载体。

任务一　托盘实训

一、实训目标

1. 了解托盘的种类及用途。
2. 掌握托盘的使用方法及步骤。

二、实训准备

1. 场地准备:能容纳 50 人左右的餐饮实训教室或酒店培训室、多功能室等。
2. 物品准备:工作台、托盘、垫布(口布)、啤酒瓶和玻璃杯。

三、实训内容

1. 托盘的种类及用途

托盘是餐厅运送各种物品的基本工具,正确使用托盘是酒店餐厅服务人员必须掌握的基本操作技能。目前,常见的托盘主要按规格或者形状进行分类,根据规格可以分为大、中、小托盘三种,按照形状一般可以分为长方形、圆形和异形托盘。不同规格和形状的托盘通常运送的物品也不同,大、中号长方形托盘常用于运送餐具、菜点、酒水等较重物品;大、中号圆形托盘一般用于上菜、分菜、斟酒和展示饮品等;小号圆形和方形托盘则用于递送账单或卡片、收款等;异形托盘主要用于特殊的鸡尾酒会或其他庆典活动。

2. 托盘的使用方法及步骤

按照托盘的大小以及所盛装的物品重量的不同,托盘可以分为轻托和重托,在实际的餐饮服务工作中,以轻托为主,较大或较重的物品一般为了安全起见多用餐车运送。

(1) 轻托

轻托又叫胸前托,一般用来托送比较轻的物品,通常使用中、小圆托盘或小方托盘上菜、分菜、斟酒及撤换餐具。

1) 轻托的操作程序:① 理盘。首先根据需要托送的物品选择合适的托盘,并检查托盘有无破损及污迹,然后将托盘擦洗干净。有时候为了卫生及防滑,还需要在盘内垫上专用的盘巾或者餐巾、口布。盘巾应铺平拉直,确保四边与盘底对齐达到美观整洁的效果,如口布较大则还须将口布折叠至合适大小平铺于托盘底部。② 装盘。原则是里重外轻、里高外低。要根据所盛物品的形状、体积、重量以及先后使用顺序合理安排,先用或先放下的物品放在前面或上面,后用或后卸下的物品摆在后面或下面,盘内物品的重量应尽量均衡,以保证装盘的稳妥,便于运送和操作。物品之间还要保持一定的间隔以方便拿取,同时也能避免端托行走时发生碰撞而产生声响,如果端送的全部为瓶装酒水,摆放时还要保证瓶标全部朝向客人一侧。③ 起盘。完成装盘后,开始托起行走。④ 行走。服务员托住托盘并走动。⑤ 落托。当物品送到餐厅时,服务员应小心地将托盘放在一个选定好的位置,双手将托盘端至桌前并平稳地放在桌面或操作台面上。落托时左手为主、右手辅助,遵循慢、平、稳三字原则。⑥ 卸托。在托盘内的物品较轻且能保持平衡的状态下,服务员可直接用右手从托盘上将物品按从外到里的顺序依次卸下。当托盘内物品较重且不易保持平衡时,就必须将托盘落托后再用手按从外到里、从高到矮的顺序取出物品。

2) 轻托的操作要领:① 左手托盘,左臂弯曲呈 90 度,掌心向上,五指分开。② 起盘时,左腿微曲在前,右腿在后,右手四指扣住盘边,拇指扣于盘底,将托盘轻轻拉出桌面或工作台面 1/3 时,将左手放在托盘底下轻轻托住,继续拉出桌面到 2/3 时,左手完全接过托盘并托起。③ 用手指和掌底托住托盘底部,掌心接触盘底,手掌形成凹形,重心压在大拇指根部,重心点和左手五个手指的指端成为六个着力点,利用手指的弹性掌握盘面的平衡,注意不能用拇指从上方按住或扣住盘边,四个手指托住盘底,这种方法不符合操作要求。④ 平托时托盘置于胸前但略低于胸部,基本保持在第2~3粒衣扣之间,盘面与左手上臂垂直,利用左手手腕灵活转向。⑤ 托盘行走时,头要正,上身保持正直,肩膀放松,两眼平视前方,步伐轻快,托盘不贴腹,左上臂不靠身,集中精神,步伐稳健,右手随着走路的步伐自然摆动。行进时应该与前方人员保持适当的距离,并注意左右两侧,切忌突然变换行进路线或突然停止。⑥ 托盘不能越过宾客头顶,随时注意托盘上物品数量、重量、重心的变化,手指及时作出相应的移动以调整托盘重心。

(2) 重托

重托是以上肩来托送物品,所以也叫肩上托,主要用于运送较重的菜点、酒水和盘碟等。重托与轻托的操作程序大致相同,在具体方法上略有差别,具体如下。

① 理盘。由于重托常用于送菜、送汤和收拾碗碟,相较于轻托,托送的物品更为油腻,因此使用前首先要清洁盘面并消毒,再铺上干净的专用盘巾,起到防油、防滑的作用。② 装盘。托盘内的物品应分类码放均匀、得体,使物品的重量在盘中分布均匀,切忌将物品无层次地混合摆放,而免造成餐具破损。③ 起盘。重托起盘时也需要先将托盘用右手相助拉出1/3,右手扶托盘将托盘托平,双脚分开呈八字形,双腿下蹲,略成骑马蹲裆势,腰部略向前弯曲。④ 行走。行走时表情轻松自然,步伐不宜过大、过急,盘面应始终保持平衡平稳,右手自然摆动或扶住托盘前沿,并随时准备避免他人的碰撞。⑤ 落托。落托时左脚向前迈一步,用右手扶住托盘边缘,左手向右转动手腕,同时托盘向右旋转,待盘面从左肩移至与桌面或操作台面平行时,再用左臂和右手向前推进。

重托操作时要求平、稳、松。"平"就是在重托的各操作环节中都要掌握好重心,保持平稳,行走时托盘要平、肩膀要平,两眼平视前方。"稳"就是装盘合理稳妥,托盘稳而不晃动,行走时步稳不摇摆。"松"就是动作表情要轻松,面容自然、上身挺直,保持行走自如。

四、实训流程

1. 实训任务解析

(1) 教师布置实训任务。

(2) 教师演示轻托的步骤,讲解操作要领及注意事项。

(3) 教师演示重托的步骤,讲解操作要领及注意事项。

2. 分组实训

(1) 轻托练习。

(2) 重托练习。

(3) 完成实训报告。

3. 考核及总结

(1) 任选两组学生分别展示轻托、重托的服务过程。

(2) 教师点评考核结果,并对本次实训情况进行总结。

(3) 教师总结托盘的种类及用途、轻托和重托的操作步骤及动作要领。

任务二　餐巾折花实训

一、实训目标

1. 了解餐巾折花的造型种类。
2. 掌握餐巾折花的基本手法。
3. 掌握几款经典的杯花与盘花的折法。

二、实训准备

1. 场地准备：能容纳 50 人左右的餐饮实训教室、酒店培训室或多功能室等。
2. 物品准备：餐巾、玻璃水杯、瓷盘。

三、实训内容

1. 餐巾折花的造型种类

（1）按摆放方式分类

按餐巾花折好后的摆放方式，折花可分为杯花和盘花两种。杯花属于中式花形，须插入杯中才能完成固定造型，出杯后花形即散。由于折叠成杯花后，餐巾上会留下明显的折痕，因此平整性较差，也容易造成污染，所以目前许多餐厅已减少杯花的使用，但折杯花仍作为一种基本技能存在于餐厅服务中。盘花属于西式花形，造型独立完整，成型后不借助其他餐具也不会自行散开，因此可摆放在装饰盘、餐盘中或其他盛器以及桌面上。因盘花简洁大方、美观适用，没有明显的缺点，所以近些年来盘花应用的场景也逐渐增多，盘花甚至出现在了部分中餐宴会的桌面上。

（2）按餐巾花外观造型分类

餐巾花的外观造型可分为植物类、动物类和实物类三种。植物类花形是模仿大自然中已有植物花形造型的，如荷花、水仙等，也有根据植物的叶、茎、果实造型的，如竹笋、玉米、慈姑叶等。动物类花形包括鱼、鸟、虫花形等，其中以飞禽为主，如白鹤、孔雀、鸵鸟等，金鱼、蝴蝶也是较为常见的造型，动物类造型有的模仿动物整体，有的模仿局部特征，形态逼真、生动活泼，折叠难度相对较大，但趣味性较强。实物类花形模仿的是日常生活用品中各种实物形态，如帽子、折扇、花篮、皇冠、信封等。

2. 餐巾折花的基本手法

（1）叠

叠是最基本的餐巾折花手法，几乎所有折花都会用到这种手法。叠是折叠、堆叠的意思，就是将餐巾对折一次或多次，餐巾可折成正方形、长方形，也可斜折成三角形、菱形、梯形、锯齿形等几何图形。

在使用叠的手法时应熟悉基本造型，要确定好折缝线，看好角度，尽量一次叠成而避免反复折叠，否则会在餐巾上留下折痕，从而影响造型的整体美观。

(2) 推

推是将餐巾折成褶裥（打折）时应用的一种手法，将餐巾叠面折成褶裥的形状，使花形层次丰富、紧凑、美观。折叠褶裥时须双手同时操作，把餐巾平铺于洁净的桌面或托盘中，从餐巾的边缘开始，用拇指、食指分别捏住餐巾两边，形成第一个褶裥；两个大拇指相对成一线，指面朝外，两手中指按住餐巾，并控制好下一个褶裥的距离，以免因褶裥宽度不一而影响整体造型；拇指、食指的指面捏紧餐巾向前推折至中指处，用食指快速将推折的褶裥挡住，中指腾出去约一个褶裥的距离并按压住餐巾，拇指和食指继续按此前推折的步骤，循环往复直至达到所需要的褶裥数量，三个手指只有充分协调、紧密配合，才能使推出来的褶裥均匀整齐、距离相等。

在推折前，应确保工作台面干净光滑，或将餐巾放置在干净的托盘上，否则推折时不易推开，影响效果，还有可能将餐巾擦毛，减少餐巾的使用寿命。推折时拇指、食指紧握褶裥向前推，用中指控制间距，不能向后拉折，否则褶裥距离会大小不匀。如果是要求对称的褶裥，一般应从中间分别向两边推折。

(3) 卷

卷是将餐巾卷成圆筒形后再做各种花形的一种手法。卷分为平行卷（直卷）和斜角卷（螺旋卷）两种。平行卷是将餐巾两头一起卷拢，操作时要卷得平直，两头大小一样。斜角卷是将餐巾一头固定后卷另一头，或者一头多卷一头少卷，由此形成的卷筒一头大一头小。

操作平行卷时要求两手用力均匀，同时平行卷动，这样形成的餐巾卷筒两头形状一样，操作斜角卷时要求两手能按所卷角度的大小互相配合。不管用哪种卷法，都要求尽量卷紧，这样才能卷得挺括，否则卷筒会松软无力，容易弯曲变形，从而无法获得理想的餐巾花造型。

(4) 攥

攥是为了使叠出的餐巾花半成品不易脱落走样而用手将已折出的花形紧紧捏住或按住，常用于制作多种手法折叠且造型较为复杂的餐巾花形，一般是用左手攥住餐巾的中部或下部，然后再用右手操作其他位置，攥在手中的部分不能松散，否则最终无法定型。

(5) 翻

翻是在折制过程中，将餐巾折、卷后的部位层层翻出，形成所需花样。一般是将餐巾的巾角从下端翻折至上端、两侧向中间翻折、前面向后面翻折，或是将中间的夹层里面翻开或翻到外面等，构成花、叶、蕊、翅、头颈等形状。在使用这种手法时，常需要和攥的手法配合。

(6) 拉

拉即牵引，是在翻的基础上，为使餐巾造型显得挺直而使用的一种手法，如折鸟的翅膀、尾巴、头颈或者花的茎叶时，通过拉的手法可使餐巾线条曲直明显，花形挺括而富有生气。翻与拉一般都在手中操作，一手握住或攥紧已通过折叠而初具形状的花型，一手将下垂的餐巾角翻上来，或将夹层翻边，拉折成所需的形状。在翻拉过程中，双手要配合好，松紧适度，尤其在翻拉花卉的叶子及鸟的翅膀时，要注意大小一致、距离相等、用力均匀，不要猛拉，否则会损坏花形。

(7) 掰

掰一般用于花形的制作，如常见的月季花或玫瑰花。制作时，将餐巾叠好的层次用右手按顺序一层层掰出花瓣。掰时不要用力过大,掰出的层次或褶裥的大小、距离要均匀。掰的手法与翻类似,但在翻的同时还需要向外拉扯,使紧密的叠层逐渐翻开并显现出多层花瓣的效果。

(8) 穿

穿是指用工具在餐巾的夹层折缝中边穿边收,形成皱褶,使造型更加逼真、美观的一种手法。在穿之前,餐巾一般要先打好褶裥,这样容易穿紧,使形成的皱褶饱满且富有弹性。穿的工具一般是筷子,可根据花形需要确定所用筷子的根数。穿时用左手握住折好的餐巾,右手拿筷子,将筷子的一头穿进餐巾的夹层折缝中,另一头顶在自己身上,然后用右手的拇指和食指将筷子上的餐巾一点一点往里拉,直至把筷子穿过去。穿好后,要先将折花插进杯子,再把筷子抽掉,否则皱褶易松散。

使用穿的手法折餐巾花时,要使用光滑、洁净的工具,拉折要均匀,需要双层穿裥时,应先穿下层,再穿上层,两层之间的褶裥才不易被挑出散开。

(9) 捏

捏主要是折制鸟兽类花形时,做鸟头或与其他动物的头所使用的方法。操作时,先用一只手的拇指和食指将餐巾巾角的上端拉挺作为头颈,然后用食指将巾角尖端向里压下,再用中指与拇指将压下的巾角捏紧,模仿鸟嘴或兽嘴的形状。

3. 经典杯花与盘花的折制

(1) 单荷花(杯花)

首先,展开餐巾,将其平铺在桌面上;接着,将餐巾一侧往中间对折后再对折,形成一个正方形;然后,将正方形以对角线为折缝线分别向两边各推折2~3个褶裥,将折页数较多的角朝上,与其相对的底角向上折大约1/3并包住褶裥,再将上面四个角缓缓拉出来并保持挺括;最后,将花放入玻璃水杯中,以四叶花瓣展开的侧面为观赏面。详见图6-1。

(2) 白鹤(杯花)

首先,展开餐巾使其呈菱形,平铺在桌面上。左手按压住餐巾,右手捏起一角开始斜卷,卷到餐巾卷筒和中线对齐后轻轻压住,再捏起对面一角斜卷并重复上一步骤,卷好后捏起窄的一头折向宽的一头,再对折两次后鹤身初步形成,将较窄一头的餐巾尖角向上、向外拉起,然后尖端向里压下,再将巾角捏出鹤嘴。斜卷的时候不要过松,做出造型后放入杯中时不宜过深,以卡住使花形不松散为宜。详见图6-2。

(3) 花枝蝴蝶(杯花)

首先,展开餐巾,将其平铺在桌面上。将餐巾的左边沿1/4线对折,右边也同样如此操作,接着用一只手按着餐巾中点,把餐巾的每个角向两边分开并沿着每个小格的对角线压折,将餐巾翻转过来,然后双手开始推、捏。重复此步骤8次,最终效果详见图6-3。

(4) 一帆风顺(杯花)

首先,将餐巾四个边角向中间折成正方形;其次,将正方形四角再向中间折成小正方形;然后,将小正方形翻过来,折角向外翻出,整理成型;最后,将其放入玻璃杯中。详见图6-4。

图 6-1 单荷花

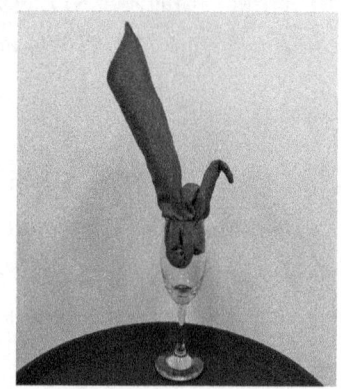
图 6-2 白鹤

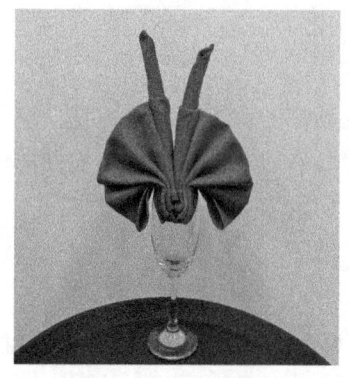
图 6-3 花枝蝴蝶

图 6-4 一帆风顺

(5) 主教帽(盘花)

第一,展开餐巾,将其呈菱形平铺在桌面上;第二,将餐巾由下往上对折,形成一个直角在上的等腰三角形;第三,以三角形的高为中线,将左侧巾角向上折叠,与顶角重合,重复这一手法折叠右侧巾角,左右侧折叠后的巾角沿中线对称,使餐巾整体再次呈现菱形;第四,将餐巾由下往上翻折大约 2/3,再将尖角部分继续向下折叠,并使尖角不超过餐巾下缘的折线;第五,将餐巾小心地翻过面来摆放于桌面上,要确保折叠好的部分不要散开,用左侧餐巾的1/3 向中间对折,右侧餐巾的 1/3 也向中间对折,并将右侧角塞到左侧角夹层中尽量固定好,此时将餐巾拉起立在陶瓷餐盘或装饰盘中,形成一个上方为尖角形的圆筒;第六,将两个餐巾角像剥香蕉皮一样分别翻折下来后,主教帽就折好了。效果见图 6-5。

(6) 王冠(盘花)

首先,将餐巾呈正方形平铺在桌上,再将餐巾沿横向中线对折,使上边线和下边线重叠,此时餐巾呈长方形,其纵向中线可将长方形分为左右两个等大的小正方形;接着,提起左下方边角沿左边正方形的对角线向上方对折,再提起右上方边角沿右边正方形的对角线向下方对折,此时折好的餐巾呈平行四边形;然后,将餐巾在桌面上向左旋转 90 度后翻转过来,再从上往下平分对折,此时餐巾应有两个尖角朝上,再将左侧对折后塞入右边的餐巾下,再次翻转后重复上述步骤;最后,将折好的餐巾立起,整理成形似王冠的造型后摆放到陶瓷餐盘或装饰盘中。效果详见图6-6。

图6-5 主教帽

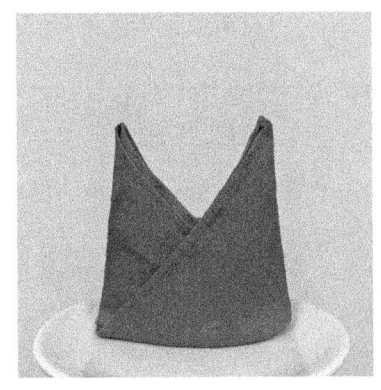

图6-6 王冠

（7）春池浮荷（盘花）

首先，将餐巾呈正方形平铺在桌上，分别提起四个边角向正方形的中心折叠，当四角都折叠好后，重复将四角向中心折叠的步骤；接着，将完成两次折叠的餐巾翻过来，再将四个边角依次向中心折叠后再重复此步骤，此时餐巾已变成一个较厚的正方形方块；然后，将餐巾方块小心地翻过来，以免散开，再将餐巾上的两层四角边分别展开，整理内层的边角后餐巾形成荷花造型，用手掌轻托摆放到陶瓷餐盘或装饰盘中。效果见图6-7。

（8）扇面（盘花）

首先，将餐巾呈正方形平铺在桌上，再将餐巾沿横向中线对折，使上边线和下边线重叠，此时餐巾呈长方形；接着，从长方形的短边处开始均匀地向中间推褶子，推到另一短边剩余1寸（3.33厘米）长左右停止推褶；然后，将折好褶子的餐巾向中间对折，把之前剩余的1寸长左右的餐巾折一角夹进褶皱的中间固定好；最后，将对折的餐巾小心地在陶瓷餐盘或装饰盘中展开，扇面盘花就完成了。效果详见图6-8。

图6-7 春池浮荷

图6-8 扇面

四、实训流程

1. 实训任务解析

（1）教师布置实训任务。

(2) 教师演示餐巾折花的各种手法,讲解操作要领及注意事项。

(3) 教师演示经典的杯花和盘花的折叠方法。

2. 分组实训

(1) 餐巾折花手法练习。

(2) 杯花和盘花的折叠练习。

(3) 完成实训报告。

3. 考核及总结

(1) 任选两组学生分别展示杯花和盘花的折叠过程。

(2) 教师点评考核结果,并对本次实训情况进行总结。

(3) 教师总结餐巾折花的类别、用途及基本手法。

任务三 摆台实训

环节一:中餐宴会摆台实训

一、实训目标

1. 了解中餐宴会摆台的布局。
2. 掌握中餐宴会摆台的步骤。

二、实训准备

1. 场地准备:能容纳50人左右的餐饮实训教室、酒店培训室或多功能室等。

2. 物品准备:工作台、餐桌、餐椅、桌布、餐巾、汤碗、骨碟、汤勺、茶杯、水杯、筷架、筷子、调味碟、银勺、牙签、葡萄酒杯、烈性酒杯、水杯、公用餐具、花瓶、烟灰缸和托盘。

三、实训内容

1. 中餐宴会摆台的布局

宴会台型布局设计是指根据宾客宴会主题、赴宴人数、接待规格、习惯禁忌、特别需求、时令季节,以及宴会厅的结构、形状、面积、空间、光线和设备等情况设计宴会的餐桌排列组合的总体形状和布局。其目的是合理利用宴会厅的固有条件,表现主办人的意图,体现宴会的规格和标准,烘托宴会的气氛,便于宾客就餐和席间服务员进行宴会服务。宴会厅的台型设计有小型和大型两种。大型宴会设计指必须在宴会开始前画好场景布置示意图,合理划分服务区域并在餐前会上向全体服务员和走菜人员作讲解。

(1) 餐桌和餐椅

中餐宴会的餐桌一般都使用直径180厘米的圆桌和玻璃转盘,转盘要求型号、颜色一致,表面清洁、光滑、平整。餐椅为与宴会厅色调一致的金属框架软面型椅子,通常一桌十把。宴会餐桌标准占地面积一般为每桌10~12平方米,桌与桌之间的纵距一般有2米,横距一般有1.5米;排列较紧的纵距不应小于1.5米,横距不应小于1.2米。大型宴会主宾席或主宾席区与一般来宾席之间的横向通道的宽度应大于一般来宾餐桌间的距离,以便主宾入席或退席。

(2) 台型布局

台型布局一般采取"中心第一、先右后左、高近低远"的原则。中心第一是指布局时要突出主桌。主桌放在上首中心,突出其设备和装饰;主桌的台布、餐椅、餐具的规格应高于其他餐桌,主桌的花坛也要特别鲜艳突出。先右后左是国际惯例,即主人的右席地位高于主人的左席地位。高近低远是指按被邀请宾客的身份安排座位,身份高的离主桌近,身份低的离主桌远。

(3) 主桌或主宾席位

主桌或主宾席区位于宴会厅的上首中心。根据主桌人数,其台面直径有时大于一般来宾席区的餐桌直径,有时与其他台面一致。较大的主桌台面一般由标准台面和1/4弧形台面组合而成。主桌上通常使用考究的台布及桌裙(如提花台布、多色桌裙等)、椅套和高档的银质餐具;餐桌装饰要具有较强的感染力。

(4) 工作台

主桌或主宾席区一般设有专门的工作台,其余各桌按服务区域的划分酌情设立工作台。工作台的摆放距离要适当,便于操作,一般放在餐厅的四周;其装饰布置(如台布和桌裙颜色等)应与宴会厅气氛协调一致。

(5) 主席台或表演台

根据宴会主办单位的要求及宴会的性质、规格等设置主席台或表演台。在主桌后面用花坛画屏或大型盆景等绿色植物及各种装饰物布置一个背景,突出宴会的主题。台号的设置必须符合宾客的风俗习惯和生活禁忌,如欧美宾客参加的宴会必须去掉台号"13",台号一般高于桌面所有用品。

(6) 会议台型与宴会台型

会议和宴会衔接在一起共同布置在大宴会厅现场时,先举行会议,后进行宴会用餐,布置时必须统筹兼顾,充分利用有效的空间,合理分隔会议区域和宴会区域,并严密制订服务计划,承前启后,做到井井有条。

(7) 桌次安排

根据宴会参加人数、桌数、规模大小的不同,宴会有小型、中型和大型之分。1~10桌的宴会称为小型宴会,11~20桌称为中型宴会,20桌以上称为大型宴会。在设计宴会台型时,要根据宴会厅的形状和面积,合理确定主宾席区和来宾席区。中型宴会主宾席区一般设一主二副,大型宴会一般设一主四副,也可以将主宾席区按照西餐宴会的台型设计成"一"字形。来宾席区可划分为一区、二区、三区等,便于来宾入席,又便于服务员操作服务。此外,主宾席(区)的位置可放在宴会厅上首位置,其他桌次由上至下排列;也可将主宾席(区)置于宴会厅中心位置,其他桌次向四周辐射排列。宴会台型设计平面效果应力求图案错落有致和对称协调。

2. 座次安排

宴会座次安排是根据宴会的性质、主办单位或主人的特殊要求、出席宴会的宾客身份确定其相应的座次。座次安排必须符合礼仪规格,尊重风俗习惯,便于席间服务。以10人一桌的正式宴会为例,台面一般置于厅堂正面,主人的座次通常设于厅堂正面即圆桌正面的中心位置,坐北朝南,副主人与主人相对而坐;主人的右左两侧分别安排主宾和第二宾的座次,副主人的右左两侧分别安排第三宾、第四宾的座次,如有翻译,主宾、第三宾的右侧为翻译(主方翻译、客方翻译)的座次。有时,主人的左侧是第三宾,副主人的左侧是第四宾,其他座位是陪同席。

3. 摆台前的准备

在正式摆台前还需要做好一系列的准备工作,主要包括:① 洗净双手;② 领取各类餐具、台布和桌裙等;③ 用干净的布巾擦亮餐具和各种玻璃器皿,要求无任何破损、污迹、水迹、手印和口红印等;④ 检查台布、桌裙是否干净,是否有皱纹、破洞、油迹和霉迹等,如不符合要求应进行调换;⑤ 洗净所有调味品壶(瓶)等,并重新装好;⑥ 折口布花。

4. 摆台的流程

(1) 铺台布、放转盘、围桌裙、配餐椅

铺台布时,服务员站在与主位成90度角的左侧或右侧将折叠好的台布放在餐桌中央;将台布打开,找出台布正面朝向自己一侧的边缘,用手指捏住,抖动手腕,抛出台布,借助产生的气流将台布平铺在餐桌上;铺台布时要求动作熟练、干净利落、一次到位。铺好的台布要求做到台布图案花饰端正,中间鼓缝穿过正副主人的位置,十字折线居中,四角与桌腿成直线平行,并与地面垂直,台布四边均匀下垂,以30厘米为宜。多桌宴会时,所有台布规格、颜色均须一致。

摆放转盘时,玻璃转台摆在桌面中央的圆形滑轨上,检查转盘是否旋转灵活。

桌裙围好后,边缘与桌面平齐,沿顺时针方向将桌裙用大头针和尼龙搭扣固定。

根据出席宴会的人数配齐餐椅,以10人为一桌,一般餐椅放置采用"三三两两"的方式,即正、副主人侧各放三张餐椅,另两侧各放两张餐椅,椅背在一直线上。

(2) 拿餐具

一律使用托盘拿取餐具,若无防滑托盘则应用干净专用布巾铺垫,左手托托盘,右手拿餐具。拿酒杯、水杯时,应握住杯脚部;拿刀、叉、匙、勺时,应拿柄部;拿瓷器、金属餐具时,应尽量避免手指与边口接触。避免将手印留在餐具表面。落地后的餐具,未经清洗消毒不得使用。

(3) 摆餐具

第一步,骨碟定位。将骨碟摆放在垫有布巾的托盘内,或徒手用餐巾托住骨碟定位;从主人座位处开始按顺时针方向依次用右手摆放骨碟,要求碟边距离桌边1.5厘米,骨碟与骨碟之间距离均匀相等,碟中店徽等图案对正。

第二步,摆放调味碟、汤碗和小汤勺。在骨碟纵向延长线上1厘米处摆放调味碟;在调味碟横向直径延长线左侧1厘米处放上汤碗、小汤勺,小汤勺勺柄向左,汤碗与调味碟横向直径在一直线上。

第三步,摆筷架、银勺和筷子。在汤碗与调味碟横向直径右侧延长线处放筷架、银勺、袋装牙签和筷子,勺柄与骨碟相距3厘米,筷套离桌边1.5厘米,并与骨碟纵向直径平行,袋装牙签与银勺末端平齐,注意轻拿轻放。

第四步,摆放玻璃器皿。在调味碟纵向直径线2厘米处摆放葡萄酒杯,葡萄酒杯右下侧摆放烈性酒杯,在葡萄酒杯左上侧摆放水杯,三杯成一直线,与水平线呈30度角,杯肚之间的距离为1.5厘米。

第五步,摆公用餐具。在正、副主人杯具的前方,各横向摆放一副公用筷和汤勺,不锈钢或银勺在外侧,筷子在内侧,勺柄和筷子的尾端向右。

第六步,摆放烟灰缸。在公用餐具的右侧各摆放一只烟灰缸;在与主位、副主位成90度角处各摆放一只烟灰缸;烟灰缸的边缘摆放火柴,正面朝上。目前,中餐宴会摆台一般不摆放烟灰缸,当发现某位宾客有吸烟需求时,由服务员用托盘给该宾客送上烟灰缸。

第七步,摆放宴会菜单、台号。在通常情况下,10人餐台放两张菜单,10人以上餐台放4张菜单。放两张菜单时,菜单放在正、副主人骨碟的左侧,菜单的下端距离桌边1.5厘米,与骨碟纵向直径平行;放4张菜单时,除正、副主人旁边各放一张外,另两张放于与正、副主人位成90度角的两侧宾客骨碟的左侧。菜单也可以竖立摆放于水杯或口汤碗的旁边。高档宴会上,菜单也可每人一张。台号牌放在花瓶左边或右边,并朝向大门进口处。

最后,转台正中摆放花瓶或插花,以示摆台的结束。

5. 摆台后的检查工作

检查工作主要有:① 检查台面摆设有无遗漏;② 检查台面的摆放是否规范和符合要求;③ 检查餐具是否清洁光亮,无污迹、水迹、缺口;④ 检查台布、口布是否有霉迹、油迹、破洞;⑤ 检查座椅是否配齐、完好。

四、实训流程

1. 实训任务解析

(1) 教师布置实训任务。

(2) 教师讲解中餐宴会摆台的布局要求、座次安排及摆台前的准备工作。

(3) 教师演示中餐宴会摆台的流程,讲解动作要领及注意事项。

2. 分组实训

(1) 中餐宴会桌次及座位安排练习。

(2) 中餐宴会摆台练习。

(3) 完成实训报告。

3. 考核及总结

(1) 任选两组学生,一组展示特定情境下的中餐宴会桌次及座次安排,一组展示特定情境下的中餐宴会摆台。

(2) 教师点评考核结果,并对本次实训情况进行总结。

(3) 教师总结中餐宴会摆台的布局要求、座次安排及摆台前的准备工作、摆台的流程。

环节二:西餐宴会摆台实训

一、实训目标

1. 了解西餐宴会摆台的布局。

2. 掌握西餐宴会摆台的步骤。

二、实训准备

1. 场地准备：能容纳 50 人左右的餐饮实训教室、酒店培训室或多功能室等。
2. 物品准备：工作台、餐桌、餐椅、桌布、餐巾、餐盘、餐刀、餐叉、餐匙、汤盘、汤勺、主菜刀、鱼刀、汤匙、开胃品餐刀、水果刀叉、咖啡杯、咖啡碟、咖啡勺、面包盘、黄油刀、黄油盘、白葡萄酒杯、红葡萄酒杯、水杯、公用餐具、盐瓶、胡椒瓶、牙签筒、烛台、花瓶和烟灰缸等。

三、实训内容

1. 西餐宴会摆台的布局

西餐与中餐因就餐方式不同，摆台也不同。

(1) 西餐宴会台型安排

西餐宴会一般使用长台，长台是可以拼接的。台子的大小和台型的排法，可根据宴会的人数、宴会厅的形状和大小、服务的组织、宾客的要求来进行，并做到尺寸对称、出入方便、图案新颖；椅子之间的距离不得少于 20 厘米，餐台两边的椅子应对称摆放。除了长条桌和圆桌外，常见的餐桌排列还有一字型、马蹄型、T 字型、口字型、E 字型、分散型等。

(2) 西餐宴会座次安排

关于排座次，正式宴请按照职位高低排列，职位高的坐中间，职位低的坐两边。家庭、朋友类宴会，参加的人相互之间比较熟悉，气氛活跃，不拘形式，在安排席位时要求不是很严格，只有主客之分，没有职务之分。为便于席上交谈，只须考虑以下两点，即男女宾客穿插落座、夫妇穿插落座，这样安排为的是便于交谈、扩大交际。

如果是属于外交、贸易性质的宴会，或国与国之间、社会团体之间的工作性宴会，则一般在餐厅举行，双方都有重要人物参加，气氛较朋友、家庭类宴会相对要正规、严肃得多，安排座次时，须考虑：① 参加宴会的双方各有几位首要人物，如果各有两位，第一主宾要坐在第一主人的右侧，第二主宾坐在第二主人右侧，次要人物由中间向两侧依次排开。② 双方首要人物是否带夫人，如果是法式坐法则主宾夫人坐在第一主人右侧，主宾坐在第一主人夫人右侧；如果是英式坐法，主人夫妇各坐两头，主宾夫人坐在主人右侧第一位，主宾坐在主人夫人右侧第一位，其他宾客男女穿插，依次坐在中间。③ 如双方各自带有译员，主人翻译坐在宾客左侧，宾客翻译坐在主人左侧。④ 主客要穿插落座，当双方人数不等时，应尽量做到在主要位置上使主客穿插落座。⑤ 大型宴会上需要分桌时，餐桌的主次根据餐桌离主桌的远近而定，右高左低；以客人职位高低定桌号顺序，每桌都要有若干主人作陪；每桌的主人位置要与主桌的主人位置方向相同，如用长桌，主桌只一面坐人，并面向分桌；主要人物居中，分桌宾客侧向主桌。

2. 摆台的流程

(1) 餐具准备

西餐餐具品种较多，不同菜式应选用不同餐具，按上菜的道数和人数准备相应数量的餐具。西餐宴会的餐具准备不可疏忽，要按宾客对酒水的要求，严格挑选酒杯，酒杯不得有丝毫破损，要擦拭得不见一丝污痕。餐刀、餐勺、瓷器要严格消毒，擦拭得清洁光亮。

(2) 铺台布

按规定铺好台布,摆上烛台,并将椅子定位,椅子边沿正好接触台布下沿。

西餐宴会一般是使用方桌拼成各种形状,铺台布工作一般由 2 个或 4 个服务员共同完成。铺台布时,服务员分别站在餐桌两旁,将第一块台布定好位,然后按要求依次将台布铺完,做到台布正面朝上,中心线对齐,台布压贴方法和距离一致,台布两侧下垂部分均匀、美观、整齐。

(3) 摆餐盘(垫盘、装饰盘)

用左手垫上餐巾,包住盘底,从主人位置开始按顺时针方向用右手在每个席位正中摆放餐盘;注意盘的店徽等图案要摆端正,盘边距桌边约 1 厘米,盘与盘之间的距离要相等。

(4) 摆刀叉、摆银餐具

将此次宴会使用的全部刀叉都摆在餐台上,以使宾客明了此次宴会的菜式和道数。从餐盘的右侧从左向右依次摆放主菜刀、鱼刀、汤匙、开胃品餐刀。摆放时,刀口朝左、匙面向上,刀把、匙把距桌边 1 厘米;然后在餐盘的左侧从右向左依次摆放主菜叉、鱼叉、开胃品叉,叉面向上,叉把与刀平行,鱼刀、鱼叉要向前突出 4 厘米。

(5) 摆水果刀叉和点心匙

在餐盘的正前方摆水果刀叉,刀把向右,刀刃向餐盘;水果叉(或甜品叉)叉齿向右,叉把向左,与水果刀平行摆放,点心匙与水果刀平行横放于餐盘正上方,匙把向右。

(6) 摆面包盘、黄油刀和黄油盘

开胃品叉的左侧摆面包盘,面包盘中心与餐盘中心取齐,盘边距餐叉 1 厘米;在面包盘靠右侧边沿处摆放黄油刀,刀刃朝向面包盘盘心;黄油盘摆在黄油刀刀尖正前方,相距 3 厘米左右。

(7) 摆酒具

酒水杯摆放形状多为三角形,冰水杯摆在餐刀顶端(只用一种杯时,位置也在此),其他两种酒杯可根据台型和距离,从左到右依次摆放。三套杯从左到右分别是水杯、红葡萄酒杯、白葡萄酒杯,三杯呈斜直线,与水平线呈 45 度角;如果有第四种杯子,则将白葡萄酒杯向后移 1~2 厘米,并在其前方放置此杯;各酒杯杯身之间相距约 1 厘米,以能伸入手指取杯为宜。

(8) 叠餐巾花

将叠好的盘花摆在餐盘正中,注意把不同式样、不同高度的餐巾花搭配摆放。

(9) 摆放用具

盐瓶、胡椒瓶、牙签筒按 4 人一套的标准摆放在餐台中线位置上;烟灰缸从主人右侧摆起,每两人之间放一个,烟灰缸的上端与酒具平行。只摆一个花坛或花瓶时,将其置于台心位置;摆数个花坛或花瓶时,花坛或花瓶要等距摆在长台中线上。鲜花高度不超过宾客的眼睛位置,以免妨碍宾客视线。菜单最好每人一份,但最低不得少于每桌两份,且每桌设席位卡。

摆台时,按照一底盘、二餐具、三酒水杯、四调料用具、五艺术摆设的程序进行,要边摆边检查餐具、酒具,发现不清洁或有破损的要马上更换。摆放在台上的各种餐具要横竖交叉成线,有图案的餐具要使图案方向一致,全台看上去要整齐、大方、舒适。

四、实训流程

1. 实训任务解析

(1) 教师布置实训任务。

(2) 教师讲解西餐宴会摆台的台型安排和座次安排。

(3) 教师演示西餐宴会摆台的流程,讲解动作要领及注意事项。

2. 分组实训

(1) 西餐宴会桌次及座位安排练习。

(2) 西餐宴会摆台练习。

(3) 完成实训报告。

3. 考核及总结

(1) 任选两组学生,一组展示特定情境下的西餐宴会桌次及座次安排,一组展示特定情境下的西餐宴会摆台。

(2) 教师点评考核结果,并对本次实训情况进行总结。

(3) 教师总结西餐宴会摆台的台型安排、座次安排及摆台的流程。

环节三:零点摆台实训

一、实训目标

1. 了解中餐零点摆台的步骤及要求。

2. 掌握西餐零点摆台的步骤及要求。

二、实训准备

1. 场地准备:能容纳 50 人左右的餐饮实训教室、酒店培训室或多功能室等。

2. 物品准备:

(1) 中餐零点摆台:工作台、餐桌、餐椅、桌布、餐巾、汤碗、骨碟、汤勺、茶杯、水杯、筷架、调料、牙签筒、调味碟、花瓶、筷子、烟灰缸和托盘。

(2) 西餐零点摆台:工作台、餐桌、餐椅、桌布、餐巾、餐盘、餐刀、餐叉、餐匙、汤盘、汤勺、咖啡杯、咖啡碟、咖啡勺、面包盘、黄油刀、白葡萄酒杯、红葡萄酒杯、水杯、公用餐具、盐瓶、胡椒瓶、牙签筒、烛台、花瓶和烟灰缸等。

三、实训内容

1. 中餐零点摆台

(1) 早餐的餐具摆放

由于零点餐厅餐桌相对固定,无须餐餐变化,再加上就餐者无主客之分,所以只须进行桌面餐具摆放即可。

摆早餐台时先放骨碟,骨碟离桌边 1.5 厘米;骨碟右边放筷架、筷子;汤碗放在骨碟的左上方;小汤勺置汤碗内,勺把向左;餐巾叠好花型放在骨碟内;花瓶放在桌子中间,若桌子靠墙,则将花瓶放在靠墙面的那一边中间;调料、牙签筒放在桌子左下方。

(2) 午晚餐的摆台

先将骨碟放置于离桌边1.5厘米处；筷子在骨碟的右边，筷尾离桌边1.5厘米；汤碗在骨碟的左前方；小汤勺放置汤碗内，勺把朝左；调味碟在骨碟前方，位于汤碗与筷子中间；水杯放在筷子与调味碟中间；餐巾花折好后放在骨碟内或插入水杯内；若是圆桌，则将花瓶、烟灰缸放在中间，调料、牙签筒放在桌子左后方；若桌子是靠墙的，则将花瓶放在靠墙的那一边中间，调料、牙签筒在右，烟灰缸在左。

(3) 中餐零点摆台注意事项

中餐零点摆台的注意事项主要有：① 如有不会使用筷子的宾客，席位上要加摆餐刀、餐叉，叉左刀右、刀口朝左；② 集体用餐或几位宾客共同进餐时，应摆放公用筷架，供主人为宾客派菜和其他人取菜用，公筷、公勺放在公用筷架上，并摆在个人用餐餐具前方或转台上；③ 小汤勺可放入汤碗或调味碟内；④ 餐桌上使用的花瓶，其高度应以不阻碍宾客视线为宜；⑤ 消毒筷子应用筷套封装。

2. 西餐零点摆台

(1) 早餐摆台

西餐早餐一般在咖啡厅内提供，有美式早餐、欧陆式早餐及零点早餐等，它们的摆台方法略有差异。

按规格要求铺好台垫、台布后，可摆放餐具。在席位的右侧摆餐刀，刀刃向左；在席位的左侧摆餐叉；餐刀与餐叉的距离以能摆放一个装饰垫盘为宜，一般是30厘米左右，刀叉后端距桌边1厘米。面包盘摆在餐叉左侧，距餐叉和桌边各1厘米。黄油刀刀口朝盘心，放在面包盘中轴线右侧。若放黄油碟，则置碟于面包盘前方。餐刀的右侧摆咖啡碟，咖啡碟上摆咖啡杯和咖啡勺，杯把和匙把向右。餐刀的前方放水杯。盐瓶和胡椒瓶及烟灰缸等放在餐台靠中心的位置上。

(2) 西餐午晚餐摆台

午晚餐摆放餐具的方法是：服务盘放在正中，对准椅中线，盘边距桌边1厘米。餐巾叠好放在服务盘中；餐叉放在服务盘的左边，叉尖朝上；餐刀和汤匙放在服务盘的右边且汤匙口朝上；甜品餐具横放在服务盘的前方；面包盘放在餐叉的左边，黄油刀竖放在面包盘上；水杯放在餐刀的前方，酒杯靠水杯右侧；烟灰缸放在服务盘的正前方，胡椒瓶、盐瓶放在烟灰缸的左侧，牙签筒放在胡椒瓶的左边，花瓶放在烟灰缸的前方。

四、实训流程

1. 实训任务解析

(1) 教师布置实训任务。

(2) 教师演示及讲解中餐零点摆台的标准及要求。

(3) 教师演示及讲解西餐零点摆台的标准及要求。

2. 分组实训

(1) 中餐零点摆台练习。

(2) 西餐零点摆台练习。

(3) 完成实训报告。

3. 考核及总结

（1）任选两组学生，一组展示中餐早餐及午晚餐摆台成果，一组展示西餐早餐及午晚餐摆台成果。

（2）教师点评考核结果，并对本次实训情况进行总结。

（3）教师总结中餐零点摆台及西餐零点摆台的规范。

任务四　斟酒实训

一、实训目标

1. 掌握斟酒的流程、动作要领及注意事项。
2. 掌握控制斟酒量的方法。

二、实训准备

1. 场地准备：能容纳 50 人左右的酒水实训教室、酒店培训室或多功能室等。
2. 物品准备：餐桌、餐椅、桌布、托盘、红葡萄酒杯、白葡萄酒杯、啤酒杯、开瓶器和毛巾。

三、实训内容

1. 准备酒水和示酒

（1）准备酒水

开餐前，应事先备齐各种酒水饮料，并将酒水瓶擦拭干净（特别是瓶口部位），同时检查酒水质量，如发现瓶子破裂或有悬浮物、沉淀物等应及时调换。准备齐全的酒水要摆放整齐，注意将矮瓶、高瓶分放前后，这样既美观又便于取用。现在餐厅流行的做法是在餐厅较醒目的位置设置酒水服务台或酒水服务车，将餐厅所备的酒水饮料分门别类予以展示，并配以标有酒水名称、容量、价格的小立牌，这样宾客可以一目了然地看到所有酒水饮料，也便于服务人员根据宾客的需求提供高效率的酒水服务。

酒水的准备工作还包括对酒水温度的处理。服务员要了解各种酒品的最佳奉客温度，并采取升温或降温的方法使酒品温度适于饮用，以满足宾客需求。

冰镇（降温）的方法通常有冰块冰镇和冰箱冷藏冰镇两种。冰块冰镇的方法是准备好需要冰镇的酒品和冰桶，用冰桶架将冰桶架放在餐桌一侧，桶中放入冰块，冰块不宜过大或过碎，将酒瓶插入冰块中，一般 10 余分钟后，可达到冰镇效果。冰箱冷藏冰镇则需要提前将酒品放入冷藏柜内，使其缓慢降至饮用温度。除对饮用酒进行降温处理外，对盛酒用的杯具也要进行降温处理，方法是服务员手持酒杯的下部，往杯中放入一块冰块，轻轻摇转杯子，降低杯子的温度。

某些酒品（如黄酒中的加饭酒）在饮用前要升高温度，这样喝起来更有滋味，有些外国酒也有经升温后饮用的。温酒的方法有水烫、烧煮、燃烧、将热饮料冲入酒液或将酒液注入热饮料中升温四种，水烫和燃烧一般是当着宾客的面操作的，具有一定的观赏性。

（2）示酒

服务员站在点酒宾客的右侧，左手托瓶底，右手扶瓶颈，酒标朝向宾客，让宾客辨认商标、品种。这种让宾客验看的方式,既可以避免差错,也表示对宾客的尊敬,即使宾客不懂酒,也能增添餐厅的气氛。示酒是斟酒服务的第一个程序,标志着服务操作的开始。

2. 准备酒杯

服务员摆台前应仔细检查每一只杯子是否清洁卫生。擦拭酒杯时,先把杯子在蒸汽里蒸一下,然后用干净口布裹住杯子里外擦拭,直至光亮无痕迹。

3. 开酒瓶

酒瓶的封口常见的有瓶盖和瓶塞两种。开启瓶盖或瓶塞的方法与注意事项如下:

(1) 使用正确的开瓶器具

开瓶器有两种类型:一种是专门开启瓶塞用的酒钻,另一种是开瓶盖用的启盖扳手。酒钻的螺旋部分要长(有的软木塞长达8～9厘米),头部要尖,切不可带刃,以免割破瓶塞。

(2) 开瓶动作要领

开瓶时动作要轻,尽量减少瓶体晃动,一般放在桌上开启,动作要准确、敏捷、果断。开启软木塞时,万一软木塞有断裂危险,可将酒瓶倒置,用内部酒液的压力顶住木塞,然后再旋转酒钻。

(3) 注意事项

开启瓶塞以后,要用干净的布巾仔细擦拭瓶口,检查瓶中酒是否有质量问题;检查时可以嗅闻插入瓶内的那部分瓶塞气味是否正常。开瓶后的封皮、木塞、盖子等杂物,不要直接放在桌子上,可以放在小盘子里,操作完毕一起带走,不要留在宾客的餐桌上。

4. 滗酒

有些葡萄酒在贮存过程中会产生沉淀,这是正常的现象。为了避免在斟酒过程中出现浑浊现象,在比较高级的西餐厅中,提供贮存年份久远的名贵红葡萄酒时,应为宾客滗酒。滗酒的方法:准备一只滗酒瓶、一支蜡烛,轻轻倾斜酒瓶,使酒液慢慢流入滗酒瓶中,注意动作要轻,不要搅起瓶底的沉淀物,对着烛光操作;直到酒液全部滗完,然后手持滗酒瓶,进行斟酒服务。在服务时还可以将红葡萄酒装在酒篮中,使瓶保持一定的斜度;斟酒服务时,将酒篮和酒瓶一起上桌。

5. 斟酒的注意事项

(1) 斟酒的姿势与位置

斟酒一般分为徒手斟酒和托盘斟酒两种。

① 徒手斟酒时,服务员左手持服务巾,背于身后,右手持酒瓶的下半部(酒瓶商标朝外),正对宾客,右脚跨前踏在两椅之间,在宾客右边进行斟酒。

② 托盘斟酒时,左手托盘,右手持酒瓶斟酒,注意托盘不可越过宾客的头顶,注意掌握好托盘的重心。服务员站在宾客的右后侧,身体微向前倾,右脚伸入两椅之间,但身体不要紧贴宾客。

无论采用哪种方式斟酒,都要做到动作优雅、细腻,处处体现出对宾客的尊重并注意服务的卫生。

(2) 斟酒量的控制

控制斟酒量的目的是最大限度发挥酒体风格和表示对宾客的敬意。目前,一般控制斟酒量的做法为：①白酒斟八成；②红葡萄酒斟五成,白葡萄酒斟七成,因为这个成数恰好使酒液在杯中的横切面达到最大,这样可以使酒液与空气充分接触,从而充分发挥葡萄酒果香馥郁的魅力；③斟香槟酒时,应将酒瓶用服务巾包好,先向杯中斟倒1/3的酒液,待泡沫退去后,再往杯中续斟至杯的2/3处为宜；④啤酒等含泡沫气泡的酒,斟倒时分两次进行,以泡沫不溢为准,较为标准的啤酒杯上印有酒液和泡沫的分界刻度,以便服务员能更好地掌握斟倒啤酒的成数。

(3) 斟酒顺序

中餐宴会和零点餐厅斟酒服务一般从主宾位置开始,按照顺时针方向依次进行,有时也从年长者或女士开始斟倒；对于大型宴会,一般须提前5分钟左右将宾客的酒斟上。斟倒白酒按先主后宾顺序顺时针方向进行。若是两名服务员同时操作,则一位从主宾开始,另一位从副主宾开始,并按顺时针方向进行。

西餐用酒种类较多,比较高级的西餐宴会一般要用7种左右的酒,菜肴和酒水的搭配必须遵循一定的传统习惯,也就是说,菜肴、酒水和酒杯须相互匹配,并应先斟酒后上菜。西餐宴会斟酒的顺序为：女主宾、女宾、女主人、男主宾、男宾、男主人。

6. 斟酒的注意事项

(1) 斟酒时瓶口不可搭在酒杯口,相距2厘米为宜,防止将杯口碰破或将酒杯碰倒；但也不要将瓶拿得过高,以免酒水溅出杯外。

(2) 服务员要将酒徐徐倒入杯中,当斟至酒量适度时停一下,并旋转瓶身、抬起瓶口,使最后一滴酒随着瓶身的转动均匀地分布在瓶口边沿上,这样便可避免酒水滴洒在台布或宾客身上,也可以在每斟一杯酒后,用左手所持的餐巾把残留在瓶口的酒液擦掉。

(3) 斟酒时,要随时注意瓶内酒量的变化情况,以适当的倾斜度控制酒液流出的速度。瓶内酒量越少,流速越快,酒流速过快容易冲出杯外。

(4) 斟啤酒时,因为泡沫较多,啤酒极易沿杯壁溢出杯外,所以斟啤酒速度要慢些,也可分两次斟或使啤酒沿着杯的内壁流入杯内。

(5) 由于操作不慎而将酒杯碰翻时,应向宾客表示歉意,并立即将酒杯扶起,检查有无破损；如有破损,要立即另换新杯,如无破损,要迅速用一块干净餐巾铺在酒渍上,然后将酒杯放回原处重新斟酒。如果是宾客不慎将酒杯碰破、碰倒,服务员也要这样做。

(6) 在进行交叉服务时,要随时观察每位宾客酒水的饮用情况,当宾客杯中酒水少于1/3时,就应该征询客人的意见,及时续添酒水。

(7) 凡需使用冰桶的酒从冰桶取出酒瓶后,应以一块服务巾包住瓶身,以免瓶外水滴弄脏台布或宾客的衣物；使用酒篮的红葡萄酒的瓶颈下应垫一块布巾或餐巾纸。

(8) 在宴会上,主宾通常都要讲话(祝酒词、答谢词等),讲话结束时,双方都要举杯祝酒。因此,在讲话开始前,服务员要将酒水斟齐,以免祝酒时杯中无酒。

(9) 讲话结束时,负责主桌的服务员要将讲话者的酒水送上供祝酒用。有时讲话者要走下讲台向各桌宾客敬酒,这时要有服务员托着酒瓶跟在讲话者的身后,随时准备为其添续酒水。

(10) 主宾讲话时,服务员要停止一切操作,站在适当的位置(一般站立在边台两侧)。为此,每位服务人员都应事先了解宾主的讲话时间,以便在讲话开始时能将服务操作暂停下来。

(11) 如果使用托盘斟酒,服务员应站在宾客的右后侧,右脚向前,侧身而立,左手托盘,保持平稳;然后略弯身,将托盘中的酒水展示在宾客的眼前,请宾客选择;待宾客选定后,服务员直起上身,将托盘移至宾客身后;托移时,左臂要将托盘向外托送,避免托盘碰到宾客;最后,用右手从托盘上取下宾客所需的酒水进行斟酒。

(12) 捧斟的方法是站在宾客的右侧,一手握瓶、一手将酒杯捧在手中向杯内斟酒,将斟满的酒杯放在宾客的右手处。捧斟适用于非冰镇处理的酒。

四、实训流程

1. 实训任务解析
(1) 教师布置实训任务。
(2) 教师演示斟酒的流程,讲解动作要领及注意事项。
2. 分组实训
(1) 斟酒练习。
(2) 完成实训报告。
3. 考核及总结
(1) 任选两组学生,分别展示酒水的准备、滗酒及斟酒的整个服务过程。
(2) 教师点评考核结果,并对本次实训情况进行总结。
(3) 教师总结斟酒的流程及要求。

任务五　上菜与分菜实训

一、实训目标

1. 了解零点餐厅上菜与分菜的步骤及要求。
2. 了解中餐宴会上菜与分菜的步骤及要求。
3. 了解西餐宴会上菜与分菜的步骤及要求。

二、实训准备

1. 场地准备:能容纳 50 人左右的餐饮实训教室或酒店培训室、多功能室等。
2. 物品准备:工作台、餐桌、餐椅、桌布、托盘、餐巾、分菜叉、分菜勺、餐刀、公筷汤碗、骨碟、餐盘等。

三、实训内容

1. 零点餐厅上菜与分菜
(1) 上菜顺序
如果客人对上菜顺序有要求,则遵从客人的意愿来上菜。如果客人对上菜顺序没有要求,则根据地方习惯或酒店惯例安排上菜顺序。一般的上菜顺序是先上冷菜再上热菜,热菜先上海鲜、名贵菜肴,再上肉类、禽类、汤类、蔬菜类、点心、甜味菜,最后上水果。也有些地方先上冷菜,再上汤羹类,后面才上其他热菜等。

(2) 上菜位置

零点餐厅服务较灵活,服务人员应注意观察,以不打扰宾客为宜,严禁从主人和主宾之间上菜,尽量避开老人和小孩旁边的位置。

(3) 上菜时机

冷菜应尽快送上,以方便客人佐酒。冷菜吃到1/2时上热菜,热菜一道一道上并注意上菜节奏。热菜一般在30分钟内上完,但也可以宾客的需求为准。

(4) 上菜要领

上菜的要领主要有:①上菜前注意核对台号、品名,避免上错菜;②整理台面,为上菜留出摆放空间;③先上调味品,再用双手将菜端上桌,报菜名时应对特色菜或有吉祥寓意的菜作简单介绍,如果是大圆桌上菜,则用转盘将新上的菜转至主人和主宾面前;④餐桌上严禁盘子叠盘子,服务人员应随时观察用餐情况并及时撤去空菜盘,让餐桌保持清洁、美观。

(5) 分菜

零点餐厅上菜时,一些具有完整外观的菜(如整只禽类、水产海鲜类等)、带骨的菜肴、汤羹类或炒饭炒面类等,应在征询客人意见或向客人说明后帮助宾客分派或剔骨,分菜时要求保持原形、分派均匀等。

2. 中餐宴会上菜、分菜

(1) 上菜顺序

宴会上菜应严格按照席面菜单顺序进行,一般也遵循先冷菜后热菜、先高档菜后一般菜、先咸味菜后甜味菜、先荤菜后素菜、先浓味菜后清淡菜、先菜肴后点心水果等原则。

(2) 上菜位置

宴会上菜一般选择在副主人右边进行,这样有利于副主人向客人介绍菜肴的名称和口味;如果有外宾,则在陪同人员和翻译人员之间上菜,以方便翻译向外宾介绍菜肴;严禁从主人与主宾之间上菜。如果用餐人员不分宾主,则在与宴会摆台所认定的主位和副主位连线呈垂直关系的左右两侧位置上菜。

(3) 上菜时机

中餐宴会上菜,一般是在宴会开始前5分钟左右将冷盘摆好,来宾入席并将冷盘吃到剩余1/3~1/2时,开始上热菜。服务人员应注意观察宾客进餐情况,并控制上菜、出菜的节奏。

(4) 分菜方法

分菜是宴会服务中技术性很强的工作,一般有如下四种方法:

叉勺分菜法:① 首先核对菜品,双手将菜肴端至转盘上,示菜并报菜名,然后将菜取下,左手用口布托垫菜盘,右手拿分菜用叉和勺;② 从主宾右侧开始,按顺时针方向绕台进行,动作姿势为左腿在前,上身微前倾,呼吸均匀;③ 分菜时做到一勺准、数量均匀,可以一次性将菜全部分完,但有些地区要求分完后盘中略有剩余。

转台分菜法:① 提前将与宾客人数相等的餐碟有秩序地摆放在转台上,并将分菜用具放在相应位置,核对菜名,双手将菜端上,示菜并报菜名;② 立即用长柄勺、筷子或叉、勺分菜,全部分完后,将分菜用具放在空菜盘里;③ 迅速撤身,取托盘,从主宾右侧开始,按顺时针方向绕台进行,撤前一道菜的餐碟后,从转盘上取菜端给宾客;④ 最后,将空盘和分菜用具一同撤下。

旁桌分菜法:① 在宾客餐桌旁放置一辆服务车或服务桌,准备好干净的餐盘和分菜工具;② 核对菜名,双手将菜端上餐桌,示菜、报菜名并作介绍,将菜取下放在服务车或服务桌上分菜;③ 菜分好后,从主宾右侧开始按顺时针方向将餐盘送上;④ 注意在旁桌上分菜时应面对宾客,以便宾客观赏。

各客分菜法(适用于汤类、羹类、炖品或高档宴会分菜):① 厨房工作人员根据宾客人数在厨房将汤、羹、冷菜或热菜等分成一人一份,服务员从主宾开始,按顺时针方向从宾客右侧将菜送上。

(5) 分菜注意事项

分菜的注意事项主要有以下几点:① 手法卫生,不得将掉在桌上的菜肴拾起再分给宾客,手拿餐碟的边缘,避免污染餐碟;② 动作利索,服务员在保证分菜质量的前提下,以最快的速度完成分菜,分菜时,一叉一勺要干净利索,切不可在分完最后一位宾客的菜时,菜已冰凉;③ 分量均匀,分菜时,服务人员要根据宾客人数将菜大致等份分给每位宾客;④ 需要佐料的菜肴,分菜时要跟上佐料,并略加说明。

3. 中餐特殊菜肴的服务方法

特殊菜肴主要是指需要外加佐料的菜、有包装的菜、铁板类菜肴和温度高的菜肴。

(1) 外加佐料的菜

常见的外加佐料的菜包括烤鸭、油炸菜、清蒸菜等。

上烤鸭前须先上佐料(大葱、甜面酱、面饼、青瓜等),然后上烤鸭皮和鸭肉各一盘,以便宾客将鸭片和葱酱夹在面饼里一起食用。

油炸的菜(如香炸鱼排、炸虾球等)须配番茄酱和花椒盐,上油炸菜时要迅速,时间一长菜易变软。

上清蒸大闸蟹时必须先上姜醋并略加绵白糖,以利祛寒去腥,同时上蟹钳,吃完大闸蟹后要为每位宾客上一杯糖姜茶暖胃,另外备洗手盅和小毛巾,供宾客用完后洗手。

上清蒸水产类菜肴须上姜醋,上菜速度要快,否则菜肴冷却后会有腥味,服务时应先剔去鱼骨,再进行分菜。

(2) 有包装的菜

灯笼虾仁、荷叶粉蒸鸡、纸包猪排、叫花鸡(富贵鸡)等菜是经包装后再烹调的,服务时,先上台让宾客观赏再拿到操作台上或直接在台面上当着宾客的面去掉包装,以方便宾客食用。

(3) 铁板类菜肴

铁板类菜肴种类很多,使用铁板既可以发出响声烘托气氛,又可以保温,但服务时要注意安全。铁板烧的温度要适宜,响油尽量在服务边桌上进行,并告知宾客铁板很烫。

(4) 温度高、易烫口的菜

拔丝苹果、小笼汤包、糖油春卷等都是温度高、易烫口的菜,此类菜肴上桌时温度很高,外表不易看出,应该提醒宾客防止口腔烫伤。拔丝苹果吃时能拉长丝,上菜要迅速并配凉开水,分菜时用公筷将苹果夹起并迅速放入凉开水中浸一下,然后送至宾客盘中,动作要快速、连贯,做到即拔、即上、即浸,并注意拔丝的效果。

4. 西餐的上菜与分菜

(1) 西餐上菜的方式

西餐的上菜方式与中餐是有区别的,它大致有以下几种方式:① 厨师将菜装在一只专用的分菜盘内,由服务员将菜分给客人,分菜时服务员站在客人的左边,用左手托盘,右手用服务叉匙分菜;② 主菜和色拉在厨房里装入盘内,放在垫盘里端出送上;③ 混合式菜肴则由服务员将大盆菜送至餐桌中央,由宾客自行取用。

(2) 西餐上菜的操作位置

西餐上菜时,服务员应该站在来宾的左边,左手托盘,右手拿叉匙分派。西餐上菜的次序是:女主宾、男主宾、主人和一般来宾。

(3) 西餐上菜顺序

西餐一般上菜顺序和方法如下:

第一道上面包。将热的小梭子面包装在小方盘内,盖上清洁的口布,另用小圆盘装上与客数相等的黄油,在开席前5分钟左右派上。黄油放在奶酪盘右上角,面包放在盘子中间,口布盖住面包,黄油刀移到黄油盅上。

第二道上果盘(又称冷盘)或海味杯、水果杯蛋等。

第三道上汤。西餐的汤分清汤和浓汤两种。清汤又分冷清汤和热清汤两种,清汤的盛器是带有两耳的清汤碗,浓汤用汤盘盛装。夏季多用冷清汤,须先进行冷处理,清汤碗除已有的底盘外,还应该再垫上点心盘作垫盘,将清汤匙放在汤碗的底盘内。浓汤须用热盘来盛,可以保持汤的味美。

第四道上副菜。副菜一般称为小盆,具有量轻、容易消化的特点。

第五道上主菜。主菜又称大盆,同时配有几种蔬菜和沙司(酱汁)。此外,还带有沙拉(即凉拌生菜),盛主菜应用大菜盘,盛沙拉应用半月形的生菜专用盘(如果没有生菜盘,可用奶酪盘代替),放在菜盘前面。

第六道上点心。点心的品种很多,吃不同点心用的餐具也不同。如吃热的点心,一般用点心匙和中号叉,吃烩水果一类的应摆上菜匙,吃冰激凌应将专用的冰激凌匙放在底盘内同时端上去。

第七道上奶酪。奶酪又叫芝士,一般由服务员来上。将一只银盘垫上口布,摆上几种干酪和一副中号刀叉,另一盘摆上一些面包或苏打饼干,送到客人左手,任客人自己挑选。客人吃好后,应收去台上所有餐具和酒杯,只留一只水杯,并刷清台面上的面包屑等。

第八道上水果。先放上水果盘、水果刀叉和洗手盅,将事先装好的果盘端上去派送,也可将水果盘作为点缀物事先摆上台,待上水果时仅摆上奶酪盘、洗手盅和水果刀叉即可。

第九道上咖啡。早、中、晚餐的咖啡有不同的定量,一般早餐用大杯、午餐用中杯、晚餐用小杯,晚餐宴会也用小杯。在顾客吃水果时,就可以将小咖啡杯一套(杯和垫盘)放在水杯后面。上咖啡用的盘应垫上口布,装上咖啡壶、牛奶盅、糖盅和糖夹等。咖啡中是否添加牛奶或糖以及需要添加多少量都应征求客人意见,不可随意自放。斟好咖啡后,收下水果盘和洗手盅,将咖啡杯移到客人的面前,接下来就可以为客人上餐后酒了。

由于西餐的菜点标准和要求的不同,菜肴道数有多有少,花色品种也不一样,因此并非每次用餐都需要上这么多道菜,主要还是看用餐的实际场景。

四、实训流程

1. 实训任务解析

(1) 教师布置实训任务。

(2) 教师演示及讲解零点餐厅上菜与分菜的步骤与要求。

(3) 教师演示及讲解中餐宴会上菜与分菜的步骤与要求。

(4) 教师演示及讲解西餐上菜与分菜的步骤与要求。

2. 分组实训

(1) 零点餐厅上菜与分菜练习。

(2) 中餐宴会上菜与分菜练习。

(3) 西餐上菜与分菜练习。

(4) 完成实训报告。

3. 考核及总结

(1) 任选三组学生,分别展示零点餐厅上菜与分菜、中餐宴会上菜与分菜、西餐上菜与分菜的服务过程。

(2) 教师点评考核结果,并对本次实训情况进行总结。

(3) 教师总结不同情境下的上菜与分菜步骤及要求。

任务六 撤换餐具实训

一、实训目标

1. 熟悉中餐撤换餐具的步骤及要求。
2. 熟悉西餐撤换餐具的步骤及要求。

二、实训准备

1. 场地准备:能容纳50人左右的餐饮实训教室、酒店培训室或多功能室等。

2. 物品准备:

(1) 中餐撤换餐具:工作台、餐桌、餐椅、桌布、餐巾、汤碗、骨碟、汤勺、茶杯、水杯、筷架、筷子、烟灰缸、托盘。

(2) 西餐撤换餐具:工作台、餐桌、餐椅、桌布、餐巾、餐盘、餐刀、餐叉、餐匙、汤盘、汤勺、咖啡杯、咖啡碟、咖啡勺、面包盘、牛油罐、调味架、饮料杯、啤酒杯、洗手盅、水果刀叉、黄油刀、黄油盅、白葡萄酒杯、红葡萄酒杯、水杯、公用餐具、盐瓶、胡椒瓶、牙签筒、烛台、花瓶、烟灰缸等。

三、实训内容

1. 中餐餐具撤换

餐具撤换就是将宾客使用完毕的脏餐盘、不再进餐的菜盘以及一切不再使用的餐具从台上撤下,并换上干净的餐具、菜盘。它的作用是卫生、体现接待和菜肴的等级规格。撤换餐具在客人右侧进行,从主宾开始,顺时针方向进行。

(1) 撤换骨碟

撤换时机:客人骨碟中有残渣时,均可更换,根据餐厅档次及客人要求进行。在一般情况下,服务员可视具体情况灵活掌握。但遇到下列情况时应及时更换骨碟:① 吃过冷菜换吃热菜时应更换骨碟;② 吃过有鱼腥味食物,再吃其他类型菜肴时应更换骨碟;③ 上风味特殊、汁芡各异、调味特别的菜肴时应更换骨碟;④ 吃过甜菜、甜汤后更换骨碟;⑤ 骨碟内洒落酒水、饮料或异物时应及时更换;⑥ 碟内骨刺、残渣较多,影响雅观时应及时更换。

撤换方法:从客人右侧,先将盛有残渣的骨碟撤下,再从右侧放上干净骨碟即可;撤换时应注意将用过的和干净的骨碟严格分开,防止交叉污染。严格来说,撤换餐具应该由两名服务员同时进行,一名撤脏盘,另一名送上干净的餐具。如遇宾客前一道菜还没有用完,而新菜又上来了,这时可以在宾客面前先放一干净骨碟,等宾客食用完后再撤下前一道骨碟。更换骨碟应根据菜肴的品种而定,如果是高级宴会应是一菜一碟。

(2) 撤换汤碗、小汤勺

汤碗和小汤勺的撤换时机与骨碟的撤换时机相似,但还有一些不同之处,一般更换时机为:客人用完凉菜后,餐厅准备上热菜之前;上甜点与水果之前;客人吃过汤羹类菜肴之后;上较为名贵的菜肴之前;上风味特殊、汁芡各异、调味特别的菜时。同样,不管哪种情况,服务人员都需要先征询客人的意见,方可为客人更换汤碗和汤匙。

撤换方法:从客人右侧,先撤下用过的汤碗和小汤勺,再从同侧换上干净的汤碗和汤匙。

(3) 撤换酒具

撤换时机:①客人主动提出撤换酒具的要求时;②酒杯或水杯中洒落汤汁、异物时;③在用餐过程中需要为客人提供不同酒水饮料时。

撤换方法:先撤后换,从客人右侧按顺时针方向进行,服务人员操作时要注意避免酒杯相互碰撞,以免发出声响打扰客人。

(4) 撤换菜盘

撤换时机:盘中菜肴已见底或餐桌(转盘)上无法摆放新上的菜肴时。

撤换方法:站在客人的右侧用右手将餐盘撤回并放到托盘中,不能将托盘放在餐桌上收餐具,动作要轻、稳,防止餐具发出声响;注意保持餐桌清洁,撤盘时不拖曳,不当着客人的面刮擦脏物,不能将汤水及菜洒到客人身上;如果客人还要食用餐盘中的菜,应将餐盘留下或征得客人意见后将菜并到另一个餐盘中;撤盘时严禁从宾客头顶越过。上菜和撤盘不能双手交叉进行;撤盘时要为上下一道菜准备条件;撤盘时应将吃剩的菜或汤在客人右边用碗或盘装起来,然后将同品种、同规格的盘按直径由大到小的顺序自下而上摆放整齐。

（5）撤换烟灰缸

撤换时机：宾客使用的烟灰缸中满两个烟蒂就必须为宾客撤换烟灰缸。

撤换方法：在撤换烟灰缸的时候，要注意先把干净的烟灰缸盖在用过的烟灰缸上，并将两个烟灰缸一并撤下，然后再把干净的烟灰缸放在餐桌上，这样可以避免在撤换时烟灰飞扬，有碍卫生。撤换烟灰缸与撤换餐碟、汤碗一样，也需要用托盘进行操作。另外，餐后收台时撤烟灰缸应先做防火安全检查，看是否有未熄灭的烟蒂，如有应及时进行处理。

2. 西餐餐具撤换

（1）撤换时机

通常西餐每吃一道菜即换一副刀叉，刀叉排列从外到里，因此通常在上下一道菜之前来撤换餐具。待宾客食用甜点时，服务员即可将面包盘、牛油罐、胡椒瓶、盐瓶、调味架一并收拾撤下，并撤下桌上除水杯、饮料杯以外的餐具，换上干净的烟灰缸。

撤盘前，要注意观察宾客的刀叉摆法，若刀叉规矩地平行放置于盘上，表示不再吃了；若刀叉呈八字形搭放在餐盘上，说明宾客还将继续食用或在边食用边讲话，不可贸然撤盘。

（2）撤换方法

西餐餐具撤换方法：① 撤盘时，左手托盘，右手操作，先从宾客右侧开始，按顺时针方向依次进行；② 在宾客未离开餐桌前，桌上的酒杯、水杯不能撤去，但啤酒杯、饮料杯可在征求宾客意见后撤去；③ 上甜点水果之前撤下桌上除酒杯以外的餐具（主菜餐具、面包盘、黄油盅、胡椒瓶、盐瓶），换上干净的烟灰缸，摆好甜品叉勺，水果要摆在水果盘里，跟上洗手盅、水果刀叉。

四、实训流程

1. 实训任务解析

（1）教师布置实训任务。

（2）教师演示及讲解中餐撤换餐具的时机及步骤。

（3）教师演示及讲解西餐撤换餐具的时机及步骤。

2. 分组实训

（1）中餐餐具撤换练习。

（2）西餐餐具撤换练习。

（3）完成实训报告。

3. 考核及总结

（1）任选两组学生，分别展示中餐餐具撤换和西餐餐具撤换的服务过程。

（2）教师点评考核结果，并对本次实训情况进行总结。

（3）教师总结餐具撤换的动作要领及注意事项。

实训项目七　酒水服务实训

【案例导入】

　　周末,王先生在喜来登酒店中餐厅预订了商务宴来招待客户,为了搭配菜品,王先生点了一瓶陈年红葡萄酒,准备与客户们一起分享。他交代服务员小李在宴请当天帮他提前一小时将红酒醒好,以便客户们过来后,宴会开始时,红酒就能达到最佳的饮用口感。服务员小李入职才两个月,对酒水并不熟悉,不明白"醒酒"是什么,应该怎么做,他只好向餐厅主管请教。

　　评析:酒店餐厅是比较高端的消费场所,通常需要为客人提供产自世界各地的各类酒水,不同酒水的饮用方法、要求及盛装容器也各不相同,作为一名合格的中餐厅服务员,应该了解酒店餐厅可以供应的酒水种类及饮用方法,这样才能为顾客提供更有针对性的服务。

任务一　葡萄酒品鉴实训

环节一:认识酒杯与酒瓶

一、实训目标

1. 了解葡萄酒瓶的种类。
2. 了解葡萄酒酒标上的基本信息。
3. 学会辨认及选择葡萄酒杯。

二、实训准备

1. 场地准备:能容纳50人左右的酒水实训教室、酒店培训室或多功能室等。
2. 物品准备:瓶装葡萄酒、国际标准化组织(International Standard organization,ISO)标准品酒杯及葡萄酒组杯("波尔多"杯、"勃艮第"杯、白葡萄酒杯、起泡酒杯、桃红葡萄酒杯、甜酒杯)。

三、实训内容

1. 观察并了解葡萄酒瓶的形状与大小

目前,全世界有几十万种不同品牌的葡萄酒,但盛装葡萄酒的玻璃瓶主要有5种。图

7-1 按从左至右的顺序依次为"波尔多"型瓶、"勃艮第"型瓶、德国莱茵型瓶、香槟型瓶、波特酒型瓶。

图 7-1　葡萄酒瓶

从酒瓶的容量来看,较为普遍的是 750 毫升的标准瓶、375 毫升的小瓶。除此以外还有少数容量比较特殊的葡萄酒瓶,如匈牙利的托凯甜葡萄酒使用的就是 500 毫升的酒瓶,这种容量的葡萄酒瓶相对来说比较少见。

2. 了解酒标中的基本信息

葡萄酒的酒标上一般都会标注以下内容:商标、葡萄品种(所占比例)、生产地区、酿造年份、分装年份、葡萄酒名称、酒精度、酒瓶容量、酒的特性、酿造厂名称和地址、分装厂名称和地址等。

3. 杯子的认识与选择

不同类型的葡萄酒有专用适配的酒杯,适当的葡萄酒杯可以使酒水更好地展示。无论是对酒的外观的判断,还是对气味的辨识,使用适当酒杯的效果都比使用不适当的酒杯优越很多,因此也会提高品酒时的准确性。图 7-2 按从左至右依次为 ISO 标准品酒杯、"波尔多"杯、"勃艮第"杯、白葡萄酒杯、起泡酒杯、桃红葡萄酒杯、甜酒杯。

图 7-2　葡萄酒杯

ISO 标准品酒杯于 1974 年由法国设计,它不会突出酒的任何特点,直接展现葡萄酒原有风味,被全世界各个葡萄酒品鉴组织推荐和采用。

四、实训流程

1. **实训任务解析**

(1) 教师布置实训任务。

(2) 利用"视频＋图片＋实物"的方式向学生多角度展示各种葡萄酒瓶、酒标、酒杯,并详细介绍其特点。

2. 分组实训

(1) 观察葡萄酒瓶及酒标。

(2) 葡萄酒杯辨认。

(3) 完成实训报告。

3. 考核及总结

(1) 任选两组学生分别对葡萄酒瓶、葡萄酒杯进行辨识及说明。

(2) 教师点评考核结果,并对本次实训情况进行总结。

(3) 教师总结葡萄酒瓶及酒杯的类型。

环节二：葡萄酒品鉴与服务

一、实训目标

1. 掌握葡萄酒的开瓶步骤。

2. 了解葡萄酒的品鉴方式。

3. 掌握葡萄酒的服务方式。

二、实训准备

1. 场地准备:能容纳50人左右的酒水实训教室、酒店培训室或多功能室等。

2. 物品准备:

(1) 工作台、开瓶器和醒酒器。

(2) 瓶装葡萄酒1套8瓶酒:起泡酒、长相思干白、霞多丽白葡萄酒、利斯桃红葡萄酒、赤霞珠葡萄酒、干红葡萄酒、黑皮诺葡萄酒和西拉子葡萄酒。

(3) ISO标准品酒杯。

三、实训内容

1. 葡萄酒开瓶

(1) 用酒刀沿着葡萄酒瓶瓶口凸起的上沿或者下沿,将瓶口的封套隔开。

(2) 用擦布将瓶口擦拭干净。

(3) 用开瓶器将软木塞拔出。

(4) 闻一下软木塞朝瓶内的一端,看是否有异味,鉴别酒的质量。

红葡萄酒中所含的单宁较高,因此口感较涩,为了让葡萄酒的口感更佳,根据葡萄酒的特点及储存时间,可以提前0.5~2小时对红葡萄酒采取醒酒处理,即预先开瓶,让葡萄酒充分接触空气,通过轻微氧化的方式让葡萄酒更柔顺。其他类型的葡萄酒打开后不经醒酒可直接品鉴。

2. 葡萄酒品鉴

葡萄酒专业品鉴是指通过某些具体步骤用来品尝、评价和鉴别葡萄酒,主要是欣赏和鉴别葡萄酒表达出的主要特色,即通过我们的主官感受品味葡萄酒的各种品质。葡萄酒品鉴与评价方法如下。

(1) 第一步:看

"看"指看葡萄酒的颜色。从葡萄酒的颜色和浓郁程度可以大致猜出葡萄酒的年份、葡萄品种、酒精度、含糖量,甚至葡萄生长时的气候。

判断年份:随着陈年时间的不同,葡萄酒的颜色会发生变化,红葡萄酒越老,颜色越浅;白葡萄酒则相反。

从葡萄酒的颜色和边缘猜葡萄品种:内比奥罗为主的酿酒葡萄酒会呈现出透明的砖红色;梅洛葡萄酒的边缘呈现橙色;马尔贝克葡萄酒通常带有洋红色;来自寒冷地区的西拉葡萄酒的边缘会呈现蓝色。

酒精度和含糖量:酒泪通常可以反映酒精度的高低和含糖量的多少。酒精含量和含糖量高的葡萄酒,酒泪更多、更密、更粗、更长且更持久。

(2) 第二步:闻

"闻"指闻葡萄酒的香气。葡萄酒的香气通常可以反映一款葡萄酒的基本信息,包括品质、品种、是否橡木桶陈年、产区和年龄等。葡萄酒的香气不是人工添加的,不同类型的香气,来源也不相同。葡萄酒的香气分为三大类。

① 一类香气:一类香气主要是指葡萄酒的的果香,这类香气在年轻的葡萄酒中最鲜明,随着年份的增加会逐渐弱化或者转化。很多葡萄品种都有其标志性的香气,例如西拉带有明显的胡椒味,赤霞珠有着突出的黑醋栗味,黑皮诺有着经典的草莓味,琼瑶浆有荔枝味等。

② 二类香气:二类香气出自发酵过程,酵母把糖转化为酒精的过程中,会产生很多香味物质。

③ 三类香气:三类香气指葡萄酒装瓶、陈年后缓慢形成的陈年香气,白葡萄酒可以显现出烘焙、烟熏、蜂蜜、饼干、太妃糖、坚果气味等;陈年的红葡萄酒香气则更多样,可有皮革、烟叶、秋叶、巧克力、咖啡、菌类,甚至还有意大利腊肠气味。

(3) 第三步:尝

"尝"指品尝葡萄酒的味道。

① 甜度:舌尖最能感受残余糖分的存在,葡萄酒的残余含糖量从 0 克每升到几百克每升不等。

② 酸度:酸度在整款葡萄酒中都起着至关重要的作用。酸度高的葡萄酒酒体更加轻盈,酸度还可用来判断葡萄酒是来自冷气候还是暖气候产区以及葡萄酒的陈年潜力。酸度会掩盖甜度,酸度高的葡萄酒尝起来不会那么甜。

③ 单宁:单宁是红葡萄酒中的一个重要元素,单宁与葡萄的风格、是否橡木桶陈年及陈年时间有关。单宁来自两个地方,葡萄和橡木桶,橡木桶单宁尝起来更加柔顺,通常在舌头的中部可以感觉到,而来自葡萄本身的单宁尝起来更粗糙和青涩。

④ 酒精:酒精通常可以反映一款葡萄酒的浓郁度以及酿酒葡萄的成熟度。酒精度数可以影响葡萄酒酒体和质地。葡萄酒的酒精度数一般为 5%~16%,加强葡萄酒一般为 17%~21%。酒精度数与酿酒葡萄的含糖量有着直接的关系。

⑤ 酒体:酒体是葡萄酒的一个关键指标,在一定程度上反映葡萄酒的品种和产区特色。

它是指葡萄酒给口腔带来的一种或轻或重的感觉。葡萄酒的酒体取决于酒精度、残留含糖量、可溶性风味物质(果胶、酚类、蛋白质等)以及酸度。前三种成分的含量越高,葡萄酒的酒体就越重;酸度越高,葡萄酒的酒体就会越轻。

⑥余味:余味有两方面的内容,一方面是指饮下葡萄酒后,口腔中保留的风味,通常使用"胡椒味的""矿物质味的""风味丰富的""甜润的""苦涩的""辛辣的""粗糙的"和"浓郁的"等词汇来形容。另一方面是指风味持续的时间长短。

(4) 第四步:总结

通过观色、闻香、品味,还需要在综合考虑的基础上对葡萄酒的品质、平衡性,葡萄酒的陈年潜力,葡萄品种特性、产区和价格做出总结。这也是品酒中最有价值的信息。

3. 葡萄酒服务

(1) 饮用温度(见表7-1)

表7-1　葡萄酒饮用温度

酒品风格	饮用温度
饱满酒体的白葡萄酒	10～13摄氏度
轻/中酒体的白葡萄酒	7～10摄氏度
甜葡萄酒	7～9摄氏度
起泡酒	3～6摄氏度
中等酒体的红葡萄酒	13～15摄氏度
饱满酒体的红葡萄酒	15～18摄氏度
桃红葡萄酒	6～10摄氏度

(2) 斟酒礼仪

葡萄酒开瓶,检查完瓶塞后,服务员(侍酒者)应给客人斟上约1/5杯的酒,用来检验酒是否合格。如无问题,服务员(侍酒者)便可先为客人上酒,最后为主人上酒。倒酒时只要倒满酒杯的1/4～1/3即可,杯子一般容积为300～550毫升,摇晃时酒与空气的接触面大,能让酒的香味更多地释放出来。香槟酒一般要倒满酒杯的2/3,以便观看酒色和气泡。

(3) 葡萄酒与餐食的搭配原则

红葡萄酒配红肉类食物,包括中餐中加酱、油的食物;白葡萄酒配海鲜及白肉类食物。

(4) 葡萄酒饮用顺序

先喝清淡的,再喝浓郁的;先喝不甜的,再喝甜的;先喝白的,再喝红的;先喝年轻的,再喝成熟的。

四、实训流程

1. 实训任务解析

(1) 教师布置实训任务。

(2) 教师演示葡萄酒开瓶的步骤,讲解标准及注意事项。

(3) 教师演示葡萄酒品鉴过程及各步骤的动作要领、注意事项。

（4）教师演示葡萄酒的服务过程及服务方法。

2. 分组实训

（1）葡萄酒开瓶练习。

（2）葡萄酒品鉴及服务。

（3）完成实训报告。

3. 考核及总结

（1）任选三组学生分别展示葡萄酒开瓶过程、对指定葡萄酒进行品鉴并评价、展示葡萄酒服务过程。

（2）教师点评考核结果，并对本次实训情况进行总结。

（3）教师总结葡萄酒开瓶的操作过程及技术要领、葡萄酒的品鉴流程、葡萄酒的服务方式。

任务二　鸡尾酒实训

环节一：认识基础调酒工具及调酒原料

一、实训目标

1. 熟悉基础的调酒工具。

2. 熟悉调酒所需要的原料。

3. 掌握基础调酒工具的使用方法。

二、实训准备

1. 场地准备：能容纳 50 人左右的酒水实训教室、酒店培训室或多功能室等。

2. 物品准备：

（1）基础调酒工具：酒吧匙、普通摇酒壶（雪克壶）、搅拌杯、量酒器、滤冰器、碾压棒、冰夹、冰桶和冰铲。

（2）鸡尾酒调制原料。

三、实训内容

1. 基础调酒工具及使用方法

（1）酒吧匙

酒吧匙通常由不锈钢制成，一端为匙，另一端为叉，中间部位呈螺旋状，有大、中、小三个型号，通常用于制作分层鸡尾酒以及一些需要用搅拌法制作的鸡尾酒和取放装饰物。

使用酒吧匙时，中指和无名指夹住吧匙的螺旋状部分，用拇指和食指握住吧匙的上部进行搅动。向调酒杯里放入吧匙或取出吧匙的时候，应使吧匙背面朝上；搅拌的时候，应保持吧匙背面朝着调酒杯外侧，以免吧匙碰着冰块。

（2）摇酒壶

常见的摇酒壶主要分为普通摇酒壶和波士顿摇酒壶两种。

普通摇酒壶即标准调酒壶,由壶身、过滤器和壶盖三部分组成,型号有大、中、小三种,主要用于绅士法调制鸡尾酒,因此也称绅士调酒壶。普通摇酒壶的使用方法包括双手使用和单手使用两种。双手使用时右手大拇指按住顶盖,中指和无名指夹住摇酒壶,食指按住壶身,再用左手中指、无名指按住壶底,食指和小拇指夹住摇酒壶,大拇指压住过滤盖。要注意手掌不要和摇酒壶贴得太紧,以免热量传递使冰块融化得太快。单手使用时食指按住壶盖,拇指和其余三指捏住壶身,手心不能触碰壶身,以手臂方向为轴使摇酒壶左右摇动,同时须上下摇动。

波士顿摇酒壶也称为波士顿式对口杯,一般由两个摇酒杯构成,常用的组合是玻璃摇酒杯加不锈钢摇酒杯,使用时两杯对口嵌合就可以了。这种设计便于顾客在调酒表演中直接通过玻璃杯看到酒液混合的过程。波士顿摇酒壶比小、中型绅士调酒壶容量大,且一般只有一种型号,用于花式调制鸡尾酒,因此也称花式调酒壶。

波士顿摇酒壶适合双手使用,上下摇动。

不管使用哪种类型的摇酒壶调酒,当接触摇酒壶的指尖发冷、壶身表面出现白霜时就可以停下来了。

(3) 搅拌杯

搅拌杯一般用于调制混合鸡尾酒,通常由玻璃制成,杯壁较厚,杯身较大,成本较高,较容易破损,但玻璃搅拌杯便于观赏杯中液体的状态。搅拌杯也有用金属材质制成的,冷冻效果更好一些。

(4) 量酒器

量酒器又称吉格杯,通常由不锈钢制成,为窄端相连的两个漏斗形用具,两个用具容量一大一小,虽然相互连接却互不相通。量酒器两头均可使用,有 0.5~1 盎司(1 盎司=29.57 毫升)、1~1.5 盎司和 1.5~2 盎司三种组合,主要为了满足调酒师制做鸡尾酒时准确用料的要求。

使用量酒器时,较为专业的手法是将量杯置于左手中指和食指中间,无名指紧靠中指,手背朝上,用这样的方法拿住量酒器时,调酒师的两手还能做别的动作(取瓶塞、盖瓶盖等),也可以用大拇指和食指捏住两杯中间连接处的方法来量取调酒原料。

(5) 滤冰器

滤冰器由不锈钢制成,器具呈扁平状,上面均匀排列着滤水孔,边缘围有弹簧。它主要用于制作鸡尾酒时截留住冰块,通常与调酒杯配合使用。

(6) 碾压棒

碾压棒也称捣棒,主要用于捣烂水果或其他任何需要破碎后使用的配料,也可以用于捣碎大的冰块。

(7) 冰夹、冰桶和冰铲

冰夹由不锈钢或塑料制成,夹冰部位呈齿状,有利于冰块的夹取。除夹冰块外,冰夹也可用来夹取水果。冰桶由不锈钢或玻璃制成,桶口边缘有两个对称把手,主要用于放冰块、温烫米酒和中国白酒。冰铲由不锈钢或塑料制成,用于盛铲冰块。

2. 鸡尾酒调制原料认知

鸡尾酒的种类款式繁多,调制方法各异,但任何一款鸡尾酒调制时所使用的原料都是基酒、辅料和装饰物。

(1) 基酒

基酒也称酒基,又称鸡尾酒的酒底,是构成鸡尾酒的主体,决定了鸡尾酒的酒品风格和特色。常用的鸡尾酒基酒主要包括各类烈性酒,如金酒、白兰地、伏特加、威士忌、朗姆酒、特基拉酒和中国白酒等。葡萄酒、葡萄汽酒、配制酒等亦可作为鸡尾酒的基酒,无酒精的鸡尾酒则由软饮料调制而成。

(2) 辅料

辅料是鸡尾酒调缓料和调味、调香、调色料的总称。它们能与基酒充分混合,从而降低基酒的酒精含量,缓冲基酒强烈的刺激感。鸡尾酒辅料主要有以下几大类:① 碳酸类饮料,如雪碧、可乐、七喜、苏打水、汤力水、干姜水和苹果西打等;② 果蔬汁,包括各种罐装、瓶装和现榨的各类果蔬汁,如橙汁、柠檬汁、青柠汁和苹果汁等;③ 水,包括凉开水、矿泉水、蒸馏水和纯净水等;④ 提香增味材料,以各类利口酒为主,如蓝色的柑香酒、绿色的薄荷酒、黄色的香草利口酒、白色的奶油酒和咖啡色的甘露酒等;⑤ 其他调配料,包括糖浆、砂糖、鸡蛋、盐、胡椒粉、丁香和肉桂等香草料以及巧克力粉、鲜奶油、牛奶、淡奶、椰浆等;⑥ 冰,根据鸡尾酒的成品标准,调制时常见冰的形态有方冰、棱方冰、圆冰、薄片冰、碎冰和细冰(幼冰)等。

(3) 装饰物

鸡尾酒的装饰物是鸡尾酒的重要组成部分。装饰物的巧妙运用能起到画龙点睛的效果,使一杯平淡单调的鸡尾酒旋即鲜活生动起来。鸡尾酒常用的装饰物有:① 冰块;② 霜状饰物;③ 橘类饰物;④ 杂果饰物;⑤ 花、叶、香草香料饰物;⑥ 人工装饰物。

四、实训流程

1. 实训任务解析

(1) 教师布置实训任务。

(2) 教师演示基础调酒工具的使用方法,讲解动作要领及注意事项。

(3) 教师展示鸡尾酒调制原料,讲解鸡尾酒调制过程中各类原料的作用。

2. 分组实训

(1) 基础调酒工具认知及使用练习。

(2) 鸡尾酒调制原料认知练习。

(3) 完成实训报告。

3. 考核及总结

(1) 任选三组学生分别介绍基础调酒工具的作用、演示调酒工具的使用方法、介绍调酒原料。

(2) 教师点评考核结果,并对本次实训情况进行总结。

(3) 教师总结基础调酒工具的使用方法及动作要领、调制原料的类别及作用。

环节二：鸡尾酒调制

一、实训目标

1. 掌握鸡尾酒的主要调制方法。
2. 了解鸡尾酒调制的计量标准。
3. 掌握经典鸡尾酒的调制配方。

二、实训准备

1. 场地准备：能容纳 50 人左右的酒水实训教室、酒店培训室或多功能室等。
2. 物品准备：
（1）基础调酒工具：酒吧匙、普通摇酒壶（雪克壶）、搅拌杯、搅拌棒、量酒器、滤冰器、碾压棒、冰夹、冰桶、酒杯和冰铲。
（2）鸡尾酒调制原料。

三、实训内容

1. 鸡尾酒的主要调制方法

（1）摇和法

摇和法是调制鸡尾酒最普遍、最简易的方法，具体方法为：将酒类材料及配料、冰块等放入雪克壶内，用劲来回摇动，使其充分混合即可，这样能去除酒的辛辣，使酒温和且入口顺畅。"红粉佳人"就是使用该调酒方法调制的鸡尾酒的典型代表。

摇和法的具体要领如下：① 准备雪克壶、冰夹、冰块等基本器材及原料；② 将材料以量酒器量出正确分量后，倒入打开的雪克壶中；③ 用冰夹夹取冰块，放入雪克壶中；④ 盖好雪克壶后，以右手大拇指抵住上盖，食指及小指夹住雪克壶，中指及无名指支持雪克壶；⑤ 左手无名指、中指托住雪克壶底部，食指及小指夹住雪克壶，大拇指压住过滤盖；⑥ 双手握紧雪克壶，手背抬高至肩膀，再用手腕来回甩动。摇荡时速度要快，来回甩动约 10 次，再以水平方式前后来回摇动约 10 次即可。

（2）搅和法

搅和法是将材料倒入搅拌杯中，用酒吧匙充分搅拌的一种调酒法，常用于调制烈性加味酒。"干马天尼"就是使用该调酒方法调制的鸡尾酒的典型代表。

搅和法的要领如下：① 准备好搅拌杯、酒吧匙、量酒器、滤冰器、酒杯等基本器材；② 用量酒器量取正确分量的材料后，倒入搅拌杯中；③ 用冰夹夹取冰块，放入搅拌杯中；④ 用酒吧匙在搅拌杯中前后来回搅三次，再顺时针转两圈、逆时针转两圈即可；⑤ 移开酒吧匙后，在搅拌杯上放置滤冰器，将混合酒液滤去冰块后，倒入酒杯内。

（3）兑和法

兑和法是把材料直接注入酒杯的一种鸡尾酒调制法，其做法非常简单，只要将材料分量控制好，初学者也可以做得很好。"自由古巴"就是使用该调酒方法调制的鸡尾酒的典型代表。

兑和法的要领如下：① 准备好鸡尾酒杯、量杯、冰块、冰夹等基本器材；② 将基酒以量杯量出正确分量后,倒入鸡尾酒杯中;③ 用冰夹取冰块,放入调酒杯中;④ 最后倒入其他配料至满杯即可。

(4) 分层法

分层法,也称漂浮法,是直接将配料依次倒入酒杯中的一种调酒法,配料的密度不同,因此能够看到鸡尾酒有渐变色、分层的感觉。大多数情况下,用分层法调制的鸡尾酒都会配有一根搅拌棒,顾客可以自由选择是按层次品尝还是将其搅匀后再品尝。"彩虹"就是采用该调酒方法制成的鸡尾酒的典型代表。

分层法的要领如下:① 准备好鸡尾酒杯、量杯、冰块、冰夹等基本原料及器材;② 将基酒以量杯量出正确分量后,按密度从大到小的顺序依次倒入鸡尾酒杯中;③ 分层法通常需要搅拌棒或者酒吧匙作为辅助工具,要将辅助工具紧贴杯壁,动作轻柔缓慢地将原料导流到鸡尾酒杯中。

2. 鸡尾酒调酒的计量

在鸡尾酒调制的配方中,会提到一些计量单位,下述内容为这些计量单位与常见计量单位之间的换算关系。

1美液盎司约等于29毫升;

1茶匙(吧匙)等于1/8美液盎司[1 tsp(bsp)＝1/8 oz];

1餐匙等于3/8美液盎司(1 tbsp＝3/8 oz);

1吉格等于1.5美液盎司(1 jigger＝1.5 oz);

1美液品脱等于16美液盎司(1 pint＝16 oz);

1美液夸脱等于32美液盎司(1 quart＝32 oz);

1滴约等于0.1～0.2毫升(1 drop≈0.1～0.2 mL);

1点大约为3～6滴(1 dash≈0.6 mL)。

3. 几款经典鸡尾酒的调制

(1) 红粉佳人

材料:金酒1盎司,君度酒0.5盎司,红石榴糖浆0.5盎司,鸡蛋清0.5个,柠檬汁0.75盎司。

制法:摇和法

载杯:鸡尾酒杯

装饰物:红樱桃挂杯

特色:色泽艳丽、美味芬芳,酒度为中等,属酸甜类的餐前短饮,深受女性喜欢。

(2) 干马天尼

材料:金酒1.5盎司,干味美思1.5盎司。

制法:搅和法

载杯:鸡尾酒杯

装饰物:牙签、盐水橄榄

酒语:这是传统的标准鸡尾酒,它强调烈酒和味美思的比例,号称"鸡尾酒之王"。比例可从1∶1到6∶1不等。该款酒酒精度高,属餐前饮品,有开胃、提神之效。

(3) 自由古巴

材料：朗姆酒 1 盎司，可乐八成满。

制法：兑和法

载杯：柯林杯

装饰物：柠檬 1/4（切成块状）

特色：该款鸡尾酒味道浓厚，解渴开胃。

(4) 彩虹

材料：红石榴糖浆 1/7 盎司，绿薄荷酒 1/7 盎司，白可可酒 1/7 盎司，蓝橙利口酒 1/7 盎司，君度酒 1/7 盎司，白兰地 1/7 盎司。

制法：分层法

载杯：子弹杯

装饰物：无

特色：该款鸡尾酒是利用利口酒间的比重差异制作而成的，调制时最需注意的一点是，同一种利口酒或烈酒会因制造商的不同而酒精度数或浓缩度不同，只要能掌握各种酒的比重数据，就能调出各种漂亮的彩虹酒。

四、实训流程

1. 实训任务解析

(1) 教师布置实训任务。

(2) 教师演示鸡尾酒调制方法，讲解动作要领及注意事项。

(3) 教师介绍四款经典鸡尾酒的调制配方，演示调制方法及注意事项。

2. 分组实训

(1) 鸡尾酒调制方法认知及练习。

(2) 经典鸡尾酒调制练习。

(3) 完成实训报告。

3. 考核及总结

(1) 任选四组学生，分别展示本组鸡尾酒调制作品，介绍所使用的调制方法和动作要领。

(2) 教师点评考核结果，并对本次实训情况进行总结。

(3) 教师总结鸡尾酒主要调制方法及动作要领、经典鸡尾酒的调制配方及特色。

任务三　茶及茶艺实训

环节一：茶的基础知识

一、实训目标

1. 掌握我国的六大茶叶类别。

2. 熟悉茶叶的外观及茶汤特征。

二、实训准备

1. 场地准备：能容纳 50 人左右的茶艺实训教室、酒店培训室或多功能室等。

2. 物品准备：

（1）干评台、湿评台、样茶盘、烧水壶、审评杯、审评碗、叶底盘、粗天平、计时器、网匙、茶匙、汤杯和吐茶桶。

（2）龙井茶、黄山毛峰、滇晒青、滇蒸青、滇红工夫、祁门红茶、铁观音、大红袍、白牡丹、蒙顶黄芽、普洱熟茶（散茶）和普洱生茶等。

三、实训内容

1. 我国六大茶类的特征

（1）绿茶

绿茶总体来说滋味鲜爽、清汤绿叶。因工艺不同，绿茶分为炒青、蒸青、烘青和杀青绿茶。绿茶的工艺为采摘后直接杀青、揉捻、干燥，杀青是核心工艺。成品茶外观为翠绿或嫩绿色泽，条索紧致，滋味清新自然，鲜爽是绿茶的核心特征。绿茶的代表茶品有西湖龙井、信阳毛尖、洞庭碧螺春、黄山毛峰、恩施玉露和都匀毛尖。

（2）黄茶

黄茶总体来说鲜醇回甘、黄汤黄叶。黄茶的制作工艺与绿茶相似，但制茶过程中多了一道"闷黄"工序，即在杀青后与烘焙间经由包裹、覆盖或闷堆手法，使茶叶与茶汤的颜色呈微黄色泽，滋味也更甘甜醇柔。黄茶的核心特征为黄汤黄叶，因此很容易区分。黄茶的代表茶品为君山银针、霍山黄芽、蒙顶黄芽和平阳黄汤。

（3）白茶

白茶总体来说滋味甜爽、色泽灰绿。白茶是鲜叶采摘下来后，只在低温环境中进行长时间萎凋，不经任何炒青或揉捻动作，直接干燥而成的轻发酵茶。白茶外形带有细致的茸毛，肥壮匀整，滋味淡雅甜爽，非常独特，汤色以杏黄、橙黄为主。白茶带有毫香、花香和果香等，而老茶有枣香、陈香和药香等。白茶的代表茶品为白牡丹、贡眉、寿眉和白毫银针。

（4）青茶

青茶又名乌龙茶，香气高扬、韵味明显。青茶是介于绿茶与红茶之间的半发酵茶，属性平和。青茶制作工艺之多样与复杂在各茶类中稳居第一，因而滋味也最变化多端，兼容绿茶的青绿新爽与红茶的醇厚甘美，带有花香、果香、岩韵和观音韵等丰富纷呈的香气和韵律。青茶色泽较为复杂，如铁观音为砂绿、大红袍为宝石、凤凰单丛为黄褐色，条索紧致。青茶汤色以橙黄、橙红为主，也有金黄等色泽。青茶的代表茶品为安溪铁观音、凤凰单丛、水仙、肉桂、大红袍、漳平水仙和冻顶乌龙。

（5）红茶

红茶总体来说温润甜纯、清爽鲜活。红茶的发酵程度比较高，因此其香气比较温和，滋味更加清甜。制作红茶时不经杀青，而是直接萎凋、揉捻和完整发酵，使茶叶中所含的茶多酚氧化成为茶红素，形成红茶所特有的红色茶叶、红色茶汤。当然，并非所有红茶都是红汤红叶,如金骏眉是金、黄、黑三色相间,汤色金黄,而正山小种外观为乌黑油润,汤色橙黄。红茶的代表茶品为滇红、祁门红、川红、宜红、正山小种和金骏眉。

(6) 黑茶

黑茶色泽黑褐、条索粗老,汤色红黄或红褐色。黑茶是后发酵茶,制作时是在杀青、揉捻和晒干后,再经过堆积陈放甚至渥堆等再次发酵。相比于其他茶类,黑茶的选料比较粗老,且部分还含有茶梗,因此黑茶的滋味更醇厚一些。黑茶的条索呈现紧结,或为散茶,或为砖茶,或为饼茶,总之还是很好区分的。黑茶的代表茶品有安化黑茶(茯砖茶、花砖茶、黑砖茶)、湖北老青砖、泾阳茯茶和雅安藏茶。

2. 茶叶的干评与湿评

(1) 干评

茶叶的干评就是干茶评审,主要评的是外观。干评的要素如下:① 条索(形状),各类茶叶在生产过程中都会形成一定的外形规格,每种茶都有其外形特点,条索是区别茶叶种类和等级的依据;一般来说,长条形茶评比要素有松紧、弯直、壮瘦、圆扁、轻重,圆形茶评比要素有颗粒的松紧、匀正、轻重、空实,扁形茶看平整光滑程度和是否符合规格等。② 整碎,就是茶叶条索的完整程度,以完整,少断碎为佳。③ 净度,主要看茶叶中混入夹杂物的多少,净度好的茶,不含任何夹杂物。④ 色泽,反映的是茶叶表面的颜色,不同种类的茶对色泽要求也不同,如红茶乌黑油润、绿茶翠绿、乌龙茶青褐色、黑茶褐色油润等,但是无论何种茶类,好茶均要求色泽一致,光泽明亮,油润鲜活。

(2) 湿评

湿评主要是对茶汤进行评审,包含要素如下:① 汤色,茶汤所反映出来的色泽,即茶叶中内含物质溶解在水中所呈现的颜色,主要看色度、亮度和清浊度三个方面;② 香气,指茶叶冲泡后随水蒸气挥发出来的气味,由于不同茶叶的品种、产地、季节、加工方法等均有差异,不同茶所形成的香气也不同;③ 滋味,是茶汤在口中的味觉体验,以浓淡、强弱、鲜滞、爽涩、苦甜及纯异评定优次;④ 叶底,就是茶叶冲泡后剩下的茶渣,是要看它的色泽及老嫩程度,叶底是衡量茶叶加工工艺得当与否及鲜叶质量优次的指标之一。

四、实训流程

1. 实训任务解析

(1) 教师布置实训任务。

(2) 教师展示并讲解六大茶类相关知识。

(3) 教师讲解并示范茶叶品鉴的要领及注意事项。

2. 分组实训

(1) 干茶品评。

(2) 湿茶品评。

(3) 完成实训报告。

3. 考核及总结

(1) 任选两组学生,分别展示本组茶叶干评和湿评的结论。

(2) 教师点评考核结果,并对本次实训情况进行总结。

(3) 教师总结我国六大茶类的知识及茶叶品评的要求。

环节二：泡茶的基本技法

一、实训目标

1. 熟悉泡茶用水、投茶量、茶具的要求。
2. 掌握泡茶的基本技法。

二、实训准备

1. 场地准备：能容纳 50 人左右的茶艺实训教室、酒店培训室或多功能室等。
2. 物品准备：
(1) 茶艺桌、椅子、茶巾、茶叶罐、茶匙组合、茶壶、茶盅、玻璃杯、盖碗、品茗杯、闻香杯等。
(2) 绿茶、红茶、乌龙茶适量。

三、实训内容

1. 泡茶用水

(1) 水的分类

宜茶用水可分为天水、地水和工水三大类。具体如下：① 天水，包括雨、雪、霜、露、雹等。古人认为雨、雪、霜、露、雹是灵水，视雨水、雪水为"天泉"，中国古代早就用雨水、雪水煎茶，古代的工业不发达，大气没有受到污染，雨水、雪水很洁净，用雨水、雪水煎茶，平添几分浪漫与高雅。② 地水，包括泉水、溪水、河水、江水、湖水、池塘水、井水等。在地水类中，最受人们钟爱的是泉水，但由于各种泉水的含盐量及硬度有较大差异，也并不是所有的泉水都适合做泡茶用水。③ 工水是指再加工水，包括自来水、纯净水、矿泉水、活性水、净化水等。其中，自来水含有较多的氯，气味比较重，因此最好静置两天后再煮开泡茶，而矿泉水等含矿物质较多，硬水泡茶效果不好。

(2) 水的温度

泡茶时水的适当温度取决于茶叶的老嫩程度和茶的类型。一般嫩茶水温要稍低，老茶则水温要高。泡细嫩的名优绿茶水温要较低，例如冲泡洞庭碧螺春、西湖龙井等，如果用沸腾的开水冲泡，会烫熟茶芽，使茶叶熟汤失味，茶叶中的维生素等对人体有益的营养成分遭到破坏，从而使茶的清香和鲜爽味降低，叶底泛黄。如果用 75～85 摄氏度的开水冲泡，可使茶汤清澈明亮，香气纯而不钝，滋味鲜而不熟，使人获得精神上和物质上的享受。而冲泡乌龙茶、红茶、普洱茶等则要求水温要高，一般要用 95～100 摄氏度的沸水。如乌龙茶以天然花香而闻名，但由于采摘的鲜叶比较成熟，因此在冲泡中除用沸腾的开水冲泡外，还须用沸水淋壶，其目的是提高温度，使茶香充分发挥出来。

2. 投茶量

茶叶用量根据茶具和茶叶等级的不同而有所区别，一般而言，细嫩的茶叶用量要多，较粗老的茶叶用量可少一些。普通的红茶、绿茶、花茶、黄茶、白茶等，一般每杯投入干茶 2～3 克，第一泡可冲开水 100～150 毫升，茶水比例约为 1∶50。乌龙茶习惯浓饮，注重品味和闻香，故要汤少味浓，投茶量以茶叶与茶壶的比例来确定，通常茶叶体积占茶壶体积的 1/2～2/3。

普洱茶多采用壶泡,通常用5～7.5克的干茶投入壶中,冲入沸水150毫升左右,茶水比例为1∶20～1∶30。

3. 泡茶器具

(1) 备水器具

凡为泡茶而储水、烧水,即与清水(泡茶用水)接触的用具均列为备水器具。目前的备水器具主要有储水缸、净水器、煮水器和开水壶等。

(2) 泡茶器具

凡在茶事活动过程中与茶叶、茶汤直接接触的器物,均列为泡茶器具。它包括:① 泡茶容器,如茶壶、茶杯、盖碗、冲泡盅(即飘逸杯)等,专用于冲泡茶叶,茶杯、盖碗既可用于冲泡,也可用来品茶,常常是泡品合一的器具;② 茶荷、茶碟,用来放置已量定的备泡茶叶,兼可放置观赏用样茶以方便观赏茶叶;③ 茶则,用来舀取茶叶,衡量茶叶用量,确保投茶量准确,并可用于观赏茶叶;④ 茶叶罐,用来贮存泡茶需用的茶叶;⑤ 茶匙,用来拨取茶叶,兼有置茶入壶的功能。

(3) 品茶器具

盛放茶汤并方便品饮的用具,均列为品茶器具,具体如下:① 茶海(公道杯、茶盅),贮放茶汤,并有均匀茶汤的作用;② 品茗杯,用来品饮茶汤的杯子,玻璃杯、盖碗等泡品合一的器皿也属于品茶器具;③ 闻香杯,主要用于嗅闻茶汤及杯底留香。

(4) 辅助器具

辅助器具是指方便煮水、备茶、泡饮及清洁用的器具,主要包括茶匙组合(茶则、茶针、茶匙、茶夹、漏斗组合起来装在一个特制的竹或木制的箸匙筒中,以方便取用)、奉茶盘、壶盘、茶盘、茶巾、水盂、汤滤、承托、茶拂、茶刀和茶叉等。

4. 泡茶的基本技法

(1) 取样置茶

取样置茶的基本步骤如下:① 用茶则舀取样茶罐中的茶叶放入茶荷中或将样茶罐中的茶叶用茶匙拨入茶荷中,取样量已够时,用匙背面上挑,将样罐边缘的茶拨回罐中,左手将样罐竖起,右手将茶则或茶匙插入箸匙筒中,盖好茶罐复位;② 双手托拿茶荷进行赏茶(右手在前,左手在后);③ 若用茶杯冲泡,则左手拿茶荷,右手用茶匙将茶荷中的茶叶分成每杯的用茶量,用茶匙将茶叶拨入茶杯中;④ 若用茶壶冲泡,用茶匙将茶荷中的茶叶拨入壶中,注意将粗大的茶叶拨入壶嘴一侧,细小的茶叶拨入壶把一侧。

(2) 投茶

投茶的手法如下:① 上投法,先将开水斟入杯中至7分满,再将茶叶投入杯中;② 中投法,先斟1/3杯的水再投茶,或先投茶再冲1/3杯的水,润茶3分钟后,再将水加到7分满;③ 下投法,先将茶投入杯中,再一次性冲水至7分满。

(3) 冲泡

冲泡茶叶时的主要手法如下:① 高冲法,一般是托提壶或握提壶高冲,如果是单手回转低斟高冲法则回转低斟然后高冲;② 回旋斟水法,单手或双手提壶均可,先从器具右侧冲入水,水从壶把处冲入,右手逆时针方向转动手腕,使水从右前左后打圈冲入;③ 凤凰三点头冲泡法,单手或双手提壶均可,三上三下冲水,水流粗细均匀不间断。

(4) 奉茶

奉茶的步骤如下:① 正面奉茶,双手端起茶杯,收至自己胸前,从胸前将茶杯端至客人面前桌面,轻轻放下,或双手端杯递送到客人手中,伸出右掌,手指自然合拢示意"请"或微笑点头示意;② 左侧奉茶,用双手端起茶杯,收至自己胸前,再用左手端茶放在左侧客人面前,同时右手掌轻托左前臂,然后左手伸掌示意"请"或微笑点头示意;③ 右侧奉茶,双手端起茶杯收至自己胸前,再用右手端茶放在右侧客人面前,同时左手掌轻托右前臂,然后伸右手掌示意"请"或微笑点头示意。

(5) 品茗

品茗的手法如下:① 玻璃杯品茗法。双手捧起茶杯,收至自己胸前,然后右手拿杯的中下部,左手手指轻托杯底,闻香、观赏汤色、小口品啜。② 盖碗品茗法。右手端住杯托右侧,左手托住底部,端起茶碗,用右手拇指、食指、中指捏住盖掀开盖,持盖至鼻前闻香,然后左手端碗、右手持盖向外撇茶三次以观汤色,最后右手将盖侧斜放碗口,双手将碗端至嘴前,右手转动手腕,嘴与虎口正对啜饮。③ 闻香杯与品茗杯品茗法。左手扶住茶托,右手拿起品茗杯反扣在盛有茶水的闻香杯上;右手用食指、中指反夹闻香杯,拇指抵在品茗杯杯底上,手心向上;内旋右手手腕,使手心向下,拇指托住品茗杯,左手端住品茗杯,然后双手将品茗杯连同闻香杯一起放在茶托右侧。

四、实训流程

1. 实训任务解析

(1) 教师布置实训任务。

(2) 教师讲解泡茶用水的知识,展示投茶用量及泡茶时所需要使用的各种器具的外观及用法。

(3) 教师讲解并示范茶叶冲泡基本技法与步骤,并强调各步骤的动作要领和注意事项。

2. 分组实训

(1) 茶具认知实训。

(2) 茶叶冲泡技法练习。

(3) 完成实训报告。

3. 考核及总结

(1) 任选两组学生,一组讲解各类茶具的特点及用法,一组展示茶叶冲泡的基本技法。

(2) 教师点评考核结果,并对本次实训情况进行总结。

(3) 教师总结泡茶用水、投茶量、茶具等知识及泡茶的基本技法。

任务四　咖啡实训

环节一：咖啡器具认知

一、实训目标

1. 了解各种咖啡器具。
2. 熟悉咖啡器具的结构、操作要领。

二、实训准备

1. 场地准备：能容纳 50 人左右的酒水实训教室、酒店培训室或多功能室等。
2. 物品准备：

（1）半自动咖啡机、全自动咖啡机、压粉器、手摇磨豆机、电动磨豆机、牛奶壶、奶泡器、拉花钢杯、宫廷细口壶和咖啡杯。

（2）烘焙咖啡豆。

三、实训内容

1. 咖啡机

咖啡机主要分为手动咖啡机和自动咖啡机，后者根据自动化的程度又可以分为半自动咖啡机和全自动咖啡机，商用咖啡机基本都是自动咖啡机。

（1）半自动咖啡机

半自动咖啡机使用按钮或操作杆就能启动或停止咖啡制作过程。开启时水泵连续将水抽上来并穿过咖啡粉，直到操作者将按钮关掉。比起手动咖啡机，这种咖啡机的优势在于整个制作过程中水压是恒定的，也不需要更多的手动过程，在操作时对操作者技术要求较高。

（2）全自动咖啡机

这种咖啡机能磨粉、填充咖啡和制作咖啡，完全免除了手工操作，有的机型甚至还能热牛奶，并把它按比例分配到咖啡里。全自动咖啡机是整个咖啡机行业里发展最快的，但是它们的维护也需要更多的专业技术与服务。

2. 压粉器

压粉器主要用来压实咖啡粉，一般在煮咖啡时使用。压粉器总体可分为平面型与圆弧面型两种，平面型压粉器的滤网与滤杯应搭配平面型的咖啡填压器，圆弧面型压粉器的滤网与滤杯应搭配圆弧面型的咖啡填压器。

3. 磨豆机

（1）手摇磨豆机

此款磨豆机的特点是磨豆快速、粗细均匀、可调节粗细。操作方法是把咖啡豆放在上端的容器里，轻轻摇动手柄，研磨出的咖啡粉就会掉入下面的抽屉。

（2）小电动磨豆机

一般是指手掌般大的电动磨豆机，140克的豆子只需磨10～15秒即成粉状，由于所磨成的咖啡粉气味会随着时间的流逝而慢慢消失，所以尽量在制作和饮用咖啡前现研磨适量的咖啡豆。

（3）电动磨豆机

一般为直筒形的浓缩咖啡器，容量多为半磅（1磅＝0.4536千克），可自动调节粗细、转速，属于专业咖啡研磨工具，研磨的咖啡粉粗细能达到专业水准。

4. 其他常用咖啡器具

（1）牛奶壶

这是制作奶泡的专用壶，在壶中加入牛奶后可用蒸汽喷嘴制成奶泡，采用的材料一般是不锈钢或耐热玻璃。

（2）奶泡器

这是一种用于手动打奶泡的工具，通常由两部分组成。它的使用方法是往杯里倒入鲜牛奶后拉动把柄把空气压下，即可制作出细小的奶泡，通常需要刮掉粗奶泡。

（3）拉花钢杯

拉花钢杯通常用于花式咖啡制作，一般有两种分类方法：①根据嘴型分为尖嘴型与圆嘴型两种，尖嘴形可画细线条图形，圆嘴形可画对称式图形；②按沟槽形式可分长沟型和短沟型，沟槽越长汇集牛奶的作用越好，画图时越容易控制，沟槽短的拉花钢杯在刮奶泡时使用效果较好。

（4）宫廷细口壶

宫廷细口壶又称尖嘴壶，这种器具一般用于手冲咖啡制作，用细口壶的目的是让水均匀而缓慢地冲向咖啡粉，如果壶嘴过大会让咖啡粉接触过多的热水而产生多余的苦味。

（5）咖啡杯

咖啡杯按容量分可以分为小型咖啡杯、一般咖啡杯及专用牛奶咖啡杯。100毫升以下的小型咖啡杯多用来盛装浓烈滚烫的意式或单品咖啡；200毫升左右的一般咖啡杯，是最常见的咖啡杯，清淡的美式咖啡多选用这样的杯子，有足够的空间用来自行调配，如添加牛奶和糖，一般咖啡杯通常也用于喝牛奶比例比较高的咖啡，如拿铁咖啡；300毫升以上的一般是马克杯或法式欧蕾专用牛奶咖啡杯，适合用来喝加了大量牛奶的咖啡，像拿铁、美式摩卡等。

四、实训流程

1. **实训任务解析**

（1）教师布置实训任务。

（2）教师展示和讲解制作咖啡时使用的各种设备和器具，以及使用这些设备和器具时的注意事项。

2. **分组实训**

（1）咖啡器具认知实训。

（2）咖啡机、压粉器、磨豆机使用练习。

(3) 完成实训报告。

3. 考核及总结

(1) 任选两组学生,一组讲解主要的咖啡器具的特点及用法,一组展示咖啡机、压粉器及磨豆机的使用方法。

(2) 教师点评考核结果,并对本次实训情况进行总结。

(3) 教师总结咖啡器具的结构及操作要领。

环节二:咖啡冲调实训

一、实训目标

1. 了解咖啡豆研磨的粗细度。
2. 掌握咖啡的滤纸式冲泡法和虹吸式冲煮法。

二、实训准备

1. 场地准备:能容纳50人左右的酒水实训教室、酒店培训室或多功能室等。

2. 物品准备:

(1) 滤纸式冲泡法:咖啡杯、咖啡匙、尖嘴壶、过滤器、滤杯、滤纸、量匙、透明玻璃壶、磨豆机。

(2) 虹吸式冲煮法:虹吸壶、酒精灯或瓦斯灯、过滤器、过滤片、大咖啡杯、咖啡匙、量匙、计时器、搅拌棒、量勺、咖啡盘、糖包、磨豆机、竹片。

(3) 烘焙咖啡豆。

三、实训内容

1. 咖啡豆研磨

(1) 土耳其式研磨

土耳其式研磨是研磨度最高的一种研磨方法,采用该方法研磨出的咖啡粉最细。该方法主要用于土耳其式咖啡的冲煮,采用土耳其式研磨出的咖啡粉能够将咖啡豆中的苦味充分散发出来,因而冲煮的咖啡会有非常浓郁的苦味。

(2) 浓缩咖啡式研磨

浓缩咖啡式研磨又称极细研磨,其精细度仅次于土耳其式研磨,主要用于意式咖啡机冲煮和意式特浓咖啡的冲煮。

(3) 细研磨

细研磨后的咖啡豆接近粉状,适合一些萃取过程比较快的咖啡冲煮器具,如摩卡壶、爱乐压等。另外,采用冰滴式制作方法时咖啡的萃取速度比热水冲泡要慢得多,因此也应该采用细研磨方式。

(4) 中研磨

经中研磨后的咖啡颗粒粗细度类似白砂糖,适用于一些萃取时间相对较长的咖啡冲煮器具,如滴滤杯、虹吸壶和法压壶。

(5) 粗研磨

经过粗研磨后的咖啡颗粒较大,适合冲煮的器具是法压壶和美式滴滤。

2. 咖啡冲调

（1）滤纸式冲泡法

滤纸式冲泡法也被称作"手冲滴滤法"，是最简单的咖啡冲制方法。一般选择烘焙程度较深的咖啡豆磨成粉状，用5分钟左右的时间即可冲泡出咖啡里所含的成分，过滤器和滤纸可依照所冲的咖啡分量，选用大小不同的尺寸。

滤纸式冲泡法一次需要咖啡豆15克左右（此为一人分量，多份则在此基础上叠加），热水约200毫升，研磨程度为中度。具体步骤为：①将滤纸边缘向外折好，正确地放入滤杯中，在滤杯下放置咖啡杯（如一次冲泡多人份咖啡，则放置分享壶），然后用细嘴壶倒入热水淋湿滤纸，主要是为了去除纸浆味及温杯，该冲水步骤也可视情况省去；②用咖啡粉量匙将咖啡粉按人数（单孔式滤杯一般每人份约10～15克咖啡粉）倒入过滤纸中，再把咖啡粉表面拨平，或轻轻拍打滤杯使咖啡粉表面平坦密实；③将95～100摄氏度的开水倒入尖嘴壶中，提壶让热水缓缓注入咖啡粉中心，按顺时针方向画圆，此刻咖啡粉表面会膨胀，保持这种"闷蒸"状态30秒左右；④第二次用细嘴壶垂直注入热水，顺时针缓缓打圈，让热水淋透70%左右的咖啡粉表面；⑤第三次注水时，将热水倒满滤纸，使咖啡粉的表面凹陷下去，待咖啡差不多滴漏完毕后取掉滤杯即可；⑥三次注水每次注入的水量应该相差不大，尽量避免"前多后少"或"前少后多"的情况，动作要缓慢但也要避免因拖延时间而导致热水温度下降，影响所萃取咖啡的风味。

（2）虹吸式冲煮法

虹吸式咖啡壶又称塞风壶，因为它利用的是蒸汽压力的原理，所以又叫蒸汽式咖啡壶。虹吸式冲煮法是最常见的咖啡制作方法，主要适用于单品咖啡，特点是可看到咖啡豆冲成咖啡的全部过程，操作时着重工序。

虹吸式冲煮法一般按照单人份15克咖啡粉配180～200毫升水量的方式（粉水比约1∶12～13）来冲煮，咖啡粉的研磨程度为中度，按这个比例萃取出来的咖啡口味较重，如果口味偏淡一些的可以适当增加一些水量。具体步骤为：①检查虹吸壶的上壶、下壶、过滤片是否完好；②用布将虹吸壶上壶、下壶外部的水珠擦干，以防加热过程中玻璃炸裂，咖啡杯加入热水或者放在温杯器上进行温杯；③将过滤片正确地安装在上壶底部正中位置，垂直向下拉过滤片的金属钩，使其牢固地勾住上壶下方玻璃管的下沿；按虹吸壶下壶上的刻度来加水，点燃酒精灯或瓦斯炉并放置于下壶的正下方，可用大火让水迅速升温；④将下壶中的水烧至沸腾后将瓦斯炉调成中火（如使用酒精灯可不用调节），将上壶垂直插入下壶中，等下壶的水通过玻璃管升入上壶中，保持10～15秒，待水温稳定后将磨好的咖啡粉倒入虹吸壶上壶，用竹片将咖啡粉与水搅拌均匀直至充分混合；⑤经过30秒后，将竹片插入咖啡的2/3处进行第二次搅拌，除蓝山咖啡、夏威夷咖啡可纳加热45～50秒后关火外，其他咖啡均应加热60秒后关火；⑥最后一次搅拌咖啡，朝向同一个方向搅拌6～8圈即可完成萃取；⑦待所有咖啡液流至下壶中后，将下壶内的压力释放，再将上壶摇晃取下，将咖啡倒入预热的咖啡杯中（八分满）。

四、实训流程

1. 实训任务解析

（1）教师布置实训任务。

(2) 教师讲解咖啡豆研磨粗细度的要求。

(3) 教师演示咖啡滤纸式冲泡法和虹吸式冲煮法,讲解这两种冲调方法的注意事项。

2. 分组实训

(1) 咖啡豆研磨实训。

(2) 咖啡滤纸式冲泡法和虹吸式冲煮法练习。

(3) 完成实训报告。

3. 考核及总结

(1) 任选三组学生,一组讲解并展示将咖啡豆研磨至不同程度的研磨方法,一组展示咖啡滤纸式冲泡法,一组展示咖啡虹吸式冲煮法。

(2) 教师点评考核结果,并对本次实训情况进行总结。

(3) 教师总结咖啡豆的研磨知识、基本冲调方法及注意事项。

环节三:意式咖啡制作实训

一、实训目标

1. 掌握使用浓缩咖啡机制作意式咖啡的方法。

2. 掌握使用摩卡咖啡壶制作意式咖啡的方法。

二、实训准备

1. 场地准备:能容纳50人左右的酒水实训教室、酒店培训室或多功能室等。

2. 物品准备:

(1) 浓缩咖啡机制作法:意式咖啡机、压粉器、电动磨豆机。

(2) 摩卡壶制作法:摩卡壶、滤纸或滤布、电动磨豆机、电磁炉或瓦斯炉、酒精灯。

(3) 深度烘焙咖啡豆。

三、实训内容

1. 浓缩咖啡机制作法

浓缩咖啡机起源于意大利,采用高压、快速的冲煮方式,只需20多秒的时间,就可以将细磨、重度烘焙的咖啡粉调制成一杯香浓可口的意式浓咖啡,并充分使咖啡豆中的油质、胶质乳化出来,在杯面上形成独特的深黄色。搭配所附的蒸汽管,还可以打出奶泡,做出像拉花、卡布奇诺的意大利花式咖啡。

(1) 操作步骤

使用浓缩咖啡机制作意式咖啡的操作步骤为:① 准备合适的意式咖啡杯,用热水温杯,或将杯子反扣在咖啡机的温杯区,热的咖啡杯能更好地保持咖啡的风味;② 将适量咖啡豆放入电动磨豆机,将研磨刻度调至细磨,咖啡粉磨好后,装入已提前清洁好的咖啡机手柄中;③ 用压粉器将咖啡粉压实,使咖啡粉分布均匀平整,确保咖啡液的萃取能达到较为稳定的状态;④ 清洁咖啡机手柄、粉碗四周和边缘的咖啡粉后,将咖啡机手柄牢牢地扣入浓缩咖啡机的冲煮头,再将已温好的咖啡杯放置在咖啡机手柄的出水处正下方;⑤ 按下咖啡的制作键,25~30秒后即可完成萃取;⑥ 将咖啡机手柄取下,倒掉粉碗中的咖啡渣,及时清洁咖机的冲煮头及手柄的粉碗,要注意避免烫伤。

(2) 注意事项

使用浓缩咖啡机制作意式咖啡的注意事项如下:① 将咖啡粉水平填实才能保证意式浓缩咖啡的均匀萃取,所以务必使用与咖啡机手柄粉碗内径相符的平面型压粉器,填压时可施加合适的垂直均匀力量,还可以边敲边压让粉末密度更高;② 单杯咖啡所需的咖啡粉量大约为 7 克,过多、过少都可能会影响咖啡的风味;③ 萃取时间不能超过 30 秒,温度尽量不超过 90 摄氏度;④ 通常不使用单一咖啡豆,而是使用由阿拉比卡咖啡豆和罗布斯塔咖啡豆混合而成的综合豆,且咖啡豆的烘焙程度以深度为佳。

2. 摩卡壶制作法

摩卡壶与意大利咖啡机都属于利用高压蒸汽萃取咖啡的器具,由于其使用较为方便,是意大利的传统咖啡器具。摩卡壶的壶体有 3 层,下壶装冷水,中间滤网放咖啡粉,咖啡萃取好后会通过滤网的金属管喷涌到上壶。

(1) 操作步骤

使用摩卡壶制作意式咖啡的操作步骤主要为:① 将水注入下壶中,水位高度不要超过出水孔,以免加热后滚烫的蒸汽由此喷出;② 将咖啡粉装入滤网中,约八成满,轻敲几下滤网使咖啡粉变得均匀密实,再将滤网填满,并清洁滤网边缘多余的咖啡粉;③ 把装满咖啡粉的滤网放入下壶,再将上壶和下壶锁紧,不要留任何空隙;④ 将锁好的摩卡壶放在热源上加热,如果是明火,注意火焰不要超出壶底;⑤ 加热过程中会听到蒸汽上升与水滚的声音,可以打开上壶盖观看咖啡的萃取过程,大约 2 分钟后看到咖啡液涌出就可转为小火,保持水温稳定才能均匀地萃取咖啡;⑥ 在上壶中看到涌出泡沫或者听见气泡破裂的声音,或者等到蒸汽不再冒出时,就表示咖啡已经煮好了,将煮好的咖啡搅拌均匀后再倒入意式咖啡杯中。

(2) 注意事项

使用摩卡壶制作意式咖啡的注意事项如下:① 注意壶身容量,若水平面高过出水孔,就该分次冲煮,以免水沸腾后喷出;② 适用的咖啡粉颗粒只比浓缩咖啡机粗一些,一般将盛器填实即可,若喜欢浓些,可以用压粉器轻压咖啡粉直到填满为止;③ 上下壶锁紧,放在瓦斯炉或电磁炉上煮,咖啡开始上升时就该将炉火转小,这样咖啡才不会有焦味;④ 当蒸汽孔不再冒出蒸汽时,就表示冲煮完成,若用摩卡壶来冲煮浅烘焙或中烘焙单品咖啡豆,可延后约 1 分钟取出。

四、实训流程

1. 实训任务解析

(1) 教师布置实训任务。

(2) 教师演示采用浓缩咖啡机和摩卡壶制作意式咖啡的步骤及方法,并讲解相应的注意事项。

2. 分组实训

(1) 采用浓缩咖啡机制作意式咖啡练习。

(2) 采用摩卡壶制作意式咖啡练习。

(3) 完成实训报告。

3. 考核及总结

(1) 任选两组学生,一组展示使用浓缩咖啡机制作意式咖啡,一组展示使用摩卡壶制作意式咖啡。

(2) 教师点评考核结果,并对本次实训情况进行总结。

(3) 教师总结意式咖啡的两种常规制作方法及注意事项。

任务五 水果拼盘制作实训

一、实训目标

1. 了解制作水果拼盘的常用刀法。
2. 熟悉水果拼盘的制作步骤。
3. 掌握两款水果拼盘的制作方法。

二、实训准备

1. 场地准备:能容纳50人左右的餐饮实训教室、酒店培训室或多功能室等。

2. 物品准备:

(1) 水果刀、牙签、果盘。

(2) 水果若干。

三、实训内容

1. 制作水果拼盘的刀法

(1) 基本刀法

① 打皮:是用小刀削去原料的外表皮,一般指不能食用的部分。大部分水果洗净后皮可食用,就不用打皮。有些水果去皮后暴露在空气中会迅速发生色泽变褐或变红的情况,因此去皮后应迅速浸入柠檬水中护色。② 横刀:是指切水果时按与原料生长的自然纹路相垂直的方向施刀,可切块、切片。③ 纵刀:是指切水果时按与原料生长的自然纹路相同的方向施刀,可切块、切片。④ 斜刀:是指按与原料生长的自然纹路成某一夹角的方向施刀,可切块、切片。⑤ 剥:是指用刀将不能食用的部分剥开,如剥去橘子、橙子的外皮。⑥ 锯齿:用刀身较窄的小水果刀在原料上每直刀一刀接着就斜刀一刀,两对刀口的方向成一夹角,刀口成对相交,刀口相交处分开后而呈锯齿形。⑦ 勺挖:是指把水果挖成球状,多用于瓜类。

(2) 注意事项

加工水果时,无论采用何种刀法,水果的厚薄、大小以能被直接食用为宜,另外加工的原料应明显可辨。出品时应做到现做现出品。拼盘造型尽量迅速,防止营养、水分流失,尤其要保证水果的整洁卫生,同时配置相应的食用工具。

(3) 加工各类水果常用刀法

根据水果类别的不同,所使用的刀法也有所区别。① 柑橘类。柑橘体型较大,表皮厚而易剥,可以进行表皮造型,即将表皮与果肉进行分离,然后将表皮切角打花。柠檬和甜橙的用途基本一样,一般带皮使用,由于其果肉与表皮不易剥离,大多数是加工成薄形圆片或半圆,用叠、摆、串等方法制成花边。② 瓜类。西瓜和哈密瓜的肉质丰满,有一定的韧性,可加工成球形、三角形、长方形等几何形状,另外利用瓜类表皮与肉质色泽相异、有鲜明对比度这一特点,可将瓜的肉瓤掏空,在外表皮上刻出线条,将整个瓜体制成果盘的主体。③ 樱桃荔枝类。这一类水果较小,颜色艳丽,果肉软嫩含汁多,多用于装饰或点缀。

2. 水果拼盘的制作步骤

(1) 选料

从水果的色泽、形状、口味、营养价值、外观完美度等方面对水果进行选择。选择的几种水果组合在一起,搭配应协调。最重要的一点是水果本身应是熟的、新鲜的、卫生的。同时,注意制作拼盘的水果不能太熟,否则会影响加工和摆放效果。

(2) 构思

制作水果拼盘的目的是使不同的水果在形状、色彩等方面艺术性地组合成一个整体,以色彩和美观取胜,从而刺激客人的感官,增进其食欲。水果拼盘虽不如冷拼和食品雕刻那样复杂,但也不能随便应付,制作前应充分考虑宴会的主题,并为其命名。

(3) 色彩搭配

水果颜色的搭配一般有"对比色"搭配、"相近色"搭配和"多色"搭配三种。红配绿、黑配白是标准的对比色搭配;红、黄、橙搭配是相近色搭配;红、绿、紫、黑、白搭配是丰富的多色搭配。

(4) 艺术造型与器皿选择

可根据选定水果的色彩和形状进一步确定整盘的造型。整盘水果的造型要用器皿来辅助,不同的艺术造型要选择不同形状、规格的器皿。如长形的水果造型便不能选择圆盘来盛放。另外,还要考虑盘边的水果花边装饰应符合整体美并能衬托主体造型。至于器皿质地的选择,一方面可根据酒店或其他餐饮服务企业的档次,另一方面可根据果盘的价格来确定,酒吧常用的果盘为陶瓷制品、玻璃制品,高档些的有水晶制品、金银制品等。

3. 两款常见水果拼盘的制作

(1) 螃蟹水果拼盘

用具:水果刀、砧板、牙签

材料:红苹果、熟黑豆

制作步骤:① 将苹果纵切成三等份,一个半弧形做螃蟹的身体,另一个半弧形做蟹脚,中间有果核的做螯。② 将要做蟹螯的部分中心的果核切除,剩余两边近似半圆形的苹果块;将其中一块从直边的那一端削去一小片使其呈八字形,使直边变成对称的弯八字边,再用水果刀在弯八字边苹果块的任意一头切出小V形做螯,另一块苹果也按照上述步骤处理。③ 将要做蟹脚的半弧型苹果块果皮面朝上放置于砧板上,先垂直对切呈两块;将其中一块从较小的边开始垂直切成四片,并按照从大到小、从下至上的顺序逐步叠放在果盘靠左侧的位置,作为螃蟹身体左侧的脚;另一块苹果也按照这个方法处理,做螃蟹身体右侧的脚。④ 蟹脚摆放好后,放上作为身体的另一块半弧形苹果片,果皮部分朝上,将蟹螯向内对称摆放在蟹身的上方,再将插了牙签的黑豆插在蟹身合适的位置作为眼睛。

由于苹果容易氧化而变成褐色,因此切开后要先浸泡在柠檬汁或者淡盐水中,以免影响果盘出品的色泽。

(2) 什锦果盘

用具:水果刀、砧板、牙签

材料:木瓜、西瓜、哈密瓜、芒果、火龙果、菠萝、樱桃、蓝莓

制作步骤:① 处理木瓜。将木瓜洗净后用小刀先浅浅地画出锯齿状,再将小刀按画好的齿痕插入瓜中,完整地划一圈后掰开,切去木瓜的根部,摆放平稳;将半个木瓜的瓤肉掏空后放入洗净的樱桃和蓝莓,摆放在果盘的中间靠上的位置。② 处理西瓜。将西瓜外皮洗净后纵向对半剖开,再改切成适当大小的三角形块状,然后切去3/4瓜瓤,再去除瓜瓤下的白色部分后将瓜皮放在盐水中浸泡数分钟,使瓜皮更柔软、更好造型;将泡好的瓜皮部分从中间对半切开,两边分别划出等距离的印痕,切好看的关键是要距离相等,刀口要切得深一些但不能切断,将切好的瓜皮分别朝不同的方向弯曲,用牙签固定在剩余的1/4瓜瓤上,摆出造型,并以蓝莓作为点缀,摆放在木瓜碗的右上边。③ 处理哈密瓜。将瓜洗净后纵向对半剖开,再改切成适当大小的长条块状;取一块哈密瓜,用水果刀贴着果皮横切,将大部分果肉、果皮分离,留一部分果肉在果皮上,最后在瓜皮表面刻出花纹并弯曲摆出造型,放置在木瓜碗的左上方。④ 处理芒果。先把芒果洗干净然后立着放在案板上,即让果核与案板呈垂直状,然后以果核为中心,在果核右边切一刀,芒果被分为两部分,按照同样的切法在果核的左边切一刀,芒果被分为三部分,取芒果左右两边果肉,在果肉上划格子,但是注意不要切到皮,把划好格子的芒果拿在手上,手指抵住芒果皮往上顶,将芒果翻成一朵花的样子,摆放在木瓜碗的正下方。⑤ 处理菠萝。将菠萝顺长轴均匀切成四份,取一份用小刀贴着靠皮的地方分离皮和肉,再将分离下来的菠萝去硬芯,切成均匀的片后呈直线码放在芒果花的左边。⑥ 处理火龙果。将火龙果洗净后纵向切成均匀的四瓣,取四分之一瓣用刀小心将果肉和皮分离开后切成等距离的片状,用牙签交错码放在芒果花的右边。

四、实训流程

1. 实训任务解析

(1) 教师布置实训任务。

(2) 教师演示制作水果拼盘采用的刀法及注意事项。

(3) 教师演示两款水果拼盘的制作过程及动作要领。

2. 分组实训

(1) 水果制作刀法练习。

(2) 水果拼盘制作练习。

(3) 完成实训报告。

3. 考核及总结

(1) 任选两组学生,分别展示两款水果拼盘制作的成果。

(2) 教师点评考核结果,并对本次实训情况进行总结。

(3) 教师总结水果切制刀法、水果拼盘制作方法、常见果盘的创作思维及制作要领。

实训项目八　康乐服务实训

【案例导入】

某酒店的常客王总带着一群朋友来到酒店的KTV包厢娱乐。开机后不久,客人便向服务员反映音响效果不佳。经过服务人员的专业调试,音响效果得到了客人的认可。随后,康乐部经理迅速向客人表达了诚挚的歉意,并赠送了一份精美的果盘以示歉意,同时嘱咐包厢服务员要时刻关注客人的需求,并竭诚为客人提供优质服务。

评析:为了确保KTV服务的顺畅进行,员工在营业前应全面检查并准备好各项服务设备,确保其始终处于最佳状态,以提供良好的音响效果。此外,酒店康乐部门也应在营业前仔细检查并准备好所有服务器皿、服务用具以及消耗品等,从而确保客人能够享受到满意的服务体验,预防投诉事件的发生。

任务一　健身运动项目服务

环节一:健身房服务

一、实训目标

1. 掌握健身活动服务工作规范和服务程序,能够为客人提供优质的接待服务。
2. 了解健身房主要设施、器械的使用方法,能够为客人进行示范并讲解注意事项。
3. 了解爱护和保养健身运动器械及设备、设施的方法,能够及时发觉运动器械及设备、设施运转时的非正常情形,并采取相应的措施。
4. 掌握及时有效地处理健身房内发生意外事故的方法。

二、实训准备

1. 场地准备:高星级酒店健身房或专业健身房。
2. 物品准备:踏步登山机、登山机、跑步机、健身自行车、划船器、托盘、抹布、服务巾、记号笔、圆珠笔、登记表、酒水订单簿、拖把、浴巾、毛巾、急救箱、氧气袋、护腕、护膝、滑石粉、磅秤等。

三、实训内容

1. 健身活动服务工作规范和服务程序

（1）营业前准备工作

① 打卡签到，整理好自己的仪容仪表，按时参加班前会议，接受领导检查，明确工作任务。

② 做好清洁整理工作，做到地面、柜台、更衣柜、休息桌椅等处洁净无杂物。

③ 进行物品检查与准备：将各种表格、单据和文具等物品预备齐全，按类在规定的位置摆放整齐；确保营业时间、客人须知、价格表等置于明显位置；确保钟表时刻核对准确；将营业时的客用毛巾、浴巾、短裤等预备齐全。

④ 检查所有服务设备与设施，确保设备与设施齐全并且运转正常。

（2）迎接服务工作

① 营业前10分钟按标准服务姿势站立于规定位置，当客人到来时主动热情地问候客人，引领客人至服务台办理健身活动的登记手续，见图8-1和图8-2。

图8-1 等候迎接客人

（图片由长沙建鸿达JW万豪酒店提供）

② 征询客人的具体需求，开出单据，引领客人交款，询问客人有无其他要求，按客人要求进行服务。

③ 为客人指示更衣间的位置，引领客人进入健身场地，并主动向客人介绍各种健身器具的性能及效用。

（3）健身服务

① 客人选择好健身器具后，主动为客人对健身器具进行调试，检查计量单位是否准确。

② 为客人准确、及时地提供健身指导，讲解明确，动作规范。

图 8-2　健身房前台

（图片由长沙建鸿达 JW 万豪酒店提供）

③ 对初次来健身房的客人或在常客遇到新型的健身器具时提供示范，同时向客人讲明使用须知。

④ 在客人进行健身活动的过程中，设法做些安全保护措施，以防意外事故的发生。

⑤ 依照客人需要为客人提供辅助服务，如为竞赛的客人记分、排名次。

⑥ 在客人运动的间歇期间，及时向客人提供面巾和酒水饮料服务。

（4）交接班及营业后的终止工作

① 交接班时，准确填写交接班记录并签字，在交接班记录中应将交接情形记录清晰，并对特殊事项进行重点备注，不能因交接不清而出现工作纷乱情形。

② 接班服务员上岗后对环境卫生做简单的整理及清洁并迅速进入工作角色，不让客人产生服务断档的感受。

③ 营业终止时，服务员将营业用品整理归位，将客人使用过的布草类用品点清数量送交洗衣房，清理健身房现场，将各种运动器械清洁整理归位，将当日营业单据核对并统一交健身房主管，并认真填写交接班记录，关闭健身房电源，锁门下班。

2. 健身房主要器械及使用方法

健身房主要器械及使用方法见表 8-1。健身房的主要设施见图 8-3 和图 8-4。

表 8-1　健身房器械及使用方法

器械	使用规则与程序	注意事项
踏步登山机	站姿→按开始键→输入自身体重→选择登山程序→设定目标频率→开始锻炼	① 身体保持直立； ② 膝盖弯曲不超过90度； ③ 膝盖保持弹性； ④ 保持对身体的控制； ⑤ 踏板时脚和板面完全接触
登山机	站姿→按开始键→输入自身体重→选择锻炼项目→设定目标强度→选择锻炼时间→开始锻炼	① 身体保持直立； ② 膝盖弯曲不超过90度； ③ 膝盖保持弹性； ④ 保持身体平衡； ⑤ 踩踏时脚部不必完全着地
跑步机	站姿→按开始键→输入自身体重→选择程序→设定目标频率→开始锻炼	① 先开动机器,后站在皮带轮上； ② 双手扶手杆,当达到所需频率时,再将双手离开； ③ 双脚的频率应与皮带轮的转速一致； ④ 双脚正确接触轮面,保持身体平衡； ⑤ 双臂自然摆动
划船机	坐姿→选择时间→选择距离→开始锻炼	① 坐姿,绑好脚带,握紧把手； ② 双臂伸直,两腿弯曲,上身重心稍前倾； ③ 划船时,两腿用力蹬直,身体重心后移同时用力,将把手拉至胸前
健身自行机	坐姿→开始蹬车→开始键→选择时间→选择强度→开始锻炼	① 先快速蹬车再按下开始键； ② 坐高的正确与否以膝盖近似伸直为准； ③ 身体保持正直,双臂支持在把上； ④ 蹬踏频率与目标频率一致

图 8-3　健身房

（图片由长沙建鸿达JW万豪酒店提供）

图 8-4 健身房

(图片由长沙建鸿达 JW 万豪酒店提供)

四、实训流程

1. 实训任务解析

(1) 教师布置实训任务。

(2) 教师讲解健身房服务工作规范和服务程序,包括营业前预备工作、迎接服务工作、健身服务、交接班及营业后的终止工作。

(3) 教师或健身房教练讲解健身房主要设施、器械的使用方法与注意事项,以及维护和保养健身运动器械及设备设施的方法。

(4) 教师或健身房教练讲解及时有效地处理健身房内发生意外事故的方法。

2. 分组实训

(1) 模拟演练健身房服务整套流程。

(2) 练习使用健身房各种设施、器械,模拟演练为客人准确、及时地提供健身指导工作。

(3) 模拟演练健身房内发生意外事故的处理流程。

(4) 完成实训报告。

3. 考核及总结

(1) 教师设定健身房服务流程、设备使用与事故处理等不同的服务场景,根据教师设定的场景对每组同学分别进行考核。

(2) 教师点评考核结果,并对本次实训情况进行总结。

(3) 教师总结健身房服务流程、服务规范与注意事项。

环节二：球类项目服务

一、实训目标

1. 掌握网球场服务工作的程序及要求。
2. 掌握保龄球馆服务工作的程序及要求。
3. 掌握台球厅服务工作的程序及要求。
4. 掌握及时有效地处理网球场、保龄球馆、台球厅发生意外事故的方法。

二、实训准备

1. 场地准备：高星级酒店或专业网球场、保龄球馆、台球厅。
2. 物品准备：网球场、保龄球馆和台球厅相应的球具、滑石粉、巧克、托盘、抹布、服务巾、圆珠笔、记分表、酒水订单簿、冰桶、冰夹、拖把、浴巾、毛巾、急救箱等。

三、实训内容

1. 网球场服务工作程序及要求

（1）营业前预备工作

① 打卡签到，整理好自己的仪容仪表，按时参加班前会议，接受领导检查，明确工作任务。

② 做好清洁整理工作，做到地面、柜台、更衣柜、休息桌椅等处洁净无杂物。

③ 进行物品检查与准备：将各种表格、单据和文具等物品预备齐全，按类在规定的位置摆放整齐；确保营业时间、客人须知、价格表等置于明显位置；确保钟表时刻核对准确；将营业时的客用毛巾、浴巾、短裤等预备齐全。

④ 将气温、湿度及日照情况写在公告栏上，如是室内网球场还应向客人公布室内温度和湿度。

（2）迎接服务工作

① 营业前10分钟按标准服务姿势站立在规定位置上。

② 客人到来时要主动、热情地问候客人，引领客人至服务台办理网球运动登记手续，主动协助客人选择网球拍和网球，引领客人进入网球场地。

（3）网球服务工作

① 为初学的客人做网球运动示范，为需要陪练的客人提供陪练服务，对客人杰出的击球报以掌声鼓舞。

② 客人需要时为进行竞赛的客人担当裁判工作。

③ 在客人运动的间歇，及时向客人提供面巾和酒水饮料服务。

（4）终止收尾工作

① 客人运动终止时，检查客用设备是否完好。

② 依据标准迅速为客人办理结账手续，礼貌地向客人道别，并欢迎客人下次光临。

③ 营业终止时，认真填写交接班记录，清理网球场，将各种运动器械归类入库保管，关闭网球场电源并锁门。

2. 保龄球馆服务工作程序及要求

(1) 营业前的预备工作

① 打卡签到,整理好自己的仪容仪表,按时参加班前会议,接受领导检查,明确工作任务。

② 做好清洁整理工作,包括发球区、球道、置瓶区、回球机、球沟、客人休息座椅、记分台、球架、公用鞋、公用球、场地地面、换衣间、吧台等。将各种表格及必需品预备齐全,并摆放在规定的位置。

③ 将公用鞋按尺码大小排列整齐,并填写数量表。

(2) 保龄球服务工作

① 营业前10分钟按标准服务姿势站立在规定位置,礼貌地问候每一位来消费的客人。

② 向客人售票,提示客人保龄球馆售票采取计时收费和按局收费两种形式,收取押金,提醒客人换上保龄球专用鞋。

③ 为客人开机,使保龄球机处于正常运转状态。打开电子记分器,为客人进行分数统计。

④ 提醒客人依据自身体重选择保龄球(一般球重为使用者体重的1/10)。提醒客人在取拿保龄球前,用手蘸一下松香粉或滑石粉,以防止保龄球从手中滑落。提醒客人不要进入球道,以免出现意外或阻碍他人打球。

⑤ 正确辅导初学者,使客人把握打球要领和正确的姿势;提醒客人能够发球的时刻。

⑥ 当客人打出好球时,鼓掌表示祝贺。

⑦ 打球过程中如遇机器故障,请客人稍候,立刻同修理人员联系,尽快排除故障。

⑧ 当客人所购局数已满时,电子记分器将自动关闭。如客人欲连续打球,请客人到服务台购票开机。

(3) 终止收尾工作

① 客人打球终止后,提醒客人穿好外衣,拿好随身物品。

② 结账后,提醒客人将球鞋交还服务台。向客人指示洗手间的方位,方便他们清洗手上松香粉或滑石粉。礼貌地与客人道别,并欢迎客人下次光临。

③ 迅速将球道清理洁净,擦拭保龄球机,除去污渍与汗渍。

④ 将保龄球在球架上码放整齐,为下一批客人的使用做好预备工作。

3. 台球厅服务工作程序及要求

(1) 营业前的预备工作

① 打卡签到,整理好自己的仪容仪表,按时参加班前会议,接受领导检查,明确工作任务。

② 做好清洁整理工作,做到地面、台球案、休息桌椅等处洁净无杂物。

③ 将台球案罩布折叠整齐,放在规定的位置上,检查台球及辅助用品是否齐全。

(2) 迎接工作

① 营业前10分钟按标准服务姿势站立在规定位置,礼貌地问候每一位前来的客人,引领客人至服务台。

② 服务台人员为客人做好登记,并收取押金。如果是团体客人,台面安排尽量隔着球台,以免相互干扰。

③ 将客人引领至相应的球台。

(3) 台球服务工作

① 打开球台照明灯,按照客人的要求,码放好台球,摆好台面。将球杆和记分板为客人预备好。

② 如果客人是初学者,要认真、耐心、细致地向客人讲解台球的规范并做好示范。

③ 服务过程中勤于巡视,维护好场内的秩序。

④ 主动征询客人需要何种饮品,做好推销工作。

(4) 终止收尾工作

① 客人消费终止时,清点台球,擦拭台面,收好球杆,并将球台照明灯关闭。

② 请客人到服务台结账,收银员唱收唱付。

四、实训流程

1. 实训任务解析

(1) 教师布置实训任务。

(2) 教师讲解网球场、保龄球馆和台球厅服务工作程序及要求,教师或教练示范网球、保龄球、台球的打法及基本要领。

(3) 教师或教练讲解及时有效地处理网球场、保龄球馆和台球厅发生意外事故的方法。

2. 分组实训

(1) 模拟演练网球场、保龄球馆和台球厅服务整套流程。

(2) 练习网球、保龄球和台球的打法,模拟演练为客人准确、及时地提供相关指导的场景。

(3) 模拟演练网球场、保龄球馆和台球厅内发生意外事故的处理流程。

(4) 完成实训报告。

3. 考核及总结

(1) 教师设定网球场、保龄球馆和台球厅服务流程与事故处理等不同的服务场景,根据教师设定的场景对每组同学分别进行考核。

(2) 教师点评考核结果,并对本次实训情况进行总结。

(3) 教师总结网球场、保龄球馆和台球厅服务流程、服务规范与注意事项。

任务二 游泳项目服务

一、实训目标

1. 掌握游泳池服务工作的程序及要求。

2. 掌握及时有效地处理游泳池发生意外事故的方法。

二、实训准备

1. 场地准备:高星级酒店游泳池或专业游泳池。

2. 物品准备：托盘、抹布、服务巾、记号笔、圆珠笔、登记表、酒水订单簿、拖把、浴巾、毛巾、2倍于池宽的长绳和长竿救生钩、专用救生器材和救生圈等。

三、实训内容

1. 营业前的预备工作

(1) 打卡签到，整理好自己的仪容仪表，按时参加班前会议，接受领导检查，明确工作任务。

(2) 进行物品检查与准备：将各种表格、单据和用具等物品预备齐全，按类在规定的位置摆放整齐；确保营业时间、客人须知、价格表等置于明显位置；确保钟表时间核对准确。

(3) 检查更衣柜、救生器材和所有服务设备、设施是否齐全，运转是否正常。

2. 清洁消毒

(1) 清洁游泳池水面，对水底进行吸尘处理，对水质进行化验，并根据化验结果适量投药使游泳池达到净化标准。游泳池的净化标准是：pH值为 6.5~8.5，含氯 0.6 毫克/升左右，室内游泳池水温控制在大池 28 摄氏度左右，儿童池 30 摄氏度左右。

(2) 冲洗、刷清泳池和脚水池，并放清水，加适量药，使其达到标准。

(3) 清洁水池周围的环境和设施，冲洗地面，擦净门窗，整理绿化和盆景，擦净客用的躺椅、桌子、茶几和拖鞋、拖鞋架等设施和用具，并进行溶液消毒。

(4) 清洁更衣室和淋浴室，擦清地面和四壁，擦净更衣箱、洁具、喷淋器、镜面、洗盆和椅子，并进行常规消毒，补齐手纸、香皂、护肤品等各种规定的客用供应品。

(5) 营业时间时刻做好循环放水工作，视水质情况定期换水，经常检查池水清洁度，除去水中浮物和沉淀物，及时冲洗地面，更换脚水池并对其进行消毒，检查更衣室和淋浴室的卫生，将使用过的拖鞋进行清洁消毒处理。

图 8-5 游泳池

(图片由长沙建鸿达 JW 万豪酒店提供)

图 8-6 游泳池休息区

(图片由长沙建鸿达 JW 万豪酒店提供)

3. 游泳服务工作

(1) 礼貌问候客人,将购票须知摆放在服务台显眼位置,便于客人依据自身优待条件购票消费,告知客人每场的时间限制。

(2) 将更衣柜的钥匙交于客人,并为客人指示更衣间的位置,主动为客人提供拖鞋和浴巾,提醒客人将更衣柜锁好,以免物品丢失。

(3) 提醒客人下水前做简单运动并用冷水淋浴,以增强躯体的适应能力,提醒客人由强制喷淋通道和消毒浸脚池进入游泳池。

(4) 提醒带有小孩的客人注意照看好自己的小孩,随时注意游泳池内的客人,对老年人、儿童和妇女的游泳情形要格外注意。

(5) 依照客人需要,及时向客人提供软饮料和休闲小食品服务,注意要开单并使用托盘送上。提供饮料服务时严禁使用玻璃和陶瓷器皿。

(6) 及时擦干台面和地面的水迹,以免客人意外滑倒。

4. 清场及收尾工作

(1) 客人终止游泳时,检查更衣柜,查看有无客人的遗留物品,提醒客人交还更衣柜钥匙。将更衣间内客人使用过的布巾类物品及时送饭店洗衣房进行洗涤。

(2) 游泳池开放完毕后及时进行清场,确保安全。

(3) 及时清理更衣柜和更衣间内杂物和垃圾,使用自来水对地面和客人冲凉间进行冲洗,清除异味,并喷洒消毒液进行消毒。

(4) 再次检查游泳池,确认没有客人后再关灯锁门。

四、实训流程

1. 实训任务解析

(1) 教师布置实训任务。

(2) 教师讲解游泳服务工作的程序、要求以及注意事项。

(3) 教师或教练讲解及时有效地处理游泳池发生意外事故的方法。

2. 分组实训

(1) 模拟演练游泳服务整套流程。

(2) 模拟演练为客人准确、及时地提供相关指导工作的流程。

(3) 模拟演练提供游泳服务时发生意外事故的处理流程。

(4) 完成实训报告。

3. 考核及总结

(1) 教师设定游泳服务流程与不同的服务场景,根据教师设定的场景对每组同学分别进行考核。

(2) 教师点评考核结果,并对本次实训情况进行总结。

(3) 教师总结游泳服务规范与注意事项。

任务三 夜总会项目服务

一、实训目标

1. 掌握夜总会项目服务工作的程序及要求。

2. 掌握及时有效地处理夜总会发生意外事故的方法。

二、实训准备

1. 场地准备:高星级酒店夜总会或专业夜总会、俱乐部等。

2. 物品准备:托盘、抹布、服务巾、圆珠笔、酒水订单簿、冰桶和冰夹。

三、实训内容

1. 营业前的预备工作

(1) 打卡签到,整理好自己的仪容仪表,按时参加班前会议,接受领导检查,明确工作任务。

(2) 了解当日夜总会客人预订情形,需要把握客人的姓氏、人数及具体的台位和包厢安排。

(3) 做好清洁整理工作,做到地面、柜台、沙发、茶几、桌椅、包厢等处洁净无杂物、无污渍。

(4) 进行物品检查与准备:按规定标准依次在台面摆放台卡、花瓶、烟灰缸等物品,按标准预备齐点歌本、点歌卡、铅笔、酒水单、烛台、蜡烛等物品。

(5) 检查音响、点歌系统等所有服务设备、设施,确保设备、设施齐全并且运转正常。

2. 迎接客人

(1) 客人到来时,先微笑后礼貌地使用专业语言问候客人。

(2) 伸手示意客人进入夜总会,在客人左前方1.5米处为客人引领,在引领途中确认客人的消费需求，在客人到前台完成登记后将其引领至相应包厢。

（3）将大厅客人引领至座位，到达位置后，征询客人对座位的位置是否满意，如不满意须按客人需求进行调整。确认位置后，将椅子向后搬移，使客人能够站立于椅子前，示意客人坐下，当客人向下坐时，将椅子向前推至客人腿部，使客人坐下时感到舒服，注意服务时遵循先女后男、先宾后主的服务顺序。

3. 大厅台面服务

（1）大厅客人入座后，迅速开始服务，点燃烛台，站立于客人右后侧，将酒水单的第一页打开，双手礼貌地递送给客人，注意递送给客人酒水单时，须遵循先女后男、先宾后主的服务顺序。

（2）将酒水单递送给客人后，给客人一定的选择时间再询问客人是否开单，记录客人所点的酒水名称和数量（或重量），并积极向客人推销产品，开列的酒水订单字迹工整，内容完整，记录完毕后向客人复述一遍其所点酒水。当客人点进口蒸馏酒或一些专门饮品时，要问清客人所要的重量和如何饮用，并记录下来，方便调酒员制作。开单终止后，礼貌地向客人道谢并请客人稍作等候。

（3）服务员开单完毕后，将酒水订单迅速交于调酒员，便于他们为客人调制或斟倒酒水，将另一份酒水订单交账台收银员及时记账，以免漏账。

（4）将酒水、小食品从吧台取出后，及时为客人服务上桌。在递送酒水、小食品上桌时为不阻碍客人的视线，采取半蹲式或跪式服务。

（5）向客人递送酒水单的同时，依次将点歌本、点歌卡、铅笔递送给客人。当客人将点歌卡填写完毕后，应及时将点歌卡送至音响操纵室，并将大致等候时间告知客人。

（6）随时观看自己服务区域内客人的需求动向，及时予以满足，及时为客人添加酒水和小食品，为吸烟的客人点燃香烟，将脏的用品和不需要的物品及时撤离台面（烟灰缸、空酒水瓶、空吃碟等）。

4. 包厢服务

（1）引领客人到达包厢后，为客人调试好影音设备，并向客人讲解点歌系统的使用方法，提醒客人遇有问题及时呼叫服务员，并向客人讲解呼叫铃的使用方法。

（2）酒水服务要求同大厅台面服务，及时巡台，根据客人需求提供相应服务。

5. 结账与送别

（1）客人发出结账的信息后，提取该台面或包厢客人的账单，账单内容一般包括酒水、小食品的费用和点歌费用，核实账单的金额是否准确，台号或包厢是否有误。

（2）注意当客人提出结账要求后，方可为客人结账。预备好账单夹和签字笔。将账单放在账单夹中，在客人面前打开，双手递给客人，并说："您好，先生，这是您的账单。"礼貌地告诉客人账单的金额。

（3）如果客人支付现金，当着客人的面核对钱款的数目，并唱收钱款，将账单第一联及找的零钱放在账单夹中，在客人面前打开交给客人；如客人使用信用卡，当客人在账单上签完字后，要注意核对笔迹是否同信用卡背面签名相同，并由收银员检查信用卡是否能够使用；如客人签单消费时，请客人在账单上用正楷字体签字，并请客人出示房卡或房间钥匙，核对房间号码是否有误。

(4) 结账手续完成后,假如客人起身离去,应主动为客人拉椅道别,并欢迎客人再次光临。

四、实训流程

1. 实训任务解析
(1) 教师布置实训任务。
(2) 教师讲解夜总会服务工作的程序、要求以及注意事项。
(3) 教师讲解及时有效地处理夜总会发生意外事故的方法。
2. 分组实训
(1) 模拟演练夜总会服务整套流程。
(2) 模拟演练夜总会服务发生意外事故的处理流程。
(3) 完成实训报告。
3. 考核及总结
(1) 教师设定夜总会服务流程与不同的事故处理场景,根据教师设定的场景对每组同学分别进行考核。
(2) 教师点评考核结果,并对本次实训情况进行总结。
(3) 教师总结夜总会服务规范与注意事项。

任务四　棋牌游戏类项目服务

一、实训目标

1. 掌握棋牌游戏类项目服务工作的程序及要求。
2. 掌握及时有效地处理棋牌室和游戏室发生意外事故的方法。

二、实训准备

1. 场地准备:高星级酒店或专业棋牌室、游戏室。
2. 物品准备:托盘、抹布、服务巾、圆珠笔、酒水订单簿、冰桶和冰夹。

三、实训内容

1. 棋牌室服务工作程序及要求
(1) 营业前预备工作
① 打卡签到,整理好自己的仪容仪表,按时参加班前会议,接受领导检查,明确工作任务。
② 做好清洁整理工作,做到地面、柜台、桌椅等处洁净无杂物。
③ 进行物品检查与准备:将各种表格、单据和用具等物品预备齐全,按类在规定的位置摆放整齐;确保营业时间、客人须知、价格表等置于明显位置;确保钟表时间核对准确;核对、补充棋牌室纪念品以及奖品。
④ 检查所有服务设备设施,确保设备设施齐全并且运转正常。
(2) 迎接服务工作
① 营业前10分钟按标准服务姿势站立于规定位置,当客人到来时主动、热情地问候客

人,引领客人至服务台办理登记手续。

② 征询客人的具体需求,计时开单,引领客人交款,询问客人有无其他要求,按客人要求进行服务。

③ 引领客人至棋牌室,为客人打开房间门,简单向客人介绍棋牌室情形并为客人指示卫生间的位置,询问客人有无酒水及其他要求,提醒客人遇有问题及时通知服务员。

(3) 娱乐过程服务

① 主动为客人调试自动棋牌机器,检查其是否运转正常。主动向客人介绍一些棋牌自动机器的操作方法和棋牌的竞赛规则,为客人准确、及时地提供咨询指导工作,讲解明确、规范。

② 在客人进行娱乐活动时勤巡视,及时发觉客人需求,并予以关心解决。在客人歇息期间,及时向客人提供面巾和酒水饮料服务。

③ 对进行赌博的客人及时予以禁止,如禁止不了,应及时向有关负责人汇报。

(4) 交接班及营业后终止工作

① 交接班时,准确填写交接班记录并签字,应在交接班记录中将交接情形记录清晰,并对特殊事项进行重点备注,不能出现因交接不清而导致工作纷乱的情形。

② 接班服务员上岗后做简单的整理及清洁工作并迅速进入工作角色,不让客人产生服务断档的感受。

③ 营业终止时,服务员将营业用品整理归位,将棋牌室客人使用过的布草类用品点清数量并送交洗衣房,清理棋牌室现场,做好清洁卫生,核对当日营业单据并递交主管,认真填写交接班记录,关闭电源,锁门下班。

2. 游戏室服务工作程序及要求

(1) 营业前预备工作

① 打卡签到,整理好自己的仪容仪表,按时参加班前会议,接受领导检查,明确工作任务。

② 做好清洁整理工作,做到地面、柜台、桌椅、游戏台等处洁净无杂物。

③ 进行物品检查与准备:将各种表格、单据和用具等物品预备齐全,按类在规定的位置摆放整齐;确保营业时刻、客人须知、价格表等置于明显位置;确保钟表时间核对准确;核对、补充游戏纪念品以及奖品。

④ 检查所有服务设备、设施,确保设备、设施齐全并且运转正常。营业前10分钟,接通游戏机电源,打开游戏机开关。

(2) 迎接服务工作

① 营业前10分钟按标准服务姿势站立于规定位置,当客人到来时主动热情地问候客人,引领客人至服务台办理登记手续。

② 征询客人的具体需求,开出单据,引领客人交款,询问客人有无酒水及其他要求,并协助客人兑换游戏币。

③ 引领客人进入场地,简单向客人介绍游戏机室情形,主动向客人介绍游戏机的操作方法和竞赛规则,由客人自主选择游戏机,提醒客人遇有问题及时通知服务员。

(3) 娱乐过程服务

① 客人选择好游戏机后,主动为客人调试游戏机,检查其是否运转正常。

② 为客人准确、及时地提供咨询指导,讲解要明确、规范。对初次来的客人或在常客遇到新型的游戏设备时提供示范,同时向客人讲明使用须知。

③ 在客人娱乐活动的过程中勤巡视,以便及时发觉客人需求,并予以关心解决。

④ 对破游戏纪录的客人表示祝贺,予以登记并按规定发放奖品。在客人歇息期间,及时向客人提供面巾和酒水饮料服务。对违章使用游戏设备、赌博以及使用假游戏币的客人及时予以禁止。

(4) 交接班及营业后的终止工作

① 交接班时,准确填写交接班记录并签字,应在交接班记录上将交接情形记录清晰,并对特殊事项进行重点备注,不能出现因交接不清而导致的工作纷乱情形。

② 接班服务员上岗后对游戏室做简单的整理及清洁并迅速进入工作状态,不让客人产生服务断档的感受。

③ 营业终止时,服务员将营业用品整理归位,将客人使用过的布草类用品点清数量送交洗衣房,清理游戏室现场,做好清洁卫生,核对当日营业单据并递交主管,认真填写交接班记录,关闭电源,锁门下班。

四、实训流程

1. 实训任务解析

(1) 教师布置实训任务。

(2) 教师讲解棋牌室与游戏室服务工作的程序、要求以及注意事项。

(3) 教师讲解及时有效地处理棋牌室与游戏室发生意外事故的方法。

2. 分组实训

(1) 模拟演练棋牌室与游戏室整套服务流程。

(2) 模拟演练棋牌室与游戏室发生意外事故的处理流程。

(3) 完成实训报告。

3. 考核及总结

(1) 教师设定棋牌室与游戏室服务流程与不同的事故处理场景,根据教师设定的场景分别对每组同学进行考核。

(2) 教师点评考核结果,并对本次实训情况进行总结。

(3) 教师总结棋牌室与游戏室服务规范与注意事项。

任务五 保健类项目服务

一、实训目标

1. 掌握保健类项目服务工作的程序及要求。
2. 掌握及时有效地处理保健类项目意外事故的方法。

二、实训准备

1. 场地准备:高星级酒店桑拿浴室或专业桑拿浴室。

2. 物品准备:木水桶、木勺、橄榄枝、消毒水、托盘、抹布、服务巾、记号笔、圆珠笔、登记表、酒水订单簿、拖把、浴巾、毛巾和急救箱等。

三、实训内容

1. 营业前预备工作

（1）打卡签到,整理好自己的仪容仪表,按时参加班前会议,接受领导检查,明确工作任务。

（2）做好清洁整理工作,做到地面、柜台、更衣柜、桌椅、床位等处洁净无杂物。

（3）进行物品检查与准备:将各种表格、单据和用具等物品预备齐全,按类在规定的位置摆放整齐;确保营业时间、客人须知、价格表等置于明显位置;确保钟表时刻核对准确;查看桑拿浴室内的木板有无松动和毛刺,并整理好;确保温度计、湿度计、沙漏计时器和地秤指示准确,位置明显;将营业时使用的客用毛巾、浴巾、浴袍、短裤、拖鞋、浴液和梳妆用品等预备齐全。

（4）检查所有服务设备、设施,确保设备、设施齐全并且运转正常。

2. 迎接服务工作

（1）营业前10分钟按标准服务姿势站立于规定位置,当客人到来时主动热情地问候客人,引领客人至服务台办理登记手续。

（2）征询客人的具体需求,开出单据,引领客人交款,将更衣柜钥匙交于客人。

（3）为客人指示更衣间的位置,引领客人进入桑拿浴室,主动向客人介绍桑拿浴室内设备设施的性能及使用方法。

3. 淋浴桑拿服务工作

（1）引领客人至淋浴间进行洗浴,待客人洗浴完毕后,将客人引领至指定桑拿浴室。

（2）进入桑拿浴室前提醒客人带一块冰毛巾捂在口鼻处,以减少呼吸道的灼热憋闷感。

（3）客人进入桑拿浴室后,主动询问客人室温及蒸汽密度是否合适,并按客人要求,调节到客人满意为止。如是干桑拿浴室,服务员征得客人同意后可进行示范,拿木勺舀起适量的水浇在烧得灼热的石头上,以产生大量的蒸汽。服务员要向客人讲明桑拿须知,提醒客人注意安全。

（4）做好每一位客人进入桑拿浴室的时刻记录,以防止客人长时间使用桑拿浴室引起缺氧昏厥。

（5）服务员随时查看就浴客人有无不适或意外情形,必要时及时采取紧急抢救措施,保证客人人身安全。

4. 送客服务

（1）客人洗浴结束后,服务员应主动递上冰毛巾,征询客人是否需要按摩服务和酒水服务,引领客人到休息室休息。

（2）在客人休息的过程中,随时注意客人的需求,及时提供必要的服务。

（3）当客人预备离开时,提醒客人不要遗忘所携带的物品;客人离开时,将客人送至门口并主动道别。

5. 交接班及营业后的终止工作

（1）交接班时,准确填写交接班记录并签字,应在交接班记录上将交接情形记录清晰,并对特殊事项进行重点备注,不能出现因交接不清而导致工作纷乱的情形。

（2）接班服务员上岗后应对桑拿室做简单的整理及清洁并迅速进入工作状态,不让客人产生服务断档的感受。

（3）营业终止时,服务员将营业用品整理归位,将客人使用过的布草类用品点清数量送交洗衣房,清理桑拿室现场,做好清洁卫生,核对当日营业单据并递交主管,认真填写交接班记录,关闭电源,锁门下班。

四、实训流程

1. 实训任务解析

（1）教师布置实训任务。

（2）教师讲解保健类项目服务工作的程序、要求以及注意事项。

（3）教师讲解及时有效地处理保健类项目意外事故的方法。

2. 分组实训

（1）模拟演练保健类项目整套服务流程。

（2）模拟演练保健类项目意外事故的处理流程。

（3）完成实训报告。

3. 考核及总结

（1）教师设定保健类项目服务流程与不同的事故处理场景,根据教师设定的场景对每组同学分别进行考核。

（2）教师点评考核结果,并对本次实训情况进行总结。

（3）教师总结保健类项目服务规范与注意事项。

【案例分析一】

某日,周先生致电酒店,对前几日在酒店棋牌室遭遇的遗失物品事件提出投诉。据周先生所述,他在棋牌室打牌期间不慎将一个电话本遗落在房间内,随后他致电服务员询问是否拾获,当时服务员答复称电话本已放置在服务台。然而,当周先生亲自前往酒店服务台领取时,服务员却表示并未找到。周先生再次致电询问时,服务台又确认电话本在服务台。为此,周先生派遣司机前往领取,但发现并非其遗失的那一本。周先生对此深感愤怒,随即提出投诉。经调查,服务员初次确认电话本在服务台而后来否认,是因为在交接班过程中电话本不慎遗失。酒店对此向周先生表达了诚挚的歉意,并最终找到了周先生的电话本并归还,但周先生对酒店的服务质量仍有意见。

评析:对于客人遗留物品的处理,服务人员须以高度的责任心认真对待。若处理不当,将对酒店声誉产生严重影响。除了建立并执行客人遗留物品登记制度外,服务人员还须详细记录物品名称、客人房间号等关键信息,甚至应包括物品的型号等识别特征,以防止在回应客人的查询时出现混淆或错误。本投诉案例反映出当班服务员缺乏责任心,工作不够细致,且在交接班过程中未能妥善管理遗留物品,亟须加强相关培训以提升服务质量。

【案例分析二】

　　销售经理王先生为了表彰其团队取得佳绩,带领团队成员在酒店举行了一场庆祝活动。餐后,团队中有人提议体验酒店的桑拿项目,于是王先生一行六人兴高采烈地前往桑拿部。

　　由于大家都喝了些酒,情绪高涨,沉浸在热烈的交谈中。前台接待员见状,不便打扰,便默默地完成了迎宾手续。随后,引领员将一行人引领至更衣室。途中,一位顾客因与同伴交谈过于投入,未留意到台阶,差点摔倒,引得同伴们一阵欢笑。引领员也被他们的热情感染,虽然隐约闻到酒味,但看到王先生一行人状态尚佳,且人数众多,便未多加留意,只是简单提醒了几句便离开了。

　　更换衣物、存放物品后,大家进入水区,被各式各样的设备吸引,纷纷散开体验。王先生简单淋浴后,随意选择了一间湿蒸房,坐下闭目养神。然而,半小时后,王先生的朋友们猛然发现已许久未见他的踪影,于是四处寻找,最终在桑拿房发现了昏倒的王先生。

　　当班工作人员迅速将王先生送往医务室进行救治。幸运的是,王先生并无大碍,只是因酒后桑拿导致血液循环加快,加之本身血压偏高,出现了虚脱现象。清醒后,王先生对桑拿部的服务提出了投诉,并要求相应赔偿。

　　评析:本案例中,桑拿部的服务人员并未充分展现出酒店桑拿服务的高标准。作为专业的桑拿服务人员,他们有责任告知顾客桑拿的安全注意事项,并根据顾客的具体情况判断其是否适合进行桑拿项目。例如,在暴饮暴食、大量饮酒、饥饿、血糖过低、患有肝病、心脏病、高血压、严重咳嗽、身体不适(如经期)等情况下,应避免蒸桑拿;蒸桑拿的时间不宜过长,其间可适当休息以恢复体温;蒸桑拿的频率也不宜过高,通常建议最多两天一次;同时,患有传染病(如皮肤病、性病等)的顾客也应避免蒸桑拿。此外,酒店桑拿服务人员应随时留意就浴客人的身体状况,一旦发现异常或意外情况,应立即采取紧急抢救措施,确保客人的人身安全。然而,在本案例中,王先生在桑拿房内昏倒半小时后才被同伴发现,这充分说明桑拿服务人员未能注意到客人的异常状况,工作存在疏忽。

模块三
运营管理实训

实训项目九　营销管理实训

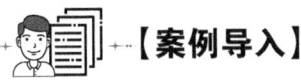【案例导入】

百变不厌——长城饭店"宴会之王"的秘诀

1987年,长城饭店迎来了时任美国总统卡特,接待单位美国联合信贷银行要求在会场摆放3张24座的超大圆桌,当时全北京也只有3张这样的圆桌。为了满足主办者的特殊要求,宴会部发动一切关系,硬是从人民大会堂和北京饭店借来了大圆桌。宴会当天,3张超级圆桌分外显眼,主办者十分满意。1989年,饭店承办时任美国总统乔治·布什访华宴会,美国使馆和先谊团的官员们对台型设计提出了非常严苛的要求。饭店提前两天就开始做准备,几十名服务员在美国官员的指挥下将几十张桌子和20多块舞台拼板反复拼摆,整整忙了6个小时才基本定型。宴会开始前,主办者又提出将主桌的圆台换成32人的长台,其他桌子的位置也相应变动,饭店不顾巨大的工作量,再一次应允了顾客的请求,几十名服务员又忙碌了起来。

1991年,饭店承接首届武术锦标赛的800人露天宴会,偏巧天公不作美,下起了大雨,眼看宴会就要取消,饭店全店动员,自总经理开始全部出动,四处借场地,最后决定借用北京饭店的场地,举行一次空前规模的"外卖宴会"。时间十分紧迫,但首次承办外卖宴会的员工们克服困难,硬是在两个小时里摆好了台型,备齐了餐具,在开餐前10分钟一切准备就绪。

如此的精神,再加上如此的效率,"宴会之王"的确名不虚传。

(资料来源:饶勇.现代饭店营销创新500例[M].广州:广东旅游出版社,2000.)

问题讨论:

1. 长城饭店是如何获得"宴会之王"美称的?
2. 尽一切可能满足顾客的合理要求,是酒店营销工作的起点吗?

任务一　客房营销

环节一：商务顾客客房营销

一、实训目标

1. 了解商务顾客对客房产品的需求。
2. 根据商务顾客需求制订客房营销方案,做好客房营销工作。

二、实训准备

1. 场地准备:能容纳 50 人左右的酒店培训室、多功能室等。
2. 物品准备:参加实训的人员要穿着的正装、A4 纸打印的合同或协议。

三、实训内容

1. 确定目标顾客

依据酒店的实际情况,确定酒店目标商务顾客。目标顾客确定后,酒店营销部应重点面向目标顾客公司的总部、各地的办事处、商业机构开展销售工作。

2. 了解商务顾客的需求

销售代表要注重收集商务顾客的信息,经常整理、汇总、筛选有潜在消费需求的商务顾客信息。经常主动上门拜访,了解商务顾客的需求,与顾客建立联系,逐步建立酒店稳定的目标市场。

3. 处理顾客预订

营销代表要经常跟顾客保持联系,了解和掌握顾客的需求,为其办理预订手续。

4. 顾客入住接待

(1) 商务顾客来酒店消费,由前厅部、客房部等营业部门负责接待,营销部负责协调配合。

(2) 重要的商务顾客来店,营销部应及时报告总经理,并提前制订具体接待方案,与酒店各部门开好接待沟通会议。

四、实训流程

1. 实训任务解析

(1) 教师布置模拟"销售—入住—接待—退房"全过程营销的实训任务。

(2) 学生以小组为单位撰写剧本,分角色扮演顾客、销售代表、前厅部工作人员、客房部工作人员、酒店总经理等。

2. 分组实训

(1) 以小组为单位,学生分角色扮演顾客、营销代表、前厅工作人员、客房工作人员、总经理等。模拟"销售—预订—入住—接待—退房"的全过程营销。

(2) 完成实训报告。

3. 考核及总结
(1) 教师事先准备一些突发事件场景的模拟,考查学生的应变能力。
(2) 模拟结束后,教师对每个小组进行打分。
(3) 教师点评考核结果,并对本次实训情况进行总结。

环节二:长住顾客客房营销

一、实训目标
1. 了解长住顾客的需求。
2. 根据长住顾客需求制订客房营销方案,做好客房营销工作。

二、实训准备
1. 场地准备:能容纳 50 人左右的酒店培训室、多功能室等。
2. 物品准备:参加实训人员需要穿着的正装、A4 纸打印的合同或协议。

三、实训内容
1. 确定目标顾客
依据酒店的实际情况,确定有长住需求的目标顾客。
2. 了解顾客需求
(1) 顾客如有长期租用客房或办公场所的需求,应由营销代表负责接待,并通过洽谈了解顾客的具体用房要求。
(2) 营销代表根据顾客提出的租用客房的档次、规格、种类或办公场所的使用面积等要求,介绍客房设施设备、酒店服务项目和酒店内外部环境等。
(3) 营销代表带领客人参观酒店,详细介绍酒店服务设施设备、酒店的客房档次和数量、办公环境与交通条件,并向顾客提供酒店平面图、报价表等资料。
(4) 当顾客连续租用客房三个月以上,或一次性租用办公场所半年以上时,可视其为长住顾客。
(5) 报价时,客房房租按间每天报价,办公场所按每平方米每天报价。商谈房价时,客房按使用天数和房租缴纳周期洽谈,办公场所按每平方米每天的缴费周期洽谈,并计算出半年、年、季度和月租金。
(6) 商定客房(办公场所)租金,按一年内租金标准不变的原则来落实。一般来说,对超过一年的租金标准要根据市场规律进行预测。根据预测一年后租金有可能上涨的应以一年一洽谈的方式收取租金;根据预测一年后租金有可能降低的则应最好将两三年的租金一次性确定,力争客房和办公场所租金在较长时间内不会下调。当然,这些主要是从酒店的利益角度考虑的,如果遇到特殊情况,当具体问题具体分析。
(7) 在双方经过协商并达成租赁意向后,尽快与顾客商讨房间租用合同细节。
3. 签订合同
(1) 长住客房(含办公场所)合同由营销部经理同顾客协商明确后签订,报总经理批准后实施。

（2）租赁合同中应明确标明房间数及具体面积、房租价格、租赁期限、相关项目计费标准、结算方式、双方的责任和义务、违约责任及签约时间等。

（3）租赁合同由营销部与顾客各持一份，同时再复印四份，分送财务部、前厅部、客房部和保卫部。

4．入住接待

（1）酒店应保证在顾客入住前将房间按照顾客需要做好，各种设备配套到位，设施、设备等应经调试至符合使用标准。

（2）财务部应根据租赁合同规定，向顾客收取一定的租房押金、电话押金和设备押金等，同时按期结算顾客在店的消费。

（3）营销部经理或营销代表要主动迎接顾客入住，并陪同其到前厅部办理入住手续，尽可能地帮助客人解决入住问题。

（4）顾客入住后，要及时建立顾客档案，详细记录顾客名称、国籍、营业执照号码和顾客主要负责人的姓名、性别、年龄、身份证、护照、工作证、联系电话和房间电话号码等资料。根据客史档案，有针对性地为客人提供个性化的服务。

四、实训流程

1．实训任务解析

（1）教师布置模拟"销售—入住—接待—退房"全过程营销的实训任务。

（2）学生分角色扮演顾客、营销代表、前厅工作人员、客房工作人员和总经理等。

2．分组实训

（1）分析长住型顾客的特点。

（2）学生以小组为单位写好剧本，分角色扮演顾客、销售代表、前厅部工作人员、客房部工作人员和酒店总经理等，模拟"销售—入住—接待—退房"的全过程。

（3）完成实训报告。

3．考核及总结

（1）教师事先准备一些突发事件场景的模拟，考查学生的应变能力。

（2）模拟结束后，教师对每个小组进行打分。

（3）教师点评考核结果，并对本次实训情况进行总结。

环节三：会议顾客客房营销

一、实训目标

1．了解会议顾客的需求。

2．根据会议顾客需求制订客房营销方案，做好客房营销工作。

二、实训准备

1．场地准备：能容纳50人左右的酒店培训室、多功能室等。

2．物品准备：参加实训的人员要穿着正装、A4纸打印的合同或协议。

三、实训内容

1. 确定目标顾客

酒店营销部应根据酒店的销售定位及会议价格,寻找并确定目标顾客。

2. 了解顾客需求

营销部工作人员根据会议顾客的客史档案或者收集的目标顾客信息,先用电话联系以确定目标对象,然后主动上门拜访顾客。如果顾客有会议需求,可邀请顾客参观酒店客房、餐厅、会议室、多功能室和健身房等,展示酒店会议接待的规模、规格和服务水准,还可向顾客介绍酒店住宿、用餐等配套服务的硬件设施和服务水平,酒店的地理位置及周边环境,努力争取顾客信任,做好会议产品销售。

3. 业务洽谈

带领顾客参观后,在顾客对酒店有了比较清晰认识的情况下,由营销代表与顾客联系争取进行业务洽谈,进一步了解顾客对会议、住宿、用餐等方面的需求。洽谈内容如下。

(1) 用房种类、所需客房的数量、会议期限、客人分批进入酒店的时间、大致离店日期。

(2) 客房的会议价格。

(3) 会议室的类型、使用次数、使用时长、会议室租金、应配备的设备及相关接待要求。

(4) 用餐起止日期、用餐标准、用餐人数和每日早、午、晚餐的时间安排。

(5) 租用娱乐设施项目、次数、租金或收费标准。

(6) 预付订金。

(7) 结算方式。

(8) 违约责任。

4. 签订协议

(1) 营销部负责拟定会议销售协议书,并与顾客讨论协商,经顾客同意后,报送酒店总经理,总经理审批同意后正式签署协议书。

(2) 根据协议书拟写会议通知书,并将协议书复印件作为附件分送前厅部、客房部、餐饮部、财务部、保卫部、康乐部和工程部等相关部门。

5. 用房更改

(1) 营销代表在接到会议顾客的用房更改申请后,对照原始预订单据明确更改内容,包括房间数和抵达日期等。

(2) 如不增加用房或延长住宿期,可直接填写更改单后请会议组织者签字确认。

(3) 如会议顾客电话通知更改,可要求对方发送传真或其他形式的书面文件。

(4) 如会议顾客在超过截止日期后要求更改,提出减少房数或住宿天数等,营销部人员应告知对方,酒店将按协议的有关条款执行。

(5) 如会议顾客要求增加房数或延长住宿期,营销代表应查阅预订统计表并与前厅部协商,在房态允许的条件下再接受与确认。如无法安排,要及时同会议组织者协商解决。

(6) 更改后的会议订房统计表要在预订系统中及时进行修改,确保更改后信息的准确性。

(7) 将更改资料、更改单和原始订单等资料一并送至预订处存档。

6. 预订取消

(1) 接到会议顾客预订取消的通知后,营销代表应立即找出原始预订单据,并加盖取消印章。

(2) 将取消资料与原始资料全部取出,另行存档备案。

(3) 对已取消的订房要在订房统计和预订系统中作取消处理。

(4) 超过规定截止日期的预订取消,要按订房协议向对方收取取消预订手续费。

四、实训流程

1. 实训任务解析

(1) 教师布置实训任务。本次实训分解为以下六个步骤:① 营销代表拜访客户,了解顾客需求;② 带意向客户参观酒店各类客房、餐厅、会议室和娱乐设施等,展示酒店的会议接待规模、规格和接待水平,介绍酒店地理位置及外部环境;③ 双方洽谈会议室、用房和用餐等方面的需求,并进行协议签署;④ 协助宴会部做好会议场地的布置和会议设施设备的准备工作等;⑤ 会议召开时,营销代表要随时关注会议接待工作,做好服务工作;⑥ 会议结束后,营销代表要及时进行顾客回访,调查顾客满意度。

(2) 学生分角色扮演顾客、营销代表、前厅工作人员、客房工作人员、宴会部工作人员和总经理等。

2. 分组实训

(1) 学生分角色扮演顾客、营销代表、前厅工作人员、客房工作人员、宴会部工作人员和总经理,模拟以上六个步骤的全过程会议营销。

(2) 完成实训报告。

3. 考核及总结

(1) 模拟结束后,教师进行打分,各小组进行点评。

(2) 教师点评考核结果,并对本次实训情况进行总结。

环节四:旅行社顾客客房营销

一、实训目标

1. 了解旅行社顾客的需求。

2. 根据旅行社顾客需求制订客房营销方案,做好客房营销工作。

二、实训准备

1. 场地准备:能容纳50人左右的酒店培训室、多功能室等。

2. 物品准备:酒店职业装、A4纸打印的合同或协议。

三、实训内容

1. 确定目标顾客

酒店营销部根据酒店的销售定位及客房价格,寻找并确定目标旅行社。

2. 了解顾客需求

(1) 酒店营销部要经常与酒店目标旅行社保持联系,了解旅行社的用房需求。针对旅行社的用房需求,介绍酒店的团队接待经验和其他方面的优势。

(2) 详细介绍酒店针对旅行社顾客的销售政策,吸引旅行社签订合作协议。

3. 签订合同

酒店与有合作意向的旅行社签订合同,建立长久合作关系。

4. 处理顾客预订

旅行社预订客房,营销部要协同前厅部处理,随时关注情况。

5. 顾客接待

旅行社团队客人入住,营销部要协同前厅部和客房部处理,力求做到万无一失。

四、实训流程

1. 实训任务解析

教师布置实训任务,做好录像和记录及打分准备。学生分小组写剧本,分角色扮演酒店营销代表、旅行社和游客等。

2. 分组实训

(1) 根据旅行社顾客的需求特点写好剧本。

(2) 学生分角色扮演旅行社采购经理、酒店营销代表、前厅工作人员、客房工作人员、总经理和住店游客等,模拟"销售—入住—接待—退房"的全过程营销。

(3) 完成实训报告。

3. 考核及总结

(1) 各小组进行场景表演结束后,其他小组同学进行打分。

(2) 教师点评考核结果,并对本次实训情况进行总结。

环节五:散客客房营销

一、实训目标

1. 了解散客的需求。
2. 根据散客需求制订客房营销方案,做好客房营销工作。

二、实训准备

1. 场地准备:能容纳 50 人左右的酒店培训室、多功能室等。
2. 物品准备:参加实训的人员要穿着的正装、A4 纸打印的合同或协议。

三、实训内容

1. 一般散客销售策略

按住店需求与构成,酒店散客大致可分为家庭散客、情侣散客、团体散客、旅游散客和网络散客等。每类客人的需求都是有区别的,要针对不同的客人采取不同的散客客房销售策略。

(1) 家庭散客。以父母双方携带孩子的居多,以一家三口或一家四口为主,也有同时携父母和孩子入住的客人。如客人为两大一小(两大两小),可推荐双人间客房并提供加床服务,或推荐有两个卧室的套房;携父母和孩子入住的客人可推荐有两个卧室的家庭套房。具体推荐房型要根据酒店的实时房态而定。

（2）情侣散客。推荐含双早的大床房,顺便推销中餐厅双人套餐券、西餐厅消费券和大堂吧下午茶券。

（3）团体散客。此类客人入住的目的一般是聚会。前台人员可向其推荐套房、娱乐室、餐券。套房中的厅供客人娱乐,卧室用于休息,要争取最大限度满足这类顾客的需求。

（4）旅游散客。对于旅游散客,酒店除推销适合顾客的客房外,还可向其推荐合作旅行社的旅游服务。酒店也可视顾客需求,在一周当中的某个固定时间段免费为顾客提供游览离酒店较近的(酒店能获得支持的)一个当地代表性景点的服务,以赢得顾客好评,助力酒店宣传推广,扩大知名度。如酒店提供此项服务,则要精耕细作,充分利用酒店现有人力资源,培养金牌旅行导师,不断完善旅游线路接待工作流程,促进酒店及旅游目的地的发展,在吸引旅游散客方面做好文章。

（5）网络散客。网络散客一般是指在网络上了解信息,并在网络上预定客房的顾客。这类客人喜欢在网络购买平台发表入住体验评价,这些评价会产生一定的网络影响。酒店要抓住这个特点为其提供优质服务,争取获得好评。

2. 协议散客销售策略

酒店营销部要加强与本地企事业单位的联系,稳定大顾客,大力开发新顾客。对于本地市场顾客要逐一登门拜访,签订优惠协议书。这样可以大量地吸收本地散客以及与本地企业有业务联系的外地客商,从而提高酒店的入住率。

3. 商务散客销售策略

充分利用信用卡商业联盟等相关团体,商盟散客捆绑销售,以提高酒店散客客房出租率。此策略主要针对商务散客,商务散客一般消费能力较强,是酒店的理想客源。

4. 会员销售策略

酒店也可采用会员制,提高散客入住率。很多知名酒店集团都采用了会员制,并制订了一系列的会员政策来鼓励和吸引会员顾客入住。受会员政策的影响,很多散客成为酒店的忠诚顾客。

四、实训流程

1. 实训任务解析

（1）教师布置实训任务。

（2）学生分角色扮演顾客、营销代表、前厅工作人员和客房工作人员等。各小组依次做好模拟场景的展示,其他同学录像记录,做好评分表。

2. 分组实训

（1）实训活动主题:选择一种散客类型,针对性地制订营销方案。

（2）各小组分组展示营销方案,教师和其他同学进行打分,对得分最高的小组给予奖励。

3. 考核及总结

（1）小组间互相点评,相互学习并交流经验。

（2）教师点评考核结果,并对本次实训情况进行总结。

任务二　宴会营销

宴会收入是酒店营业收入中非常重要的组成部分,做好宴会营销,是酒店营销部的重要工作之一。

环节一：婚宴营销

一、实训目标

1. 了解婚宴顾客的需求。
2. 根据婚宴顾客需求制订婚宴营销方案,做好婚宴营销工作。

二、实训准备

1. 场地准备：能容纳50人左右的酒店培训室、多功能室等。
2. 物品准备：婚宴营销方案,婚宴用品道具,及酒店职业装。

三、实训内容

1. 确定目标顾客

酒店应与婚庆公司、影楼等建立合作关系,以便迅速找到目标顾客。

2. 顾客参观接待

（1）举办婚宴产品推介会。
（2）带领顾客参观婚宴宴会厅（户外婚礼场地）、厨房、新婚套房和总统套房。
（3）营销代表具体介绍酒店产品和婚庆产品。
（4）带领顾客参观酒店婚庆用品道具。
（5）带领顾客参观婚庆公司外协项目。
（6）营造活动气氛,配合媒体宣传,准备活动所需物品,做好经费的预算。

3. 处理顾客预订

顾客预订婚宴产品时,营销代表要认真填写预订单,收取预付费用。预订单一式四份,一份交餐饮部,一份交宴会部,一份交财务部,一份营销部留存。

四、实训流程

1. 实训任务解析

（1）教师布置实训任务。
（2）学生分角色扮演顾客、营销代表、宴会部工作人员、客房工作人员和总经理等。各小组依次做好模拟场景的展示,其他同学录像记录,做好评分表。

2. 分组实训

（1）分小组撰写婚宴营销方案。
（2）模拟参观新婚套房、总统套房、宴会厅、厨房等区域,由现场工作人员讲解。
（3）模拟在宴会厅举行婚宴产品推介会,并接受现场预定,赠送礼品。主持人以PPT的形式介绍婚宴营销方案中酒店婚宴、婚庆产品组合部分。

(4) 完成实训报告。

3. 考核及总结

(1) 小组间互相点评,学习交流经验。

(2) 教师点评考核结果,并对本次实训情况进行总结。

环节二:生日宴营销

一、实训目标

1. 了解生日宴会顾客的需求。

2. 根据生日宴会顾客需求制订生日宴营销方案,做好生日宴营销工作。

二、实训准备

1. 场地准备:能容纳50人左右的酒店培训室、多功能室等。

2. 物品准备:生日宴会营销方案,生日宴用品、道具及酒店职业装。

三、实训内容

1. 顾客接待

(1) 做好顾客接待。对通过电话等方式咨询生日宴会的顾客予以特别重视,邀请意向顾客来酒店参观。

(2) 带领顾客参观宴会餐厅、厨房、娱乐室、健身房及顾客感兴趣的其他配套设施。

(3) 介绍酒店生日宴产品。

(4) 带领顾客参观酒店生日宴用品、道具。

(5) 营造活动气氛,配合媒体宣传,准备活动所需物品,做好经费预算。

2. 处理顾客预订

顾客预订生日宴产品时,营销代表要认真填写预订单,收取预付费用。预订单一式四份,一份交餐饮部,一份交宴会部,一份交财务部,一份营销部留存。

四、实训流程

1. 实训任务解析

(1) 教师布置实训任务。

(2) 学生分角色扮演顾客、营销代表、宴会工作人员、客房工作人员和总经理等。

2. 分组实训

(1) 分析生日宴会顾客的需求特点,撰写生日宴营销策划方案。

(2) 学生依据本组撰写的生日宴营销策划方案,分角色扮演顾客、营销代表、宴会工作人员、餐饮工作人员和总经理等,模拟"销售—预订—接待"的全过程。

(3) 完成实训报告。

3. 考核及总结

(1) 小组间互相点评,学习交流经验。

(2) 教师点评考核结果,并对本次实训情况进行总结。

环节三:春节团圆宴营销

一、实训目标

1. 了解春节团圆宴顾客的需求。
2. 根据顾客需求制订春节团圆宴营销方案,做好春节团圆宴营销工作。

二、实训准备

1. 场地准备:能容纳50人左右的酒店培训室、多功能室等。
2. 物品准备:春节团圆宴营销方案,团员宴用品道具及酒店职业装。

三、实训内容

1. 确定主题

根据顾客需求,与顾客商量后确定好春节团圆宴主题,如"除夕团圆""新春纳福"等。

2. 设计好春节团圆宴菜单

菜名要富有美好寓意,符合春节期间人们对未来美好向往的心情,定价宜采用吉祥数字,如1888元/桌。

3. 预订有礼

提前一定时间预订,顾客可获得折扣或者礼品。

4. 抽奖有礼

宴会与包厢均在现场组织抽奖活动。

5. 预订处理

(1) 所有预订须提前收取订金,并需要顾客交纳一定的保证金。
(2) 春节团圆宴菜单必须提前一个星期跟顾客做好确认。

6. 物品准备工作

(1) 销售部做好团圆宴的温馨提示牌。
(2) 销售部做好抽奖券、赠券、代金券及宣传资料的印刷及发放工作。

7. 人员协调及培训

(1) 人力资源部负责协调各部门人员的安排。
(2) 做好此次活动的培训及检查工作。

四、实训流程

1. 实训任务解析

(1) 教师布置实训任务。
(2) 学生分角色扮演顾客、营销代表、宴会工作人员、客房工作人员和总经理等。

2. 分组实训

(1) 分析春节团圆宴顾客的需求特点,撰写春节团圆宴营销策划方案。
(2) 学生依据本组撰写的春节团圆宴营销策划方案,分角色扮演顾客、营销代表、宴会工作人员、餐饮工作人员和总经理等,模拟"销售—预订—接待"的全过程。
(3) 完成实训报告。

3. 考核及总结

(1) 小组间互相点评,相互学习并交流经验。

(2) 教师点评考核结果,并对本次实训情况进行总结。

环节四:升学宴营销

高考金榜题名,对于许多家庭来说是值得庆贺的大喜事,很多家长都非常重视,也喜欢大宴宾朋庆贺。酒店可以抓住机会销售升学宴,以提高酒店收益。

一、实训目标

1. 了解升学宴顾客的需求。

2. 根据顾客需求制订升学宴营销方案,做好升学宴营销工作。

二、实训准备

1. 场地准备:能容纳50人左右的酒店培训室、多功能室等。

2. 物品准备:升学宴营销方案,升学宴用品、道具及酒店职业装。

三、实训内容

1. 确定主题

确定好升学宴主题,如"感念师恩""前程似锦"等。

2. 设计好升学宴菜单

菜名要富有美好寓意,符合家长对孩子美好前途的向往,定价宜采用吉祥数字,如1288元/桌。

3. 预订有礼

提前一定时间预订,顾客可获得折扣或者礼品。

4. 确定目标顾客

(1) 营销代表到各高级中学收集考生及家长的信息资料,并筛选出意向顾客。

(2) 打电话对意向顾客表示祝贺。

(3) 与意向顾客充分沟通并介绍酒店升学宴活动方案。若顾客预订,将顾客预订信息及时反馈给前厅部、餐饮部、客房部及康乐部。

5. 预订处理

(1) 所有预订须提前收取订金,并需要顾客交纳一定的保证金。

(2) 升学宴菜单必须提前一个星期确认。

6. 物品准备工作

(1) 销售部做好升学宴的温馨提示牌。

(2) 工程部负责制作金榜,摆放在大堂。

7. 人员协调及培训

(1) 人力资源部负责协调各部门人员的安排。

(2) 做好此次活动的培训及检查工作。

四、实训流程

1. 实训任务解析

(1) 教师布置实训任务。

(2) 学生分角色扮演顾客、营销代表、宴会工作人员、客房工作人员和总经理等。

2. 分组实训

(1) 分析升学宴顾客的需求特点,撰写升学宴营销策划方案。

(2) 学生依据本组撰写的升学宴营销策划方案,分角色扮演顾客、营销代表、宴会工作人员、餐饮工作人员和总经理等,模拟"销售—预订—接待"的全过程。

(3) 完成实训报告。

3. 考核及总结

(1) 小组间互相点评,相互学习并交流经验。

(2) 教师点评考核结果,并对本次实训情况进行总结。

任务三　会议营销

环节一:会议营销基础知识

一、实训目标

1. 了解会议营销对酒店的意义
2. 掌握酒店会议的目标顾客。
3. 熟悉会议营销策略。
4. 根据会议顾客需求制订会议营销方案,做好会议营销工作。

二、实训准备

1. 场地准备:能容纳50人左右的酒店培训室、多功能室等。
2. 物品准备:会议相关用品、酒店职业装。

三、实训内容

1. 会议营销对酒店的意义

(1) 给酒店带来经济收入。

(2) 弥补淡季市场。

(3) 提高酒店的知名度。

2. 会议市场营销分类

(1) 企业会议

① 企业会议的类型。企业会议分企业年会、产品发布会议、技术会议、培训会议、客户答谢会和订货会等。

② 企业会议顾客开发的策略。酒店对企业会议业务的开发,必须将重点放在企业的决

策者身上。能对会议做出决定的权威人士,不仅每个企业不同,而且同一企业每年(每个时期)都有可能变化,这就要求酒店营销人员对企业内部与会议决策有关的部门有一定的了解。一般来说,企业的决策者有总经理、市场营销部主管、广告经理或其他管理者。

(2) 协会会议

① 会议类型:行业协会会议。

② 会议开发的对策:大型协会组织有专职或长期的协会管理成员,小型协会组织有秘书长、协会会长(理事长)、组委会,会议销售代表应针对这些管理者开展会议营销。

3. 会议营销策略

(1) 会议产品"定制化",根据客户要求定制会议产品,尽量满足顾客个性化需求。

(2) 扩大酒店品牌的社会影响力。

(3) 寻求长期合作。

(4) 采用差异化营销策略销售会议产品。

四、实训流程

1. 实训任务解析

(1) 教师布置实训任务,讲解会议营销活动策划的相关知识,同学们进行学习。

(2) 各小组就会议营销策划进行提问和相互学习补充。

2. 分组实训

(1) 分析会议顾客的需求特点。

(2) 学生确定本小组的会议顾客类型,根据目标顾客需求特点,各小组分工合作撰写酒店会议营销活动方案。

(3) 完成实训报告。

3. 考核及总结

(1) 小组间互相点评,互相学习并交流经验。

(2) 教师点评考核结果,并对本次实训情况进行总结。

环节二:酒店会议营销实训

一、实训目标

1. 了解会议顾客的需求。

2. 确定酒店会议市场的目标顾客。

3. 运用营销策略开展会议营销。

二、实训准备

1. 场地准备:能容纳50人左右的酒店培训室、多功能室等。

2. 物品准备:会议相关用品、酒店职业装。

三、实训内容

1. 确定酒店会议市场的目标顾客

根据酒店自身条件及会议室(宴会厅)的实际情况,结合营销公关,确定酒店的会议市场目标顾客。

2. 顾客接待

(1) 做好顾客接待。对意向顾客予以特别重视,邀请意向顾客来酒店参观。

(2) 带领顾客参观宴会厅、会议室、娱乐室、健身房及顾客感兴趣的其他配套设施。

(3) 营销人员介绍酒店会议产品。

3. 处理顾客预订

顾客预订会议产品时,营销人员要认真填写预订单、收取预付费用。预订单一式四份,一份交餐饮部,一份交宴会部,一份交财务部,一份营销部留存。

四、实训流程

1. 实训任务解析

(1) 教师布置实训任务。

(2) 学生分角色扮演顾客、营销代表、宴会工作人员、客房工作人员和总经理等。

2. 分组实训

(1) 学生依据本组撰写的会议营销策划方案,先以小组为单位,按照顺序上台进行酒店会议营销方案的展示;然后根据各组的会议营销剧本,分角色扮演顾客、营销代表、宴会工作人员、餐饮工作人员、总经理等,模拟"销售—预订—接待"的全过程。

(2) 完成实训报告。

3. 考核及总结

(1) 小组间互相点评,互相学习并交流经验。

(2) 教师点评考核结果,并对本次实训情况进行总结。

任务四　假日促销

环节一:假日促销基本知识

一、实训目标

1. 了解假日促销对酒店的意义。

2. 熟悉酒店假日促销的目标顾客。

3. 掌握假日促销策略。

二、实训准备

1. 场地准备:能容纳 50 人左右的酒店培训室、多功能室等。

2. 物品准备:酒店职业装。

三、实训内容

1. 假日促销现状

中国的酒店业进行假日促销已是常态,假日促销的花样越来越多,促销活动也越来丰富。

2. 假日促销对酒店的意义

一般而言,在假日采取合适的促销手段和方法,促销期间的业绩都会有所提升。节假日期间如何才能吸引消费者的眼球,提高假日市场销售业绩,已成为各大星级酒店营销工作的重中之重。另外,假日促销也有利于提高酒店在顾客心目中的知名度和影响力,从而促进品牌传播。

3. 假日促销注意事项

大多数节假日背后都有着源远流长的文化,节假日有时候是传统文化的外在表现和展示。开展假日促销需要注意节假日的各种风俗、礼仪和习惯等。

四、实训流程

1. 实训任务解析

(1) 教师布置实训任务,讲解假日营销策划活动的相关知识,同学们进行学习。

(2) 各小组就假日营销知识进行提问和相互学习补充。

2. 分组实训

(1) 分析顾客的需求特点。

(2) 学生分组撰写酒店假日促销活动方案。

(3) 完成实训报告。

3. 考核及总结

(1) 小组间互相点评、互相学习并交流经验。

(2) 教师点评考核结果,并对本次实训情况进行总结。

环节二:假日促销活动策划方案

一、实训目标

1. 确定酒店假日促销目标顾客。

2. 运用假日促销策略。

二、实训准备

1. 场地准备:能容纳50人左右的酒店培训室、多功能室等。

2. 物品准备:假日促销活动方案、酒店职业装。

三、实训内容

1. 酒店春节促销活动方案。

2. 酒店元宵节促销活动方案。

3. 酒店端午节促销活动方案。

4. 酒店七夕促销活动方案。

5. 酒店中秋节促销活动方案。

6. 酒店国庆节促销活动方案。

四、实训流程

1. 实训任务解析

（1）教师布置实训任务。

（2）学生以小组为单位，任意选择一个节日撰写促销活动方案。

2. 分组实训

（1）学生依据本组撰写的酒店假日促销策划方案，先以小组为单位，按照顺序上台进行酒店假日促销方案的展示，然后根据各组的假日促销剧本，分角色扮演顾客、营销代表、宴会工作人员、餐饮工作人员和总经理等，模拟"销售—预订—接待"的全过程。

（2）完成实训报告。

3. 考核及总结

（1）小组间互相点评，互相学习并交流经验。

（2）教师点评考核结果，并对本次实训情况进行总结。

实训项目十　活动策划实训

【案例导入】

　　日本大仓饭店创始人之一的桥本保雄先生在他的著作《大仓饭店接待艺术》中写道,他在大仓饭店开设了董事沙龙,目的在于为外国的经营者们创造一个经营第一线的基地,尽可能地倾听周围的各种声音。只要有机会,他就要听听他们的意见——大仓饭店的服务内容如何,希望得到什么样的设施装备和服务。然后他去精心策划提供。这时,他真正感受到的是"客人们和朋友们的诚心诚意的交流",仅此就可以获得更多的参考意见。这样建立起来的人际关系特别重要。有时候,利用从这样的人际关系中所获得的信息,甚至只打一个电话,就可以使推销成功。

　　评析:随着酒店行业竞争的加剧,信息工作对酒店越来越重要。如何扩大信息源,如何收集更多有效的顾客信息,如何高效处理顾客反馈的信息,如何将酒店的相关信息精准地传递给顾客、员工和公众等,既是酒店信息管理部门应该考虑和解决的问题,也是每一位酒店从业人员培养自己信息能力时应该考虑和解决的问题。显然,活动策划是解决这些信息问题的重要对策。

任务一　酒店主题活动策划

环节一:认识酒店主题活动

一、实训目标

了解酒店主题活动的定义、类型和特点。

二、实训准备

1. 场地准备:能容纳 50 人左右的教室、培训室或多功能室等。
2. 物品准备:笔、记录本。

三、实训内容

1. 酒店主题活动的定义

酒店主题活动指的是具有特定主题、规模不一的,在特定时间和特定区域内定期或不定期举办的,能吸引区域内外大量顾客参与并能提高酒店知名度的集会活动,形式包括节日活动、庆典活动、展览会、交易会、博览会、会议以及各种具有特色的美食、文化、休闲、体育活动。

2. 酒店主题活动的类型

酒店主题活动类型多种多样,常见的分类方法见表10-1。

表10-1 酒店主题活动的类型

分类依据	类型	说明
活动的目的	以销售为主导的活动	以盈利销售为主要目的,以品牌宣传为辅而展开的主题活动
	以传播为主导的活动	以品牌宣传为主要目的,以盈利销售为辅的主题活动
	混合型的活动	兼具品牌宣传和销售两个目的的主题活动
活动的内容	文化庆典类	传统节日、庆典、嘉年华、游行、历史文化纪念活动等主题活动
	文娱活动类	演唱会、文艺展览演出、首映式、签售、比赛、颁奖典礼等主题活动
	商业贸易类	展销会、销售会、博览会、新闻发布会、会议和公众活动等主题活动
	教育、科学类	论坛、讲座、研讨会、代表大会和说明会等主题活动
	休闲活动类	音乐会、歌舞剧和文娱演出活动等策划活动
	政治、国家类	就职典礼、授职仪式、VIP访问和舞会等主题活动
	私人活动类	庆祝人生新阶段的活动、纪念日和社会活动等主题活动
活动的重要性和影响力	标志性活动	具有差异性且已成为酒店标志的主题活动,一般会定期举办
	重要活动	对酒店销售和知名度具有重要影响力的主题活动
	一般活动	对酒店销售和知名度具有一般影响力的主题活动
活动的范围	综合性	酒店各部门均参与的主题活动
	部门性	只有酒店某些部门参与的主题活动

3. 酒店主题活动的特点

根据酒店主题活动的定义和类型,我们可以看出酒店主题活动具备以下主要特点。

(1)大众传播性。一场成功的酒店主题活动能够激发和提高酒店在顾客群中的美誉度,使主题活动和酒店被广泛传播。

(2)深层阐释功能。一场成功的酒店主题活动能在酒店与顾客乃至公众之间架设一座直接沟通的桥梁,能清晰、准确地向顾客表达酒店想要传递的信息。

(3)公关性。酒店的主题活动通常代表的是酒店的立场,例如环保、健康、生态、传统文化传承等,这些主题活动能够最大限度地树立酒店在顾客心中的品牌形象,使顾客的消费感受从产品层面上的满足提升至精神层面的认同。

(4)经济性。策划一场大型的主题活动能够对酒店起到营销推广的作用,而且其费用一般低于酒店直投广告的费用,营销的针对性更强,效果更好。

(5) 多样性。酒店主题活动的类型多种多样,而且可创新性强有利于酒店利用自己的优势策划出具有独特性的主题活动。

四、实训流程

1. 实训任务解析

(1) 教师布置实训任务。

(2) 利用"文字+视频+图片"的方式向学生讲解酒店主题活动的定义、类型和特点。

2. 分组实训

(1) 回顾学习过的酒店主题活动知识。

(2) 上网查找一个酒店主题活动案例,分析该酒店主题活动的目的、类型和特点。

(3) 完成实训报告。

3. 考核及总结

(1) 从任意一组学生开始,分享查到的酒店主题活动案例,要求另一组学生做类型和特点分析,被问到的小组进行案例分析后,再任选没做过案例分析的小组对自己查到的酒店主题活动案例做类型和特点的分析,依此类推,直到每一小组都做完案例分析。

(2) 教师点评考核结果,并对本次实训情况进行总结。

(3) 教师总结酒店主题活动相关知识。

环节二:酒店主题活动策划

一、实训目标

1. 了解酒店主题活动策划的原则和流程。
2. 了解提高酒店主题活动策划效果的措施。

二、实训准备

1. 场地准备:能容纳50人左右的实训教室、培训室或多功能室等。
2. 物品准备:笔、记录本。

三、实训内容

1. 酒店主题活动策划的原则

一场成功的活动策划应该遵循以下一些原则。

(1) 活动主题的吸引性

主题活动成功与否很大程度上与活动主题的确定有关。一个好的主题能够快速引起顾客和公众的兴趣,引发联想,使其产生浓厚兴趣,从而积极参与活动。因此,活动的主题应该具备有吸引力、通俗易懂、新奇刺激和别具一格等特性。主题设计可以采用的方法主要有三种,即紧随潮流、追逐热门信息的方法,引起客人情感共鸣的方法和利用酒店产品或酒店动态的方法。

(2) 活动受众的大众性

一般来说,对于参加活动的人员,不要设置过高的要求,如果酒店是有针对性地邀请顾客参加活动,那么邀请的要求也不宜过高。一般来说,只要是对活动感兴趣的人员就可以报名参加活动,因为往往新的人群参加活动后才可能带来大量的潜在顾客。如果活动设置要求过高,可能适得其反。

(3) 活动价值的独特性

在前期的活动推广宣传中要将活动的独特价值点宣传出来,如活动邀请的嘉宾、活动礼品或者购买产品的优惠政策等,让大众对活动价值有一定的了解;而且这些独特的价值点最好能直接表明大众参加活动能获得的益处和成为酒店(会员)顾客的好处。一般来说,活动的独特价值点越多,就越能调动大众参与活动的积极性。

(4) 活动内容的趣味性

最好不要活动一开始就直接向公众进行销售,可以多设置一些富含体验性和趣味性的内容,以营造轻松愉悦的氛围,如可以通过互动游戏的形式邀请公众参与活动,拉近彼此的距离。这样大家既愿意积极参与主办方的活动,也会对酒店产生好感。

(5) 活动传播范围的广泛性

邀请一些酒店长期合作的单位作为活动嘉宾,展现酒店的实力,让有意向合作的组织和人员增强对酒店的信心,同时组织间的信息传播也会为酒店带来一定的收获。此外,要多邀请媒体朋友在活动现场对活动进行全方位、多视角的报道,通过报道扩大活动的宣传范围,也会让参与者觉得酒店活动档次高、专业性强。

策划活动时可以利用用户传播的力量,如推荐朋友关注企业微信公众号。关注达到一定的人数后活动当天现场可以兑换奖品。也可以将活动现场的照片发朋友圈或者微博,点赞人数达到一定数量可以获得奖品,以进一步扩大活动的传播范围,让更多的人了解酒店的品牌文化。

(6) 活动效应的综合性

一场成功的酒店主题活动,要做到社会效益和经济效益相结合,近期效益和远期效益相结合,单项效益和综合效益相结合。

2. 酒店主题活动策划的流程

在策划酒店主题活动前我们需要先理清活动策划的流程,然后再严格按照流程去策划安排。策划一场完整的主题活动的流程如下:

(1) 确定活动目的。酒店在策划活动时首先需要确定的是活动的目的,即想要通过活动达到一个什么样的效果。

(2) 确定活动主题。活动的类型和主题须根据活动的目的确定。"主题"是主题活动策划的核心内容,"主题"也是主题活动策划的重要环节,所有的策划内容和细节都必须围绕主题产生。

(3) 确定活动时间。活动时间的确定主要以活动类型的时间特点和目标群体的时间是否方便为主,然后再结合酒店的经营时间特点进行安排。

(4) 确定活动地点。活动地点的选择要符合活动的主题定位、内容特点和预计规模。

(5) 确定活动对象。要针对活动的主题确定目标顾客群体和潜在顾客群体。

(6) 确定活动内容。一是确定活动单元内容模块,理清每一单元内容模块之间的关系,并确保所有内容都是围绕着活动主题开展的;二是确定每一单元内容活动的组织者、内容要点及所需资源,越具体越好;三是对整个活动的重要内容进行描述,即向顾客阐述活动是一个什么样的活动,有怎样的价值特点,以此作为亮点来打动客户。

(7) 确定参与方式。有的活动需要顾客配合,有的活动需要顾客提前准备,因此需要提前告知顾客;有的活动是针对部分客人而展开的,因此对客人参与活动有所限制。

(8) 制订活动规则。主要是指制订活动的要求和注意事项,例如参与人员要求、报名起止时间、活动奖品领取规则等。

(9) 确定推广渠道。包括活动推广宣传的时间和方式、广告投放的渠道等。

(10) 预期效果展示。活动策划时还需要对活动进行预演,及时发现活动中可能遇到的问题,并做好应急处理预案;同时还需要对活动的效果做一个预期性评估,与活动目的进行对照,找出差距,通过调整活动策划方案内容进行弥补。

(11) 成本预估。包含各推广渠道费用、执行费用以及各个环节礼品或奖品费用等。

3. 提高酒店主题活动策划效果的措施

策划酒店的主题活动时,只有紧紧抓住每一个环节的关键才能提高活动效果。

(1) 主题活动策划应坚持创意先行

随着经济的不断发展,人们越来越重视精神生活,酒店也清楚地知道主题活动能够为自己带来的经济效益以及社会效益,这些都促进了主题活动的快速发展。面对这样的情况,在激烈的行业竞争中只有靠新颖的创意才能使酒店的主题活动得到顾客的认可。因此,酒店在做主题活动策划时必须坚持创意先行并结合酒店的特色设计出符合自身企业文化的方案,缺乏新意的主题活动终将被淘汰。

(2) 主题活动前应准备充分

在活动前期需要做充分的准备,有时一个小小的细节就会影响一场活动的整体效果,无论是现场的布置还是服务的环节等都要从严要求,前期的工作做得越细致,活动现场出现的突发情况就会越少;我们的策划以及现场的执行、工作人员考虑得越周密,活动的效果就会越完美。

(3) 主题活动中应强调团队合作

好的主题活动创意,只有在实际落地后才能得以实现。一场主题活动的成功靠的是团队的合作,整个团队的运作必须要有很好的纪律性,要责任到人、及时沟通、团结合作。只有这样,活动的流程才能有效地推进,活动现场的工作效率才会提高。同时,要确保在合作执行过程中整个团队的每一个成员都能参与到活动中,活动结束后都能获得成就感,从而提升大家的集体荣誉感和团队合作意识,进一步提高酒店的凝聚力,也利于下一次主题活动的策划和执行。

(4) 主题活动后应重视服务跟进

主题活动的结束并不代表销售和品牌宣传工作的结束,活动后的总结以及后期的服务跟进会加深酒店在顾客心目中的印象,有利于促成下次销售。在这个过程中,酒店也能够找出自身在活动组织中存在的不足,为以后完善活动提供有力支撑。

四、实训流程

1. 实训任务解析

(1) 教师布置实训任务。

(2) 利用"文字＋视频＋图片"的方式向学生讲解酒店主题活动策划知识。

2．分组实训

(1) 为某酒店策划一场主题活动(要求按照策划一场完整的酒店主题活动的流程来写)。

(2) 完成实训报告。

3．考核及总结

(1) 任选出两组学生的酒店主题活动策划方案，让每组学生从两份方案中选择一份进行分析评价。

(2) 教师点评考核结果，并对本次实训情况进行总结。

(3) 教师总结酒店主题活动基础知识。

任务二　酒店企业文化活动策划

环节一：认识企业文化活动

一、实训目标

了解企业文化活动的定义、类型和特点。

二、实训准备

1．场地准备：能容纳 50 人左右的实训教室、培训室或多功能室等。

2．物品准备：笔、记录本。

三、实训内容

1．酒店企业文化活动的定义

酒店企业文化活动是指酒店根据自身经营、发展的需要，结合员工的需要和特点，所开展的各种文化活动。

2．酒店企业文化活动的类型

根据性质和功能的不同，酒店企业文化活动分为文体娱乐性、福利性、技术性和思想性活动。

(1) 文体娱乐性活动

文体娱乐性活动是指酒店内部或部分以酒店名义开展和组织的文艺、体育等活动，包括各类交流、比赛和展览等活动，如各类俱乐部、电影放映晚会、电子游艺、图书阅览、征文比赛、摄影比赛、书法比赛、周末舞会、文艺演出、运动会、各种球类比赛、游泳、滑冰、游园、钓鱼比赛、自行车比赛和歌会等。这些娱乐性活动不仅满足了不同层次员工对文化生活的需求，使员工养成了适应现代化生产和社会进步要求的文明、健康、科学的生活方式，而且使酒店内部形成了积极向上的文化氛围，孕育了酒店特有的优良传统和精神风貌。

(2) 福利性活动

福利性活动是指酒店为了提高员工收益、维护与员工及其家属的关系而开展的员工福利性项目，包括法定福利和非法定福利。酒店的福利性项目，特别是酒店自行设计的非法定福利活动,如员工及家属旅游、各类员工及家属的慰问活动、员工及家属的年度健康体检等,使酒店充满了浓厚的人情味,使员工对这种福利环境和文化氛围的依恋感更深,从而加深对酒店的依恋感。

(3) 技术性活动

技术性活动是指除常规的酒店生产、经营活动外,围绕酒店的生产、经营、技术和智力开发等问题,由酒店倡导或员工自发组织进行的技术革新、管理咨询、劳动竞赛和教育培训等。这类文化活动可以激发员工的创造欲和成就感,使员工看到自己的价值和责任。同时,它又是酒店结合生产经营,在生产过程之外培育和开发员工素质的一个基本途径,它持久地促进每一位员工成长,促进酒店健康向上、积极进取文化环境的生成和发展。

(4) 思想性活动

思想性活动首要是指一些政治性的文化活动,如形势教育、法制教育、理想教育、道德教育、政治学习和其他有关的思想政治工作;其次,还有一些像新书报告会、生活对话会、沙龙等提高员工思想认识的活动。

另外,根据目的不同,酒店企业文化活动可分为以下几种类型:① 为提高酒店员工的文化素质和劳动技能开展的学习培训活动;② 为开发酒店员工智力、培养员工的创造性和成就感开展的技术创新活动;③ 为培养和提高酒店员工艺术审美水平和艺术创造能力开展的文化艺术活动;④ 为丰富酒店员工的精神生活,陶冶员工情操开展的娱乐活动;⑤ 为培养酒店员工的拼搏精神,增强员工体质开展的体育竞技活动;⑥ 为使员工加深对企业的感情和对企业福利环境和文化氛围的依恋开展的福利性活动;⑦ 为使员工树立起主人翁意识,强化和确立共同理想和企业意识开展的思想性活动。

3. 酒店企业文化活动的特点

酒店企业文化活动不同于酒店其他活动的三个重要特点。

(1) 功能性

一般来说,企业文化活动的开展不是因为其与特殊的企业生产有必然的、内在的联系(除技术性活动外),而是为了发挥其特定功能。企业文化活动的功能包括发展物质文明的主导功能、建设精神文明的主体功能、开发智力的动力功能、凝聚共同意识的聚会功能等。

(2) 开发性

企业文化活动的开发性具体体现在三个方面:一是拓展人的生活空间,丰富人的生活内容,增添人的生活乐趣,美化人的生活、心理、文化环境;二是能开发人的素质,包括人的体质、智力、脑力以及道德情操、价值追求、品质修养等;三是能开发生产、技术、工艺等。

(3) 社会性

酒店内开展的各种功能性文化活动,大多都具有共性,是各企业、事业单位及各团体等都可以开展的(除专业技术培训等外)。这样,酒店就可以通过这些功能性文化活动,如歌舞晚会、舞会、各种球赛、报告会等,同社会各界加强联系,相互交流信息,提高酒店的社会声望。同时,在与社会各界日益增多的接触中,更多地了解顾客、大众对酒店产品、服务的意见和要求,以提高产品(服务)质量,促进酒店生产经营的发展。

四、实训流程

1. 实训任务解析

（1）教师布置实训任务。

（2）利用"文字＋视频＋图片"的方式向学生讲解酒店企业文化活动的定义、类型和特点。

2. 分组实训

（1）回顾学习过的酒店企业文化活动知识。

（2）上网查找有关酒店企业文化活动的案例，分析这些酒店企业文化活动的目的、类型和特点。

（3）完成实训报告。

3. 考核及总结

（1）从任意一组学生开始，分享查到的酒店企业文化活动案例，要求另一组学生做类型和特点分析，被问到的小组进行案例分析后，再任选没做过案例分析的小组对自己查到的酒店企业文化活动案例做类型和特点的分析，依此类推，直到每一小组都做完案例分析。

（2）教师点评考核结果，并对本次实训情况进行总结。

（3）教师总结酒店企业文化活动知识。

环节二：酒店企业文化活动策划

一、实训目标

1. 了解酒店企业文化活动策划的原则和流程。
2. 了解提高酒店企业文化活动策划效果的措施。

二、实训准备

1. 场地准备：能容纳 50 人左右的实训教室、培训室或多功能室等。
2. 物品准备：笔、记录本。

三、实训内容

1. 酒店企业文化活动策划的原则

一场成功的企业文化活动应该展现和提升酒店员工素质，让员工树立共同的价值观念和行为准则，乃至展现和提升酒店包括经营理念、经营目标和处事作风等在内的整体素质和行业竞争力。因此，在进行酒店企业文化活动策划时，必须遵循以下原则。

（1）从实际出发和积极创新相结合的原则

酒店企业文化活动策划不能脱离实际，只有使企业文化活动与酒店企业文化建设、酒店内外环境和员工现有的素质、心态相适应，反映广大员工的心声，体现酒店的文化特色，才能被酒店多数员工所认同和接受，才能通过企业文化活动让酒店的企业文化逐渐潜移默化地扎根于员工群体意识中。企业文化活动不是对企业文化的简单宣讲，而是要根据人的思想文化形成和身心发展规律，采用多样化的活动形式，让员工觉得有"趣"，让员工觉得有"得"，让员工觉得有"情"，在趣、得、情中逐渐接受酒店的企业文化甚至将其逐渐内化为自己的价值标准和行为准则。

(2) 创造个性与体现共性相结合的原则

酒店企业文化活动应该具有鲜明的个性特征,即要反映酒店独特的文化信仰和追求。有个性的企业文化活动才能具有针对性和指导性,才能更好地提升酒店的综合素质和竞争力。但也应注意到,在一定的社会政治制度、经济条件和社会文化环境中,企业文化活动具有很多共性的追求,如市场经济这个大环境所塑造出的市场观念、竞争观念和顾客观念等,社会主义制度这个大环境塑造出的企业强烈的政治责任感、集体主义精神和主人翁意识等。只有在创造个性的同时注重体现共性,注重从社会文化和其他企业文化中借鉴有益的文化成分,设计出的酒店企业文化活动才会对员工和酒店产生强大的吸引力。

(3) 领导组织和群众参与相结合的原则

酒店企业文化系列活动策划一般由酒店领导组织,广泛听取员工意见,多方进行讨论,由企业文化专家帮助完善,然后经酒店领导和员工共同确认,最后确定下来。企业文化系列活动的策划过程既是员工参与讨论和决策的过程,也是员工自我启发和自我教育的过程,还是企业领导、外部专家、企业员工之间价值观念沟通的过程。所以,酒店企业文化系列活动设计不能由酒店领导个人完成,应由酒店全体员工及外部专家共同完成。

(4) 系列活动和单项活动有机结合的原则

酒店企业文化活动策划是解决问题的有目的的行动,从解释酒店竞争力、酒店企业文化和员工之间相互依存、相互制约的关系下手,找到人力资源系统整体优化的方法和捷径,以此为基础策划出系列企业文化活动。在策划实施每一场企业文化活动时,既要注意其和系列企业文化活动的有机结合,使其服务于解决问题的目标,又要保持其独立性和特色,展现企业文化活动的多样化,并不断增强其吸引力。

2. 酒店企业文化活动策划的流程

(1) 准备阶段

准备阶段主要是了解和分析酒店行业的发展趋势,了解并分析酒店的现状和发展战略,了解酒店中存在的问题,以及酒店在哪些方面需要提高,以初步确定酒店企业文化活动的目标,使酒店领导班子统一认识,使职工做好思想酝酿。

(2) 调研阶段

调研工作包括查阅酒店企业文化、企业文化建设和企业文化活动的相关文档资料;召开不同方面人员(领导、骨干员工)代表座谈会,听取有关企业文化活动的意见和建议;必要时还可对员工进行抽样问卷调查。

(3) 规划阶段

规划阶段主要是根据调研资料和分析数据,结合企业文化活动开展的实际情况,找出以往企业文化活动的不足及其与活动目标之间的差距,进行企业文化活动定位研究,明确企业文化活动的总体目标并做出具有针对性的总体规划方案。

(4) 策划书撰写阶段

制订良好的企业文化活动计划,从酒店企业文化活动历史和现状出发,提炼出一场成功的企业文化活动应该具有的特征,结合企业文化活动的总体目标和规划方案,根据酒店实际需要写好每一场酒店企业文化活动的策划书。

策划书内容包括：策划书名称，活动背景、目的与意义，活动时间与地点，活动开展形式，活动内容，活动流程安排，活动经费预算，活动安全事项与附录（比赛规则、评分标准、奖项设置等可以附于策划书后面作为附录部分）等。同时，策划书中计划内容要力求详尽，表述方式不仅局限于用文字，也可适当加入统计图表、数据等，便于统筹。（如在对活动的资金、人力、时间成本等内容进行计划时，可加入图表和数据）。

（5）实施阶段

首先，要向员工宣传好企业文化活动的目的，以及酒店企业文化和企业文化建设的具体内容和精神实质，使员工了解活动的价值，并和活动组织者一起双向努力，实现企业文化活动的目的；其次，要控制好活动经费；再次，要关注活动的细节安排；最后，做好活动的变动记录，评估原计划内容的合理性，以待后期进行改进。

（6）反馈阶段

一方面，正确评价企业文化活动开展的效果，科学地检验员工文化自觉性的提高情况，并根据检验效果对后面的活动方案及时加以完善；另一方面，加强企业文化活动的成果应用管理，进一步引导员工将企业文化活动的成果落实到实践工作中，激励员工更加努力地为企业去奋斗，增强企业凝聚力，从而提升企业的市场竞争力。

3. 提高酒店企业文化活动策划效果的措施

（1）重视企业文化活动建设

企业文化活动是企业文化建设的重要组成部分，按照企业文化建设的培训、普及、形象、规范、深化五个步骤，将企业文化最大限度融入其中，调动集体的智慧和能量，产生"聚能效应"，形成酒店特色鲜明的企业文化，使酒店企业文化氛围日益浓郁，企业形象不断提升。

（2）做好经费保障

企业文化活动策划不仅耗费时间和精力，还需要做好经费预算，一定要保障好活动开展所需的物力、财力和人力。

（3）开拓思路

学习借鉴国际、国内著名公司的企业文化活动经验，以及企业文化活动的前沿研究成果、研究方法和应用途径，使自己在策划设计和操作时胸怀全局、思路开阔。

（4）做好调研分析

把握企业文化发展阶段、影响因素、管理行为特征、关键事件、典型案例，以及员工需求、高层管理者的设想及各层人员的反映，使企业文化活动策划设计和操作更加切合实际。企业文化活动策划要体现实事求是和以人为本的理念，尊重民主权利，还要严格要求和科学管理。

（5）做好细节管理

策划企业文化活动时一定要注意细节，一定要在活动中设置关键事件和重点环节，突出典型；同时，还要注重活动主题的独特性、内容的价值性、组织的安全性和形式的多样化。

（6）重视效果的延续性

做好企业文化活动的反馈评价工作，将企业文化活动作为加强文化管理手段的措施之一，嵌入企业的经营管理活动中，延续和扩大其效果。

四、实训流程

1. 实训任务解析

(1) 教师布置实训任务。

(2) 利用"文字+视频+图片"的方式向学生讲解酒店企业文化活动策划知识。

2. 分组实训

(1) 为某酒店策划一场企业文化活动(要求写出一份酒店企业文化活动策划书)。

(2) 完成实训报告。

3. 考核及总结

(1) 任选出两组学生的酒店企业文化活动策划书,让每组学生从两份策划书中选择一份进行分析评价。

(2) 教师点评考核结果,并对本次实训情况进行总结。

(3) 教师总结酒店企业文化活动策划知识。

任务三　酒店公益活动策划

环节一：认识公益活动

一、实训目标

了解酒店公益活动的定义、类型和发展特点。

二、实训准备

1. 场地准备:能容纳 50 人左右的实训教室、培训室或多功能室等。

2. 物品准备:笔、记录本。

三、实训内容

1. 酒店公益活动的定义

公益活动是指组织或个人向社会捐赠财物、提供服务或进行知识传播。公益活动的内容包括社区服务、环境保护、知识传播、帮助他人、社会援助、社会治安、紧急援助、青年服务、慈善活动、社团活动、专业服务和文化艺术活动等。

酒店公益活动是指酒店从长远着手,出人、出物或出钱赞助和支持某项社会公益事业的公共关系实务活动。从近期来看,公益活动往往不会给酒店带来直接的经济效益,而且还会使酒店付出额外的费用,但是从长远来看,酒店通过这些公益活动,主动承担一定的社会责任和社会义务,主动与政府和社区搞好关系,为酒店树立起关心社会公益事业、具有高度社会责任感的良好形象,使酒店获得政府的支持和公众的好感,为酒店创造一个良好的发展环境。公益活动是比商业广告更具说服力的宣传活动,有利于提高酒店的知名度和美誉度。

2. 酒店公益活动的类型

酒店公益活动的内容非常广泛,这里介绍几种常见的类型。

（1）体育赞助

体育活动拥有广泛的观众，也是新闻媒体报道的对象，对公众的吸引力比较大。因此，赞助体育活动，往往是社会组织公益活动的重要选择，这是企业赞助最常见的一种形式。随着人们对体育运动越来越感兴趣，酒店可以通过对体育运动的赞助，加强公众对酒店的认识，达到增强广告效果的目的。

（2）教育赞助

教育是立国之本，发展教育事业是国家的基本战略。社会组织赞助教育事业，有利于教育事业的发展，有利于融洽社会组织与教育单位的关系，有利于社会组织的人才招聘与培训，有利于树立社会组织关心社会教育的良好形象。酒店赞助教育事业，既有利于教育事业的发展，又能使公众对酒店产生良好的印象。

（3）文化赞助

文化生活是社会生活的重要内容之一。社会组织进行文化生活方面的赞助，可以促进文化事业的发展，丰富公众的生活内容，还可以培养与公众的良好感情，大大提高社会组织的知名度。酒店赞助文化活动，不仅可以与公众培养良好感情，还可以大大提高酒店的社会文化效益。

（4）福利慈善

赞助社会福利和慈善事业，是企业谋求政府和社区两大公众关系的最佳手段。这种赞助虽然没有前述几项赞助的影响大，却更能体现出企业高尚的道德品质，使企业更富有人情味，是企业积极承担社会责任和义务的重要途径，因而最容易使企业获得公众的好评，提高企业的美誉。而且这类活动对形成良好的社会风气、体现社会主义制度优越性起到了良好的促进作用。因此酒店作为现代人社交的重要场所，应该为社会进步和文明程度的提高尽心尽力，树立起企业关心社会公益事业、"广行善举"的好形象。

（5）科研赞助

学术理论研究从表面上看似乎只是专家、学者们的事，实际上在改革开放迅速发展的形势下，如何认识一些新经验、新事物、新变革，及如何总结和发展，不光是学术理论界的事，更需要全社会，特别是在实践第一线的企业的积极参与，因此企业关心、支持学术理论研究活动，应该是责无旁贷的事情。酒店赞助学术科研活动，可以推动与酒店业性质、产品和服务有关的科学研究的深入，为企业的进一步发展奠定基础，使企业保持旺盛的生命力，在同行业中处于领先地位。这种活动的主要方式有与科研机构挂钩、提供经费、资助科研项目、赞助学术研讨会、资助出版学术著作等。

（6）绿色营销

绿色营销是指企业在市场营销中要保护地球的生态环境以造福后代。它要求现代企业增强社会责任感、维护生态平衡、制造绿色食品、营造绿色环境。在我国，虽然改革开放使人们的生活水平得到了大幅度提高，但在经济发展的同时，中国的自然环境、生态平衡也遭到了严重破坏。保护环境是酒店勇于承担社会责任的表现，能在营销时给消费者较强的信心，从而促进酒店产品的销售。

3. 企业公益活动发展的特点

不同性质、不同类型、不同规模的企业在公益活动方面虽然有着不同的视角和作为，但仔细观察，又存在一些共性。

（1）主题逐渐聚焦

随着社会环境的发展，企业对公益主题的关注度大大提升，而且企业的关注重心已经从最初的公益投入多少钱向怎么进行公益投入以产生最大的影响力和效能转变。在如何选择公益投入的主题方面，企业既会综合考虑自己感兴趣的领域和对其发展有推动的领域，也会对准备进行公益投入的公益组织进行综合选择，考虑公益组织在所选公益领域的影响力、公信力以及实施的方式和受众的范围。

（2）持久性和体系化特点日益明显

过去不少企业的公益活动随机性特点比较明显，公益投入与公司的长远目标脱节，缺乏制度化的公益活动规划。随着近几年企业对公益活动效果认识的加深，公益活动的持久性和体系化的特点逐渐显现出来。

（3）公益投入形式的多元化发展和公益参与性特点凸显

很长一段时间以来，对于大部分企业来说，一提到公益或者慈善捐助，立马想到的是捐钱、捐物。其实，一个社会问题的解决往往需要很多种不同类型的资源，资金资源是非常重要的，但有时候并不是最有效的。近几年来，社会、企业、个人都逐渐发现除资金、实物外，时间、经验、专业技术都可以作为公益活动的捐赠资源。尤其是对于资金实力不那么雄厚的中小型企业来讲，时间的付出、专业技能的付出效果要比单纯的资金付出更加具有实践意义。同时，企业在面对不同的公益活动时，也会综合考虑什么类型的公益投入所带来的变化、产生的效用更大一些，然后再决定投入的类型。另外，志愿者队伍的壮大，既是企业公益投入多元化发展特点的体现，也是企业参与公益投入的表现。

（4）公益投入结构有所调整

公益投入不再是单纯的、一次性的慈善投入。随着投资概念的外延，企业在注重投入资源的可持续发展方面开始觉醒。社会各界逐渐发现为了让公益事业有一个快速发展的通道，也可以投资公益事业，衡量企业公益投资的标准由原来的投资回报率转变为公益社会效应的最大化。如公益创投、公益资金循环使用等概念的提出就体现了公益投入结构的调整。

（5）企业之间公益活动的联合性增强

企业参与公益活动不再是一家企业单打独斗，而是由具有相似性质的企业联合共同参与。未来一段时间内，如何用好公益投入资源，利用有效的公益资源产生最大的社会效应将成为企业进行公益投入时须慎重考虑的重要原则。

四、实训流程

1. 实训任务解析

（1）教师布置实训任务。

（2）利用"文字＋视频＋图片"的方式向学生讲解酒店公益活动的定义、类型和特点。

2. 分组实训

（1）回顾学习过的酒店公益活动知识。

（2）上网查找一个酒店公益活动案例，分析该酒店公益活动的类型和发展特点。

（3）完成实训报告。

3. 考核及总结

（1）从任意一组学生开始，分享查到的酒店公益活动案例，要求另一组学生做类型和发展特点的分析，被问到的小组进行案例分析后，再任选没做过案例分析的小组对自己查到的酒店公益活动案例做类型和发展特点的分析，依此类推，直到每一小组都做完案例分析。

（2）教师点评考核结果，并对本次实训情况进行总结。

（3）教师总结酒店公益活动知识。

环节二：酒店公益活动策划

一、实训目标

1. 了解酒店公益活动策划的原则和流程。
2. 了解提高酒店公益活动策划效果的措施。

二、实训准备

1. 场地准备：能容纳 50 人左右的实训教室、培训室或多功能室等。
2. 物品准备：笔、记录本。

三、实训内容

1. 公益活动策划的原则

（1）透明原则

透明原则指的是公益活动是阳光型的活动，公益活动从开始到结束的每一个环节都应该是可以公开的（除了保护当事人的隐私外）。

（2）自愿原则

自愿原则指的是公益活动不只是职业，而且是事业，公益活动不能只按事做，还得凭心做。因此，公益活动应该坚持自愿参与、量力而行、自愿奉献的精神，这也是公益活动健康发展的基本途径。

（3）义务原则

义务原则指的是爱心人士参加公益活动虽不求物质回报，但也需要全心全力投入公益活动中，承担起自己的责任。公益是公共产品，因此不存在简单的个人的投入产出关系，个人的不作为会伤害公益事业本身，个人的不敬业不只是个人损失或不获得，更会带来公共的损失或不获得。

（4）平等原则

平等原则指的是每一个参与公益活动的爱心人士以及捐赠者和接受者都是平等的，不应该有社会地位高低贵贱之分。

（5）谨慎原则

谨慎原则指的是在进行公益活动策划时，应该尽量周密、细致地安排好每一件事，将公益慈善事业影响最大化。

（6）广泛原则

广泛原则指的是为了获得更大的社会效应，在组织公益活动时，应该力争让尽可能多的爱心人士参与其中,使公益活动具有普遍性、可操作性和可推广性。

(7) 信诺原则

诚信守诺是公益活动的基石。对于捐赠者而言,遵守承诺是对捐赠者爱心的尊重;对于受捐者而言,遵守诚诺也是对受捐者人格的尊重。

(8) 包容原则

在公益活动中,爱心人士遇到的委屈、不理解等是对每一个爱心奉献者意志和承受力的考验。

(9) 规范化原则

公益的角色是有符号色彩的,人们会用公益的精神评判、选择、仿效公益人,公益人就得负起责来,经得住事的考验、人的考验、史的考验,就得守其规、行其道。建立规范的爱心公益活动流程可以节省人力、物力并避免混乱,这也是保证透明原则实现的重要一环。

(10) 不违法原则

在做公益活动时要注意创新,但不能突破法律界限,个性不是没有规矩,探索不是不讲伦理。所以,酒店做好公益活动的前提是守公益之法、遵行业之规、行伦理之道。

2. 公益活动策划的流程

(1) 公益活动策划的准备性工作

在着手进行社会公益活动策划之前,应首先做好以下两项准备工作。

一是企业形象现状及原因的材料分析。首先通过调查收集到真实、可靠、全面的材料,然后对材料进行分析评价,最后找出企业形象中存在的问题,并分析这些问题产生的原因。

二是确定目标。这是社会公益活动策划的前提。一般来说,社会公益活动的具体目标是解决企业形象中存在的问题及分析问题产生的原因。

(2) 公益活动的对象选择

企业社会公益活动的具体目标不同,选择的社会公益活动的对象一般也不一样。虽然社会公益活动总体上是以资助或赞助某一项活动为主要特征的,但是社会公益活动的对象不同,其赞助的内容、形式、特点及效果也不同,因此企业应该根据自身资源和公益活动的具体目标来选择公益活动对象,既要量力而行,又要追求社会效益的最大化。现阶段,企业经常选择的公益活动对象有体育活动、灾区抗灾重建活动、社会福利事业和文化教育事业等。

(3) 公益活动的运作技巧

虽然上述公益活动一般不会给企业带来直接经济利益,但是在实施过程中,企业还是要运用各种有效的公共关系技巧,如举办隆重的赞助仪式、开新闻发布会、传播传奇故事、邀请社会名流给予评价等,扩大公益活动在社会上的影响,进而扩大其社会效应。

(4) 公益活动的实施步骤

企业在选择好公益活动的目的、对象和运作技巧后,就需要确定公益活动的具体实施步骤,一般是确定活动形式、确定活动对象、明确活动的内容、拟定活动的流程、制订具体赞助方案。

赞助方案一般由负责赞助工作的机构或部门根据企业的赞助方向、赞助政策、赞助重点和赞助能力来拟定,该方案一般应包括的内容有赞助活动名称、赞助活动目标、赞助对象的范围、赞助费用的预算、赞助形式、赞助时机、赞助宗旨、赞助资源的监管、重点传播对象和重点传播方式等。赞助方案是赞助活动的具体化,是整个赞助活动的基本依据。赞助方案一定要尽量具体和留有余地,并可以根据具体情况的变化灵活掌握运用,这样既能宏观控制,又能微观变通,使每项赞助都能有的放矢、恰到好处,达到既有利于社会,又能塑造完美企业形象的目的。

3. 提高酒店公益活动策划效果的措施

(1) 事先做好策划工作

策划是办活动的脉络,一份好的策划是成功的前提。

(2) 做好活动的组织工作

首先,要组织任务小组,如指挥中心、外联赞助组、现场工作组、宣传媒体组、现场秩序组、礼仪接待组和应急人员等。

其次,分配好任务。分配任务时注意权责相应,权责到人,打印出权责清单,让每个参与者都要明白自己的职责。

最后,制订好沟通规则。如要求每组每天召开一次短会,以及时汇报进展,处理各种信息;或统一规定至少一种让所有工作人员都能沟通的方式,如手机短信、纸条或手势等。

(3) 做好预算工作

预算方案要尽可能写得详尽一些,为了更直观,可以采用图表。活动中要做好人、财、物等资源的管理和分配,将花费控制在预算之内。

(4) 安排接待好媒体

酒店举办公益活动的目的是获得更好的社会效应和社会示范效应,同时树立正面的企业形象,这些都在一定程度上与媒体的广泛报道密切相关。因此,在与媒体沟通与对话时,应该注意:主动联系媒体;做好媒体的接待工作;做好与媒体的沟通与对话,如建立新闻发言人制度,坚持"该多说的不少说,不该说的不说""能邮件的不面谈,能面谈的不电话"和"出稿前审稿等原则"。

四、实训流程

1. 实训任务解析

(1) 教师布置实训任务。

(2) 利用"文字+视频+图片"的方式向学生讲解酒店公益活动策划知识。

2. 分组实训

(1) 为某酒店策划一场公益活动(要求撰写出一份赞助方案)。

(2) 完成实训报告。

3. 考核及总结

(1) 任选出两组学生的酒店公益活动策划方案,让每组学生从两份方案中选择一份进行分析评价。

(2) 教师点评考核结果,并对本次实训情况进行总结。

(3) 教师总结酒店公益活动策划知识。

参考文献

[1] 桥本保雄. 大仓饭店接待艺术[M]. 何世钝,陈晶,译. 北京:中国旅游出版社,2002.

[2] 匡仲潇. 星级酒店活动策划与文书写作范本[M]. 北京:化学工业出版社,2013.

[3] 曾增. 酒店营销与活动策划从入门到精通[M]. 北京:中国铁道出版社有限公司,2021.

[4] 秦承敏,王常红,孟文燕. 前厅客房服务与管理:理论、实务、案例、实训[M]. 4版. 大连:东北财经大学出版社,2023.

[5] 张弢,陈雪琼. 旅游饭店前厅服务实训教程[M]. 2版. 福州:福建人民出版社,2009.

[6] 时永春. 前厅服务技能与实训[M]. 北京:清华大学出版社,2012.

[7] 曹红,方宁. 前厅客房服务实训教程[M]. 北京:旅游教育出版社,2009.

[8] 国家旅游局人事劳动教育司. 客房服务与管理[M]. 2版. 北京:旅游教育出版社,1999.

[9] 杨结. 酒店实训之客房服务[M]. 北京:旅游教育出版社,2021.

[10] 于英丽. 前厅客房服务技能实训教程[M]. 大连:东北财经大学出版社,2006.

[11] 沈艳. 客房服务实训教程[M]. 北京:科学出版社,2007.

[12] 谢玉峰. 酒店前厅客房服务与管理[M]. 2版. 郑州:郑州大学出版社,2016.

[13] 王勇,吴卫东. 酒水知识与调酒[M]. 武汉:华中科技大学出版社,2016.

[14] 张海玲,易红燕,王高社. 酒水知识与调酒技能[M]. 长沙:湖南师范大学出版社,2016.

[15] 龙肖毅. 酒店管理综合实训指导[M]. 北京:中国旅游出版社,2021.

[16] 谢苏. 酒店管理专业综合实训教程[M]. 2版. 重庆:重庆大学出版社,2016.

[17] 方之明. 酒店员工培训教程[M]. 广州:广东经济出版社,2014.

[18] 左剑. 康乐服务与管理[M]. 北京:中国科技出版传媒股份有限公司,2020.

[19] 刘江海,梁宗晖. 康乐服务与管理[M]. 2版. 桂林:广西师范大学出版社,2018.

[20] 赵莹雪. 康乐服务与管理[M]. 2版. 北京:旅游教育出版社,2019.

[21] 李明宇. 饭店康乐服务与管理[M]. 北京:北京交通大学出版社,2013.

[22] 濮佳宁. 康乐服务与管理[M]. 上海:华东师范大学出版社,2018.

[23] 杨华. 康乐服务与管理概论[M]. 郑州:郑州大学出版社,2012.

[24] 李莉. 实用礼仪教程[M]. 北京:中国人民大学出版社,2004.

[25] 陈福义,覃业银. 礼仪实训教程[M]. 北京:中国旅游出版社,2008.

[26] 张岩松,唐召英. 现代交际礼仪实训教程[M]. 北京:清华大学出版社,2011.

[27] 董萍. 商务礼仪[M]. 北京:中国劳动社会保障出版社,2016.

[28] 胡柳. 现代礼仪[M]. 上海:上海交通大学出版社,2013

[29] 文成忠. 现代实用礼仪[M]. 上海:上海交通大学出版社,2013.

[30] 王明强.旅游服务礼仪[M].2版.北京:中国劳动社会保障出版社,2017.

[31] 腾新贤.新编礼仪教程[M].北京:新华出版社,2014.

[32] 范晓玲.应用型本科大学酒店管理专业实践教学模式创新研究[J].质量与市场,2021(13):67-69.

[33] 张继绪.解析实训课程的教学特性[J].知识窗(教师版),2016(1):55.

[34] 康乐部日常工作流程[EB/OL].(2022-10-08)[2023-11-30].https://wenku.baidu.com/view/4f738c19834d2b160b4e767f5acfa1c7aa0082f0.html?_wkts_=1673945695706&bdQuery=%E5%BA%B7%E4%B9%90%E9%83%A8%E6%97%A5%E5%B8%B8%E5%B7%A5%E4%BD%9C%E6%B5%81%E7%A8%8B.

[35] 康乐部实习工作手册[EB/OL].(2021-06-03)[2023-12-25].https://wenku.baidu.com/view/04870841f724ccbff121dd36a32d7375a517c6d7.html?_wkts_=1673945888733&bdQuery=%E5%BA%B7%E4%B9%90%E9%83%A8%E5%AE%9E%E4%B9%A0%E5%B7%A5%E4%BD%9C%E6%89%8B%E5%86%8C.

[36] 义乌工商学院旅游系.康乐经营管理实训指导书[EB/OL].(2022-06-06)[2023-12-30].https://wenku.baidu.com/view/0128ac427cd5360cba1aa8114431b90d6c8589ed.html?_wkts_=1673946048239&bdQuery=%E5%BA%B7%E4%B9%90%E5%AE%9E%E8%AE%AD%E5%BF%83%E5%BE%97.

[37] 河北政法职业学院.康乐服务与管理实训指导书[EB/OL].(2021-09-05)[2024-01-23].https://wenku.baidu.com/view/17528af1b81aa8114431b90d6c85ec3a86c28bd4.html?_wkts_=1673946112042&bdQuery=%E9%85%92%E5%BA%97%E5%A8%B1%E4%B9%90%E6%9C%8D%E5%8A%A1%E5%AE%9E%E8%AE%AD%E6%8C%87%E5%AF%BC%E4%B9%A6.

[38] 康乐服务与管理实训指导书[EB/OL].(2021-07-28)[2024-02-01].https://wenku.baidu.com/view/e51354e5f38583d049649b6648d7c1c709a10b48.html?_wkts_=1673946302147&bdQuery=%E5%BA%B7%E4%B9%90%E6%9C%8D%E5%8A%A1%E4%B8%8E%E7%AE%A1%E7%90%86%E5%AE%9E%E8%AE%AD%E6%8C%87%E5%AF%BC%E4%B9%A6.

[39] 于正炯.现代酒店礼仪训练实训活动指导书[EB/OL].(2021-10-09)[2024-03-02].https://wenku.baidu.com/view/7060394630687e21af45b307e87101f69e31fb60.html?_wkts_=1673946644635&bdQuery=%E7%8E%B0%E4%BB%A3%E9%85%92%E5%BA%97%E7%A4%BC%E4%BB%AA%E5%AE%9E%E8%AE%AD%E6%8C%87%E5%AF%BC%E4%B9%A6.

[40] 谷玉芬.旅游服务礼仪实训教学设计方案[EB/OL].(2019-11-16)[2024-01-22].https://wenku.baidu.com/view/28f166f1ac02de80d4d8d15abe23482fb5da020d?aggId=b2569aa869d97f192279168884868762cbaebb42&fr=catalogMain&_wkts_=1673946954308&bdQuery=%E6%97%85%E6%B8%B8%E6%9C%8D%E5%8A%A1%E7%A4%BC%E4%BB%AA%E5%AE%9E%E8%AE%AD%E6%95%99%E5%

AD％A6％E8％AE％BE％E8％AE％A1％E6％96％B9％E6％A1％88.

[41] 公关与服务礼仪课程实训指导书[EB/OL].(2022-11-02)[2024-01-23]. https://wenku. baidu. com/view/abca730728160b4e767f5acfa1c7aa00b52a9db1. html？_wkts_=1673947159101&bd Query=％E3％80％8A％E5％85％AC％E5％85％B3％E4％B8％8E％E6％9C％8D％E5％8A％A1％E7％A4％BC％E4％BB％AA％E3％80％8B％E8％AF％BE％E7％A8％8B％E5％AE％9E％E8％AE％AD％E6％8C％87％E5％AF％BC％E4％B9％A6.

[42] 旅游工作者着装规范[EB/OL].(2021-03-30)[2024-02-01]. https://wenku. baidu. com/view/c638d81ea3 c7aa00b52acfc789eb172dec639948？aggId=61cc6098e0bd960590c69ec3d5bbfd0a7956d 584&fr=catalogMain&_wkts_=1673947396858&bd Query=％E6％97％85％E6％B8％B8％E5％B7％A5％E4％BD％9C％E8％80％85％E7％9D％80％E8％A3％85％E8％A7％84％E8％8C％83.

[43] 商务礼仪实训指导书[EB/OL].(2022-04-18)[2023-02-15]. https://wenku. baidu. com/view/52547b91fe0 a79563c1ec5da50e2524de518d093. html？fr=income1-doc-search&_wkts_=1673947577303&bdQuery=％E7％8E％B0％E4％BB％A3％E9％85％92％E5％BA％97％E7％A4％BC％E4％BB％AA％E5％AE％9E％E8％AE％AD％E6％8C％87％E5％AF％BC％E4％B9％A6&wkQuery=％E3％80％8A％E5％95％86％E5％8A％A1％E7％A4％BC％E4％BB％AA％E3％80％8B％E5％AE％9E％E8％AE％AD％E6％8C％87％E5％AF％BC％E4％B9％A6.

[44] 旅游接待礼仪实训指导书[EB/OL].(2022-10-17)[2024-03-02]. https://wenku. baidu. com/view/c86cdb4293c69ec3d5bbfd0a79563c1ec4dad749. html？fr=income1-doc-search&_wkts_=1673947748307&bdQuery=％E7％8E％B0％E4％BB％A3％E9％85％92％E5％BA％97％E7％A4％BC％E4％BB％AA％E5％AE％9E％E8％AE％AD％E6％8C％87％E5％AF％BC％E4％B9％A6&wkQuery=％E3％80％8A％E6％97％85％E6％B8％B8％E6％8E％A5％E5％BE％85％E7％A4％BC％E4％BB％AA％E3％80％8B％E5％AE％9E％E8％AE％AD％E6％8C％87％E5％AF％BC％E4％B9％A6.